宗門法眼

——公案拈提第二輯

——平實導師　著

ISBN 978-986-83908-3-6

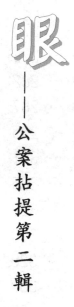

法　眼

錄

宗門

目

★：有此標記者爲錯悟之公案

自序

有老居士云：「更有甚者，把公案故事拈提出來，加以評唱，所謂拈古。現在也有禪者做這樣的事；古時候的祖堂錄、虛堂集、碧岩錄等都是。你若是大徹大悟了，根本不必去看那些東西。」居士又批評公案禪是葛藤禪，更舉大慧宗杲禪師火焚其師　克勤圜悟禪師所著碧岩錄之事例為證；不知大慧此舉之用心良苦，亦不知碧岩錄之去人葛藤、著著指向真心。凡此皆因錯悟，與公案拈提不能相契，故有此說。真悟賢聖若讀碧岩錄，必定拍案叫絕、擊掌稱善，豈況毀呰？觀乎重刊碧岩錄諸跋中法師、居士之言可知。茲摘眾跋之片段以為明證：

「圜悟老祖居夾山時集成此書（碧岩集），欲天下後世知有佛、祖玄奧，豈小補哉！老妙喜（大慧宗杲）深患學者不根於道，溺于知解，由是毀之。謂其父子之間矛盾，可乎？」

「圜悟禪師評唱雪竇頌古一百則，剖決玄微……。後大慧禪師因學人入室下語頗異，疑之；才勘而邪鋒自挫，再鞠而納款自降曰：『我碧岩集中記來，實非有悟。』因慮其後不明根本，專向語言以圖口捷，由是火之，以救斯弊也。然成此書、火此書，其用心則一，豈有二哉！」

真悟者若讀證悟者所拈公案提示，必定神契冥符，引為知音；若讀碧岩錄，必定擊節讚賞，哪堪拒斥？平實悟後兩年，讀碧岩錄時，深然大慧火書之舉，恐密意盡洩，正法隨滅。唯查台灣大陸曾讀此書之人甚多，迄今未見有弊（殆因末法根器所致）；反因此書之住世，而使錯悟之人心存顧忌，不致太過自負而自誤誤他，未嘗非善。

後見顯教、密教錯悟諸師誤導禪和，日益嚴重，難以對治，乃轉而支持公案拈提；更效　圜悟大師作略，繼繕公案拈提，以摧諸方邪見，藉顯宗門正見，用報千年前親承　圜悟古佛指授深恩。

二者諸有謬執般若中觀見者，錯會阿含、般若經旨，責禪宗祖師為自性見，每將錯悟、真悟諸師相提並論，實屬不當，故宜區分真悟錯悟之差別所在，此則應作公案拈提以示。至於假藉阿含及般若中觀知見，批評禪宗為真常唯心系或自性見者，彼等不解真悟祖師之悟處及見地，豈唯尚未明見大乘道，亦乃未見二乘道；不明二乘法中密意、不明般若中觀密意，名為未見道之凡夫，何得稱為大乘真實見道者？此諸人等之般若見、中觀見、無常無我見等漏失，筆者已於《真實如來藏》一書中詳述，茲略表不述。

三者本書原輯一百則，於一九九八年元月底動筆，迄三月十日圓滿百則拈提。唯鑒於篇幅之鉅、倍於第一輯，恐初機學者望而生畏，乃將末二十則移入第三輯中，此輯印行八十則，與讀者見面。筆者於第一輯中曾許諾：將於第二輯中例舉錯印證之公案，遂有一九六則魯祖面壁、一九七則行婆冤苦、一九八則馬祖梅熟、一九九則南堂不是，共四則公案之舉示，然因改編入第三輯中，故此輯中之錯印證公案，僅餘瑞巖主人、靈雲桃花、天然知寒等三則。至於寒山、拾得公案五則，及蜀郡袁煥仙鹽亭明暗公案等，悉皆一併移入第三輯中，且俟來年再與讀者見面，合先敘明。是為序。

菩薩戒子　**平實**

序於西元一九九八年季春

改版序

公案拈提書籍，本是冷門書；蓋因學佛人雖多，敢求宗門證悟者本來極少，是故願意探究宗門公案者本就稀有；復兼二十年來廣被假名大師—名師而非明師—之誤導，證悟之信心已經大減；是故公案拈提類書籍，確實不易快速流通；由此緣故，本書於一九九八年七月發行初版首刷，梓行二千冊；復於二〇〇二年十二月梓行初版二刷，亦二千冊；至今售罄時，已居十年。於此十年後之今日，時移勢易，願探究證悟境界而求實證者，顯然大增，與當年局面迥異，是故本書應予增寫、充實內容，冀能針對讀者之道業，有更深入之助益，此是本書增寫改版之用意所在。

復次，本書增寫之後，從初版之三〇八頁，增加為四六四頁，仍依原價流通。非唯如此，並將通告讀者：原有初版書籍，不論為首刷或二刷版，都可以免費換取新書；不需附寄回郵，而讀者寄來換書時所耗用之郵資，本出版社亦將於寄回新書時一併奉還，以此作為佛法弘通時之「售」後服務。蓋本出版社成立之目的，本非意在營利故，意在幫助有心證悟佛道之學人，藉此而得建立正法久住之根基故。凡此行為，亦顯示本出版社負責任及不求世間法利得之一貫態度，不論於世間法或於出世間法，悉皆應當如此。緣以本書之改版即將梓行，應當略述改版緣起，即以陳述緣起，用代改版之序。

佛子　**平實**　謹序

二〇〇八年晚春　於竹桂山居

第一〇一則　土城喝茶

台北縣土城鄉承天禪寺廣欽老和尚　清光緒福建惠安縣黃氏子，家貧故四歲出養於晉江縣李氏。及長散財分田於親族，投泉州承天寺出家。常入定中，不食不動，鼻息全無。民國三十六年渡海抵台，後居土城鄉度眾，創建承天寺，住寺化度有緣。民國七十五年入滅，壽九十有五。（以上依承天禪寺編印《廣公上人事蹟初編》摘錄）

九年前朱博士有個美國好萊塢影城的朋友金博士，到台灣來請教南老師有關佛法方面的問題。這位金博士年紀輕輕，三十來歲，基督教家庭出身，學的是音樂，對佛法特別有興趣，鈴木大拙等各家的禪學著作、大般若經及若干小乘英譯佛典都曾涉獵，並有在斯里蘭卡某處習定一年多的經驗，是一個受現代高等教育的西方佛教青年。

……朱博士當時很忙，抽不了身，便找上了我（雲林老人自稱），要我帶著這位到處尋師訪道的老外，到外面去走走玩玩。……金博士與我轉搭公路局車往土城，下車後改僱計程車上山。……到了大殿，看見老和尚坐在殿中一處的蓮花坐墊上。我有一個老習慣，看了和尚喜歡拜，走到老和尚座前，恭恭敬敬地拜了下去。想不到這個年輕的老外也緊跟著我，趴的一聲拜了下去，老和尚只是坐在那兒，不作一聲。

後來老和尚移到窗邊的舊藤椅上去坐，我們跟了過去。他周圍的幾位尼師也圍攏過來，準備要當翻譯。我說：「我的閩南語還馬馬虎虎、懂得一點，我來翻譯好了，省得多費一道翻譯手續。」我首先跟老和尚簡單介紹了金博士的背景情況，說：「他這回專程到台灣來參學佛法，我特別帶他來，師父您老人家給他開示。」

老和尚聽完話，便問金博士：「你幾歲？」我以最快的速度傳譯：「三十五歲。」金博士答。老和尚又問：「你有什麼問題？」「沒有什麼問題，我只是來看看。」老和尚再問：「佛法中你喜歡什麼呢？」金博士答：「禪宗。」老和尚說：「淨土也很好嘛！淨土也是禪。」

停了一會兒，大家沒講話，旁邊的尼師端來幾杯茶，我跟金博士各接過一杯。這時老和尚抓到了題目，又問：「你手中拿著什麼東西？」「茶。」老和尚接著要金博士不猶豫地立刻回答他：「能喝茶的是什麼？」金博士如法答：「渴啊！」我回稟老和尚說：「嘴乾啦！」「不對！不對！」老和尚當頭不客氣地猛下一棒，弄得金博士很不好意思，回不了話。大家想想：能喝的怎麼會是渴呢？

老和尚看金博士不講話，便安慰他說：「普通到我這兒來，我都讓人念阿彌陀佛，什麼也不談。這次你來以前，我莫知你來；你走了，我也莫知你到哪裡去。現在你喝茶，我便問你喝茶。能喝茶的並不是渴，渴只是一種現象。」說完，老和尚又將同樣的話重覆了一遍。並說：「我聽雲林居士說，你在錫蘭下過功夫，我現在只是跟你開開玩笑而已。」（以上摘自雲林老人著《廣欽老和尚的念佛三昧》）

有老居士云：《有兩個人去參趙州從諗禪師。州問一人：「曾到此間嗎？」答：「曾到。」州曰：「吃茶去！」又問一人：「曾到此間嗎？」答：「不曾到。」州云：「吃茶去！」院主見了奇怪，請問趙州：「為什麼曾到、不曾到都吃茶去？」州喚：「院主！」院主答有，州云：「吃茶去！」各位想想：為什麼都教吃茶去？《陸象山傳》裡有句話說：「天下本無事，庸人自擾之。」本來沒啥子事嘛，喝茶去吧！》

平實云：諸方老宿新秀說禪、說道者極多，每似這位老居士一般自以為悟，以為趙州教人吃茶是因為閒著沒事，所以教他吃茶去。若問他：「吃茶是誰？」便道是能知能覺能觀的靈妙心，似這般佛門中之常見外道，也稱為善知識？

老趙州在南泉普願禪師座下悟入時尚在年輕，卻是到八十歲才開始行腳、辨驗諸方老宿，中路亦曾值遇 文殊化現的寒山大士，寒山大士還稱讚他說：「這小廝兒！卻有大人作略。」後來直到一百二十歲才捨壽，乃是古今禪門中赫赫有名的大禪師；不料他這個紫磨妙金的喫茶公案，卻被老居士一股臭氣給熏污了。老居士暫莫生惱，非獨平實如是責語，古已有師如是訶責也：

【睦州問僧：「近離甚處？」僧云：「河北。」睦州云：「河北有箇趙州和尚，曾到麼？」僧云：「某甲近離彼中。」睦州云：「趙州有何言教示徒？」僧云：「每見新到，便問：『曾到此間來麼？』云：『曾到。』趙州云：『喫茶去。』忽云：『不曾到。』趙州亦云：『喫茶去。』」睦州云：「慚愧。」卻問僧：「趙州意作麼生？」僧云：「只是一期方便。」睦云：「苦哉、趙州！被爾將一杓屎潑了也！」便打。】（《明覺禪師語錄》卷一）老居士既以家裡人身分說禪，須知有睦州道明禪師這個公案，莫責平實拈提爾也。

有一人來參趙州，乃是新到僧，趙州教他喫茶去；另一人曾到趙州參訪，只因仍無入處，再度來參，老趙州問明了是曾到僧，依舊教伊喫茶去；那院主親見此事，覺察其中必有蹊蹺，欲通宗門，乃問：「云何新到也喫茶去，曾到也喫茶去？」不料老趙州卻喚道：「院主！」院主答諾，老趙州仍云：「喫茶去！」老居士不知趙州之意，卻引陸象山俗人之語云：「『天下本無事，庸人自擾之。』本來沒啥子事嘛，喝茶去吧！」卻似一壺山泉泡得之好茶，被他投入一顆老鼠屎，尚不堪聞，何況飲之？因什麼道理，平實得如此道？還有欲會者麼？且拉長了耳朵，聽取平實拈提：

只如新到僧來參，老趙州命伊喫茶去，是何道理？莫將此事認作禪門客套。曾到僧再度來參，乃至常來參訪者，舉凡未悟者上參，總教伊喫茶去；老趙州絕非眼見諸僧閑著無聊，方教伊喫茶去；更非「天下本無事，庸人不須自擾」所以總教大眾喫茶去。院主與老居士一般，不知老趙州心行與作略，故問：「新到也喫茶去，曾到也喫茶去，是何道理？」不料老趙州甫聞，卻高聲喚道：「院主！」院主眼暗，答個諾字，早已蹉過，於是趙州又命伊：「喫茶去！」可憐院主依舊錯過一著，成為世諦流布之主人翁；不料千年後的今天，這位老居士思之再三以後，書之以文，卻依舊與那三僧彷彿，豈不令人嘆息！

須知吃茶之中有無上甚深第一義諦，禪師豈以閒著無聊教人吃茶解悶？老居士為何不肯下心參詳一番？卻有閑暇寫得如許文章、梓以成書、流通天下，欲不招來作家拈提，其可得乎？今者老居士於文中作小兒語，欲會茶中密意，大遠在！雲林老人則不如此。

有一天，雲林老人陪著一位年輕的美國人金博士，往訪土城鄉承天禪寺廣欽老和尚（以下爲避老和尚名諱故，皆尊稱爲土城和尚）。雲林老哥持禮甚恭，不以土城和尚不識字而輕慢之，並且自願降格充當翻譯。

土城和尚尋常皆教人念佛，很少說禪；洋人不懂淨土法門，只喜歡禪，土城和尚雖然明言**淨土也是禪**，無奈洋人聽不入耳，老和尚只好為伊說禪，不料那洋人卻不識禪機，當面蹉跎。

土城和尚藉茶說法，無上甚深第一義諦於焉展現；無奈洋人根淺，猶如方木逗圓孔，格格不入。老和尚只好放過，為他解說真心的體性：「這次你來以前，我莫知你來；你走了，我也莫知你到哪裡去。現在你喝，我便問你喝茶。能喝茶的並不是渴，渴只是一種現象。」說完之後，老和尚又將同樣的話重覆開示一遍。

未悟之人每疑：老和尚有大神通，為何洋人金博士來到眼前，竟說不知他來；金博士走了，竟說不知他到哪裡去，真真豈有此理？殊不知老和尚說的正是真心之體性——不觀六塵、不會六入。眼前有人來，俗人尚知，老和尚乃大修行人，焉得不知？皆因未悟，不知老和尚言中密意。

若人欲喝趙州茶、土城茶，且莫牛飲；亦莫待閒著無聊方喝；必須端心正意，以跪求無上妙法之恭敬心、虔誠心而喝。會喝茶的並不是渴，也不是有覺有觀的靈知心、靈妙心，此心是生死根本。

如今土城和尚圓寂多年，學人欲見土城和尚真面目麼？

上土城喝茶去！

第一〇二則　土城頓悟

台北縣土城鄉承天禪寺廣欽老和尚

……停了一下，金博士（美國人）開了口問說：他曾看佛學書籍中提到有個「念佛三昧」，到底有沒有這回事？老和尚是否得過這種境界？老和尚說：「你來以前，我莫知你來；你走了，我也莫知你到哪裡去！現在你問我問題，我憑我的記憶回答你。我在五十幾年前，有一次情況，我認爲是念佛三昧；你以爲怎樣，我不曉得。」

金博士一聽，精神來了，說他喜歡聽。我（雲林老人）趕快從旁翻譯道：「他請師父開示啦！」老和尚說：「五十幾年前，我在福州鼓山寺時，有一次隨眾在大殿行香念佛。大家隨著木魚聲唸『南無阿彌陀佛、南無阿彌陀佛……』我手結定印，邊走邊念，突然我那麼一頓……」

老和尚的話，我逐句翻譯過來，到了「那麼一頓」這裡，我頭大了，勉強譯成「once suddenly a stop」。老和尚馬上對著我說：「你不要翻錯啊！不是停止哦！」這時金博士看了老和尚「那麼一頓」的身勢與手勢，表示他懂得老和尚的意思，而我也覺得我的翻譯有誤，慚愧莫名。

老和尚接著表示：「當時『南無阿彌陀佛、南無阿彌陀佛……』的佛號，先在大殿地面盤繞，然後再冉冉地迴旋上升起來。」老和尚講到此處，邊作緩緩盤旋手勢，「同時念佛，聲音深沉而渾厚。」他說當時沒有什麼寺廟建築和其他人事物的感覺，只有源源不斷的念佛聲，由下至上一直繞轉，盡虛空、遍法界，盡是彌陀聖號。

我問老和尚：「此時師父行不行香？」老和尚說，那時他也不曉得行不行香？也不曉得定在哪裡？光是「南無阿彌陀佛」而已。最後維那引磬一敲，功課圓滿，大眾各歸寮房，他還是一樣「南無阿彌陀佛」下去。二六時中，行住坐臥，上殿過堂，完全融於南無阿彌陀佛佛號聲中；鳥語花香，如此有三個月之久。

老和尚笑著說：「那眞的很爽快！不過這只是我記憶中的體會，是不是念佛三昧，我給你作個參考。我覺得是個念佛三昧，你認爲是或不是，那是你的事情了。」（以上摘自貝葉林王雲林老人著《廣欽老和尚的念佛三昧》，詳見《廣公上人事蹟初編》第九版）

有某法師云：《學佛不可只是念佛。有善知識每逢有人問法，都只教人念佛，就是那個只吃水果的，人稱已得阿羅漢果的那個老和尚（喻指土城和尚）。只是念佛就能解脫嗎？若不學習唯識學，是不可能解脫的。」》

平實云：若論解脫，此師猶未夢見在，竟來妄評土城老人，未免太過；若論土城和尚之解脫境界，此師更未夢見在。莫道說得幾座唯識學，設使著作唯識書籍、量等其身，仍不能知何謂涅槃解脫，皆是意識思惟所得，徒知佛法名言表相，皆非親證故。

念佛三昧又名實相念佛，即是禪宗之開悟明心，真密行者之大手印、大圓滿；若論古今「藏傳佛教」中人，唯有篤補巴、多羅那他……等人方知真密大手印、大圓滿，以外皆無真密可言，總不脫意識境界故，更墮欲界中最粗重執著故，皆屬狂密所攝。淨土行者若修得實相念佛三昧，即能分證解脫（相當於聲聞乘之一、二、三果），或滿證解脫（相當於聲聞乘之慧解脫阿羅漢），各依原有之性障伏、除狀況不同，以致果證互有差別。然其法界實相智慧（般若）絕非慧解脫及俱解脫乃至三明六通之聲聞大阿羅漢所能猜測。

於大乘法中，若不悟道破參——證得實相念佛三昧，饒汝說得五十座一百座之《成唯識論》，皆名說食數寶，唯能依文解義耳；非唯無力證解妙法，尚不能伏惑，焉得斷惑解脫？若不明心破參，饒汝修得四禪八定具足，亦唯能伏思惑，不能斷思惑，焉得解脫？何況未得四禪八定，亦未破參見道，尚墮意識境界中，云何解脫生死？是故莫輕土城和尚不識字、不能讀經。

只如土城和尚第三次說道「你來以前，我莫知你來；你走了，我也莫知你到哪裡去！」又是何意？難道老和尚既盲又聾？然而大眾皆知老和尚身手矯健、耳聰目明，云何卻自言不知，乃至三次？

老和尚渡台之前，在福州鼓山寺隨眾念佛。有一次隨眾在大殿行香念佛時，突然一頓，便證念佛三昧——親證自性彌陀，找到身中的如來藏本心。且道：老和尚這一頓，是悟得什麼？法師縱能講得唯識學，還能知此麼？須知這一頓非同小可，離凡入聖、超凡越聖，皆在這一頓之中分曉，真乃名實相符之「頓悟」；亦是證得法師所說唯識學中之第八識如來藏，方是法師所述真實唯識、虛妄唯識之根本也！法師萬勿輕忽土城老人平實無奇之言。

只如現時諸多熟讀經論、專講唯識之大師們，還能委悉此中滋味麼？雲林老哥曾親向平實云，已曾細研全藏六遍；如是精通教門之後，尚不敢絲毫輕忽土城和尚；彼等未通教門之人，粗知經藏已，竟敢因土城和尚不識字而輕慢之。眾生顛倒，乃至於斯。以此緣故，法師所云：「學佛不可只是念佛。有善知識每逢有人問法，都只教人念佛，就是那個只吃水果的，人稱已得阿羅漢果的那個老和尚。只是念佛就能解脫嗎？若不學習唯識學，是不可能解脫的。」即有過失，當知土城和尚持名念佛時如是頓悟，所證即是第七住菩薩所證之本來自性清淨涅槃，並非未證解脫；反觀法師之所證，唯能略知七、八識之法相，何能略知土城老人所證第八識之本來性淨涅槃？而反輕忽老宿，更道單修念佛一門不能得解脫，有大過矣！

當知念佛之門、淨土教下，其義甚深，入地菩薩尚難全面知解，何況法師尚未得階第七住位中，不曾稍知三賢菩薩之本來性淨涅槃，何能輕易評斷念佛法門之勝劣？而作如是輕蔑之言，何益自他？若能深入念佛法門，豈唯可證禪定，亦得通達宗門與教門，兼能深入唯識學中通達真實唯識、虛妄唯識二門，法師何得輕忽而嫌之？且觀法師專作唯識學之學問研究，豈唯有年而已？迄今數十年之研究成果，頗曾實證三賢菩薩所證的本來性淨涅槃？法師不可推言此非唯識學所述之法，此涅槃正是唯識學中最基本之實證故。

只如土城和尚持名念佛時之一頓，不唯證得實相念佛三昧，隨後復起持名念佛三昧；而其持名念佛三昧伴同實相念佛三昧，乃有三月之久，而後住於實相念佛三昧之中，此後永遠依止第八識如來藏心而住，雙照世間法界與實相法界。此非研究唯識之法師居士諸人所能知之，更非崇尚聲聞法，而執緣起性空之理以為究竟之師徒們所能知之。何以故？三明六通之聲聞大阿羅漢尚不能知土城和尚立地處，迴無絲毫般若實智能與土城老人對談，何況尚未證果之聲聞法中師徒，及與尚未實證第八識之唯識學弘揚者，云何能知？

且道：土城和尚行香念佛時突然一頓，究竟悟得個什麼？便道是念佛三昧——頓悟？

學人欲會麼？且到淨宗諸大寺院、精舍，行香念佛頓悟去！

第一〇三則　土城說法

台北縣土城鄉承天禪寺廣欽老和尚　師乃禪淨雙修之苦行頭陀，間有自視非凡、來比試禪定功夫者，間有自視超越、來比試智慧者。師雖是不識字老人，然對答應付自如；佛法之不可思議，誠不謬也。一日，有某大學教授，自認禪定功高，一大早撞進老和尚禪堂，一語不道，自個兒坐將下來，老和尚亦默然以對；良久，教授開口曰：「老和尚，您看我這是第幾禪？」老和尚云：「我看不出來。」對曰：「聽說您的禪定功夫很高，我已到了第四禪，您怎麼看不出來？」老和尚云：「我三餐吃飽沒事幹。」然後隨手拿張衛生紙捏成一團，嘴巴動幾下子，轉過頭來問：「衛生紙在跟我講法，你聽到沒有？」教授不解，默然而退。（摘自宗昂著《廣欽和尚雲水記》）

有老居士云：《有兩個小故事，可以說明「庭前柏樹子」的公案：

宋朝有位五祖演禪師。有一次，一位提刑官來問法。演禪師說：「提刑讀過小艷詩嗎？」提刑問：「哪一句？」演祖說：「頻呼小玉元無事，只要檀郎認得聲。」小艷詩是情詩，說有一位小姐帶著丫環在看戲，發現她的情郎在附近，小姐便一直呼喚：「小玉！小玉！」丫環問小姐什麼事？小姐也不答，只是一直喊小玉。只是希望她的男朋友聽到她的聲音，知道她在這裡，如此而已。

聽了這個故事，一思索「庭前柏樹子」，就知道是怎麼回事了。如還不懂，再舉個例：有位禪師每次說完法，下堂前，問大家明白嗎？大家都不答話，表示都不懂。於是禪師把桌子「砰！」的拍一下，這一聲和庭前柏樹子的答案完全一樣，只是一種聲音而已。》

平實云：嗚乎哀哉！如此說禪，驢年得悟去！正是盲人指路與盲人看瞎子一群，何有達道者？君若不信，且觀下文：《師適歸，侍立次，問曰：「聞和尚舉小艷詩，提刑會否？」祖曰：「他只認得聲。」》試問：他既認得聲，為什麼五祖法演卻道「他只認得聲」？須知趙州的庭前柏樹子，及禪師下堂前的驚堂木，要皆不在聲音上。若落在聲音上，必定錯認無念靈知心為真心，便與常見外道無二無別，則佛法便同外道法，有甚奇特？值得 釋迦世尊為此特地來到人間辛苦說法四十九年？莫顢頇好！

這老居士所拈提之公案。本是先師 克勤圓悟和尚在 五祖法演禪師座下悟入的公案，明心與見性二關一時解決；若非明心兼且眼見佛性者，絕無絲毫理解之智慧。謂此已非明心之人所能意會，何況尚未明心之老居士而能得窺其中密意？單說小艷詩本身之內容，老居士尚且錯會其間男女情誼心行等世間法之意涵，更何況 克勤先師於其中所悟之實相法界意涵？未曾絲毫理解之人，舉以示人，於作家眼前即不免馬腳處處敗露，不如藏拙好！

克勤先師一日出差辦事，回山後聞說州裡提刑來見 法演大師請法，演大師提示小艷詩曰：「『頻呼小玉元無事，祇要檀郎認得聲』，且仔細。」提刑茫無入處。後時 克勤先師回到寺中，聞有是事，便向 演祖詢問此事，禪宗史上的記載如下：《師適歸，侍立次，問曰：「聞和尚舉小艷詩，提刑會否？」祖曰：「他祇認得聲。」師曰：「『祇要檀郎認得聲』，他既認得聲，爲什麼卻不是？」祖曰：「如何是祖師西來意？庭前栢樹子！聻？」師忽有省，遽出；見雞飛上欄干鼓翅而鳴，復自謂曰：「此豈不是聲？」遂袖香入室，通所得，呈偈曰：金鴨香銷錦繡幃，笙歌叢裡醉扶歸；少年一段風流事，祇許佳人獨自知。祖曰：「佛祖大事，非小根劣器所能造詣，吾助汝喜。」祖遍謂山中耆舊曰：「吾侍者參得禪也。」由此所至，推爲上首。》其中之關竅，絕非落入意識境界之老居士所能知也！不知而自以為知，便大膽解說公案，以搏世名，不免作家之前出乖露醜也。只如　克勤先師所悟，竟在何處？老居士設以意識推之，百劫之後不免依舊茫然也！豈況今時短短一世意識推求而能委悉？

若不信吾言，再觀土城和尚此一公案，還能解得否？一日，某大學教授修得欲界定或未到地定功夫，便誤以為已證四禪，闖進土城和尚禪堂炫耀功夫。老和尚閱人多矣，何有不知？與他裝佯，這大學教授便炫耀他有四禪功夫，質問老和尚為何不知？

平實出道以來，常有人來稱讚張三、李四、王五、趙六……等，說彼諸人已得四禪。我便告知四禪中息脈俱斷之理，及出入四禪之過程，囑彼等回去相問，問後再來確定，我將把其寸脈，確定其心跳已停，若能以此方式檢驗證實，方可說為證得四禪。此諸人等回去之後，再無消息覆我，皆是以為一念不生即是四禪，誤會四禪捨念清淨定（捨清淨、念清淨）之內涵。

亦有道家修行者及密宗修行者，動輒狂言已得第四禪，偶或質彼初禪、二禪境界，則又不知。更狡辯云：「我們都是先修得第四禪，然後再修初禪及二、三禪。」然世間無有如此修證禪定者，世尊更詳細開示其次第，必須以初禪為基礎方能修得二禪，……乃至必須以三禪為基礎，方能修得四禪（以初禪之二禪……以三禪之四禪）。故知此諸狂人往往以為一念不生、心得粗住之欲界定或心得細住之未到地定為第四禪。彼等諸人，禪定之皮毛——初禪，尚且未得，便敢狂言已得四禪，禪定知見之膚淺及狂妄自大，令人失笑！

此一大學教授亦復如是，班門弄斧，洋洋得意。土城老人更不與他多話，拿起一張衛生紙，揉成一團，又動了幾下嘴巴，又回頭向大學教授說道：「衛生紙在跟我講法，你聽到了沒有？」教授不解廣老玄旨，只得默然而退。莫說汝未得四禪，設使已得四禪，再加上四空定及滅盡定，亦聽不懂土城老人意在何處。

只如土城老人特地取一張紙揉成一團，意在何處？沒事動幾下嘴巴，又沒說個什麼話，竟是何意？這大學教授放著現成公案不會，更勞土城老人指點道：「衛生紙在跟我講法，你聽到沒有？」枉費土城老人入泥入水為他，依舊不會，只好默然而退。如是等人，尚且會不得最現成的趙州茶，一句「喫茶去」尚且咬嚼不碎，奈何不了，何況能曉　克勤先師的悟處？取來賣弄文字之後，徒令作家哂之，何益於世俗名聲之增上？更無益於自家道業及所有門徒也！

諸人欲會麼？且到正覺講堂來，看平實指東說西、賣弄唇舌為眾說法。欲聞我法，莫以耳聞，耳不能聞；且帶眼來，眼能得聞。

且道：土城老人捏衛生紙，虛動唇齒，與平實之指東說西，是一？是二？

第一〇四則　土城散步

台北縣土城鄉承天禪寺廣欽老和尚　某師（宣化法師）與老和尚言：「我在外國時，每次遇到地震、颱風，經過我作法以後，地震颱風都消失了。」老和尚對言：「我什麼都沒有。」第二次來訪，某師又說：「老和尚，我現在什麼都沒有了。」老和尚答說：「我每天吃飯、睡覺，還散步。」（摘自宗昂著《廣欽老和尚雲水記》）

平實云：某師向以神通廣大著有名聲。一日返台晉謁土城老和尚，誇口道：「我在外國時，每次遇到地震、颱風，經過我作法以後，地震颱風都消失了。」殊不知神通乃是意識相應境界，三界有為之法；五根若壞，意識隨滅，便無神通，不能免於三界輪迴，是故　世尊一再訶止弟子示現神通。

若須作法方能消除地震颱風，此乃憑藉鬼神之力。凡勞動鬼神辦事之人，捨報時必須付出相對代價，死前難免胡言亂語；死後多墮鬼神道，喜歡鬼神五通之法故。亦因藉諸大鬼神之力而改變地震颱風，乃是干預因果，捨報後必受護法神責罰，必墮鬼神道，不能再於人間學佛。

設使不藉作法驅遣鬼神，而能自力消除地震颱風，依舊是意識境界，與解脱無關。以干預因果故，捨報後必受護持戒法之大力菩薩所責，難脱生死。更何況所言制止颱風地震之事是否屬實，亦無可考；往往是事後之先見之明，皆如藏密法王、喇嘛所説一般，查無實證。唯有事先預告何時將會有地震，如是數次預告之後悉皆準確，然後再宣言：「從今年起，十年之內某區不許有地震，我皆已制止。」並如實驗證之後，方可為憑。否則悉屬誇言，非關神通也。

縱使真有大神通而能制止天然災害，然干預因果之事本不應行；是故土城老人雖大有神通，聞某師誇耀神通時，卻云：「我什麼都沒有。」某師聞言惺覺，不敢再提神通。第二次來訪時，某師又説：「老和尚！我現在什麼都沒有了。」不料土城老人卻道：「你什麼都沒有了，我卻每天吃飯、睡覺，還散步呢！」某師來訪廣老之對話，以及對話而改變後之知見，雷同四禪道信與牛頭法融間之故事，幾無差別，同墮諸事放下之中，自認為如是放下一切時即是開悟境界了！然而廣老如同四祖道信一般，卻指出另有常住法是解脱之根本、實相之所依，乃是大乘佛法之源泉，某師窮盡一生卻不能知。

言歸正傳，某師聞土城和尚恁道，沒做手腳處；土城老人亦不為伊說破，但教伊疑著，庶幾後日得能自悟，方得受用。須知吃飯、睡覺、散步之中，大有密意，不可狼吞虎嚥、胡亂睡覺、隨便散步！當知此中皆有如來藏——如愚如魯潛行密用——不曾間斷；乃至死亡捨身，受未來報，皆不曾間斷；是故吃喝拉撒、大小言語之時，莫作容易！然古今中外，有許多名師不明此理，每以為放下一切，落於一念不生、淨裸裸處，以為即是禪宗。譬如教禪而聞名中外之名師云：

「眞正的佛法是現成的，不需用語言文字說明，根本沒有佛法、開悟、道、禪這些東西。如果有的話，那是心中的執著。要把一切擺下之後，才是祖師西來意。祖師從印度帶來的是什麼？不需要問！放眼都是；吃飯、睡覺、拉屎、撒尿也都是。然而心未放下之前，一切都不是。」

此即當代中外佛子所崇拜之名師開示。如此說禪，不如請南傳小乘法之法師來說禪，反而更中肯。若此師所說為然，則看破世間而自殺之哲學家及作家三毛等人，皆應名為聖人，皆應已出三界。彼諸人等不但能放下一切，連身命與靈知心都能捨下，依此師之言，云何不如初果、二果聖人？

是故土城老人訶責某師之神通後，發覺某師誤以為一切皆空，放下一切，便是佛法，猶如此位名師之誤認一切法空——沒有佛法、開悟、道、禪；便故意提起，開示云：「我每天吃飯、睡覺，還散步。」只可惜時節因緣不具，未能驚醒某師。

諸方老宿名師若能每天鄭重散步，不出兩年，必能上報土城老人深恩。兩年期滿若猶不會，何妨陪平實於兩年後散步上土城承天禪寺？何妨以土城散步無上大法供養土城老人舍利？

第一〇五則　土城念佛

台北縣土城鄉承天禪寺廣欽老和尚　有位老師告訴末學：他去請問老和尚「要怎樣念佛？」老和尚問他：「你怎麼樣念佛？」他答：「我有空的時候就念佛。」老和尚說：「你有空就念佛，沒空就不念，那你跟佛是點頭之交！你跟佛既是點頭之交，怎麼能期望祂在你生死關頭救你呢？來！來！伸出來！大家把腳伸出來！哪一隻是佛腳？認不認得啊？要抱佛腳，連佛腳是哪一隻都不認得啊？那要抱哪一隻腳呢？你到底認不認識佛啊？」眞是發人深省！這位老師描述：老和尚喝了一口茶，抬起頭來問他：「你看，我有沒有嗆到？」「沒有。」「我剛才喝茶時念佛，你知道嗎？」（以上摘自郭惠珍著《傾聽恆河的歌唱》）

某老居士云：《至於如何修才能成佛？首先你必須確認：真實的是原本的，**原本的不是靠修成的**，凡是修成的都會壞。**無念靈知不從緣有**；靈知本心不是父母生我才有，更不是肉體壞了就無，說有說無是斷常邪見。》

又云：《古人參禪，參到山窮水盡，才見到自己的本來面目。本來面目是什

麼？你們各位體會一下現在的心態和以往有什麼不同？現在的心，即是如如不動，定慧圓明的心，非常安祥的心……。》

平實云：這個安祥的靈知心，並不是完全如如不動的，而是不斷地在了知，了知即是分別，了知時即是已經動心了。此心於定中了知定境法塵，於定外則了知色香味觸等六塵，不可謂為如如不動也。由能了知六塵故能了別境界，即是與別境心所相應，世尊及 彌勒菩薩都說此心名為意識，正是生死之根本。若不肯捨離此心，饒汝修得非非想定，正是此心安住非非想定中，名為有愛住地煩惱。須捨棄此心，方能出三界而得解脫；菩提本心是此心之外的另一個無覺無觀無知的心，佛子若證本心，方名覺者，證得菩提心故。

同一世的靈知心，不論是有念靈知心或無念靈知心，都是同一個靈知心，乃是意識；是因父母生我以後才有，處胎未滿六月以前不曾有此心；過去世是另一個有念或無念的靈知心，未來生又是另一個靈知心，都與此世的無念或有念靈知心不同；三世的靈知心各不相同，都只能存在一世，非能來往三世。（按：詳見拙著《眞實如來藏》中依道種智之細述）

無念靈知心若是父母未生我以前便有，則人人修得未到地定或無相念佛境界以後，皆應能知過去世，本來自己已在故，非由父母所生之色陰為緣而出生者故。若無念靈知心即是往世來至此世之同一心，住胎之時即應熟知胎中一切事，亦應正知入胎、正知住胎、正知出胎，如同一切四地菩薩而無胎昧；亦應於突發事故發生而致色陰受重擊之後，皆無悶絕等事，何以故？謂無念靈知心應不依色陰五色根為緣方得存在故。然而現見一切人五色根若受重擊而無能承擔時，悉有悶絕之事，證實無念靈知心必須依正常五色根為緣方能生起及存在故。往世之五色根（勝義根頭腦及扶塵根身體）既未入胎來到此世，則往世之無念靈知心當知絕無可能來到此世繼續存在及運作。由此可知，老居士倡言：「**無念靈知不從緣有**；靈知本心不是父母生我才有，更不是肉體壞了就無。」顯然是昧於事實、亦昧於醫學常識之言。既如是，老居士所言：「真實的是原本的，**原本的不是靠修成的**，凡是修成的都會壞。」正應以之自責。謂無念靈知從緣而有故，謂靈知「本心」是父母生伊以後才有故，更是肉體壞了就不能長久存在故，最後則是入胎之後永滅不存而無法往至來世故。

若無念靈知心是與往世同一個無念靈知，是從往世來到此世者，則靈知心無念時即應能熟知往世之事，如同此時尚能憶起兒時重要之事件一般；然實不知，故知無念靈知乃從緣而有，必依父母所生之五色根而有，五根若壞即滅而不存。若無念靈知心是本來自在之本心，則嬰兒住胎時悉應能了了分明，此靈知心從過去世攜帶一切所修學法而入胎、住胎絕未間斷故；亦應甫出生時即能懂得語言及貪慾等，而實不能正知住胎、出胎；乃至出生後尚須熏習，方能懂得語言及世法等，往世所習一切悉皆不復記憶；由此可證無念靈知心不能貫通三世，非本來有，乃藉父母為緣，生我五根之後方有；唯能存在一世，是生滅法。緣此故說老居士所說宗門之悟，其實謬也！

君若不信，試觀土城和尚此一念佛公案，還能理會得麼？土城和尚曾傳授無相念佛法與部分利根弟子，但不知曾否度人證實相念佛？迄今未見有其傳人公開弘揚實相念佛。或有得其衣缽者、潛傳密度少數利根佛子亦未可知，若有其人，盼得相見；老人若有真子，乃教界一大喜事，當共護持弘揚大乘宗門正法，惜未之見。

此一公案中，老人有時以實相念佛開示於人，有時以無相念佛混合實相念佛示人。譬如抱佛腳一事，老人逼問云：「來！來！伸出來！大家把腳伸出來！哪一隻是佛腳？認不認得啊？要抱佛腳，連佛腳是哪一隻都不認得啊？那要抱哪一隻腳呢？你到底認不認識佛啊？」

若是信心具足、利根無慢之人，便合依言伸腳，當下認取；無生忍、般若智，伸腳便得，自性彌陀現前，便知彌陀非佛，唯是無相涅槃法身；便會老人意在何處，正合抬手向老人胸前輕鼓一掌，管保老人歡喜大笑。猶如黃龍禪師偈云：「我手何似佛手？禪人直下薦取；我腳驢腳並行，步步踏著無生。」若以靈知心為真者，莫怪老人喝汝：「出去！」

當知吾人之無念靈知心是妄非真，每日間斷，睡著便滅，次日方起；昏迷、入定、死亡時皆斷滅，必須依賴另一無覺、無觀、無知之菩提心方能重新現起；靈知心斷已，不能覺知，則無能自行再現；此時若無另一常在之非覺知心，焉能自起？若無念靈知心不是生滅間斷之法，則一切有情睡時、昏迷時、死時、入定時，應皆寂照靈知、清楚明白而無眠熟之事，然而事實不然，故云無念靈知是妄非真，是夜夜睡眠時有生有滅之法。

土城和尚見諸佛子不懂實相念佛，便混合了無相念佛法示眾：他老人家舉起茶杯喝了一口茶，然後抬起頭來問云：「你看我有沒有嗆到？」若喝茶時還要出聲念佛，必定嗆著。眾云：「沒有。」老人云：「我剛才喝茶時念佛，你知道嗎？」如今還有哪位大師修得老人這個功夫？若會此門功夫，便會看話頭；若能建立正知正見，憑此看話頭功夫，此世證悟有望。

有法師誹謗土城和尚云：「一天到晚叫人念佛，不講經論、不學唯識；念佛就能解脫嗎？」殊不知土城老人由念佛悟入實相，其智慧非此師夢想之所能知，其解脫境界亦非此師之所能知，何況一般佛子？

只如老人伸腳、喝茶時之實相何在？諸方名師與老宿還會得麼？若會不得，何妨朝禮土城和尚舍利去？何妨祈求土城和尚冥祐，再於老人舍利塔前行香念佛？或有機緣得蒙老人垂祐而得悟入，那時卻好相見於平實，共話無生。若無此因緣，來覓平實問取土城和尚開示念佛之理者，平實更無二話，唯有教汝：禮拜土城老人舍利去！

第一〇六則　土城嘻嘻

台北縣土城鄉承天禪寺廣欽老和尚　民國六十八年八月十日，有在家弟子來謁。師云：「今日來做啥？」對曰：「七月（農曆）超度法會，來爲母親超度。」師曰：「那麼，你呢？」弟子愕然，師笑云：「嘻！嘻！嘻！……」，侍者云：「師父說：你爲母親超度，那你自己呢？」對曰：「我自己度自己。」師復笑：「嘻！嘻！嘻！……！」（以上摘自傳萬居士著《記廣欽菩薩二三事》）

某老居士云：《參話頭就是把你複雜的心念變成「獨頭意識」，明眼人看你已進入獨頭意識情況，吼你一聲或打你一棒，連**獨頭意識也粉碎了**，剎那間成為**有心無意識**，此時心的原態就會出現，本心就出來了。……只有你悟了以後，生命才覺醒，也才能過覺醒的生活。所謂生命的覺醒，借用莊子的一句話，就是「大清明」。借用孔子在易經繫詞上講的「無思也、無為也、寂然不動，感而遂通天下。」也就是王陽明講的「虛靈不昧，衆理具而萬事出」，人到這個境界，不是佛，是什麼？》

平實云：所謂參禪，並非把複雜的心念變成獨頭意識，再把它粉碎而顯現本心；獨頭意識如果粉碎消失而變成**有心無意識**的話，則汝必不能知本心何在。無意識時如同人死、或昏迷睡熟，無知無覺，如何能知本心何在？既不知本心何在，如何名為明心開悟？

老居士之開示，自語相違卻不自知，焉得謂為有智之人？竟以悟者之身出世弘法，倡言有心無意識之境界即是證悟之境界，去禪道遠矣！獨頭意識之境界，其實並非老居士之所知；欲令禪門學子正確認知，不能無言而默也。獨頭意識者，譬如眠熟後之夢境，其中已無前五識，識陰中之六識唯餘意識一心，即是無念靈知也！老居士所知之獨頭意識，唯有此境，謂其餘獨頭意識境界，皆非老居士之所能知也。譬如禪定實證者，已離欲界愛，證入第二禪之等至位中，彼時已無五塵、五識存在，唯餘定境中之法塵境；或如第三禪乃至非想非非想定中，皆名獨頭意識境界，都非老居士所能知之。縱使老居士有朝一日證得定境中之獨頭意識境界，請來平實為爾頭上突放一棒而受驚嚇時，只能使獨頭意識變成五俱意識，絕無可能將獨頭意識粉碎；故老居士所說「獨頭意識粉碎時，即可成為**有心無意識**狀態，即是本心的原態」，都屬臆測之說，全然不符法界實相，亦不符醫學常識。老居士既落在六識之中，從來不與無覺無觀之第八識如來藏相應，當然所說之本心必然不離意識覺知心；此覺知心若在，即是意識存在，謂覺知心即是意識故。今者老居士倡言**有心無意識**之狀態為宗門所悟之本心，仍然是有心，仍然是有意識，此心即是意識故。

老居士錯認離念之意識覺知心為本心，是故方有如是荒唐言，將離念時之覺知心從意識心中析出，謂非意識心，指為本心。然而宗門之證悟本心者，從來都以第八識如來藏為本心；老居士卻以意識離念時作為宗門所悟之本心，去道遠矣！復次，凡是意識存在時，都能覺知諸法，不論有念或離念之時皆是意識；不可將有念時之意識說為意識，而將無念時之意識說為本心也，否則即有未悟言悟之大妄語業；老居士於此不可不知也！

古今中外，一向都有許多錯悟之師，將意識分析為二：有妄想雜念之靈知心及無妄想雜念之靈知心。上自大法師，下至一般參禪者，將意識靈知心修到離念無念時，便自認為已悟入實相，師徒之間以此欲界境界互相吹捧拉抬，用以自高，皆是錯將無妄想雜念之靈知心認作本心。若究其實，不論有無妄想雜念，靈知心皆同一意識，設使進入非非想定中，此一靈知心相較於六塵中之無念靈知微細百倍，然猶是意識，仍非宗門所悟之實相心。

無念靈知心能安住於無念之心一境性中，與定相應，《瑜伽師地論》中彌勒菩薩說之為意識；本心則是任運隨緣而又遠離覺觀，不會六入；無念靈知心卻是有覺有觀，能會六塵，常有六入，故非本心。

又：無念靈知心仍非獨頭意識。獨頭意識者，譬如深夢之中雖受內相分五塵而不起五識，六識之中唯一意識現起，於夢中受諸苦樂，故名獨頭意識。或如過暗之未到地定及無覺有觀三昧以上之定境中安住之微細靈知心，不知外境，不觸五塵，唯觸定境法塵，五識不現，名為獨頭意識。老居士所言之獨頭意識，乃是能觸色聲香味冷暖痛癢之無念靈知心，並非獨頭意識；老居士又言如是境界中之「獨頭意識」為無念之心，說妄想念流中斷之時即是本心。然而老居士所謂妄想念流中斷之時，其實仍非真無念，仍有許多微細念運作，惟無語言耳，故能歷緣對境而行走飲食自如，都不必藉用語言文字來作分別，都不會失足跌入水溝，或誤將污物當作食物，亦不會將食物送入鼻孔，離念之時仍具足別境之功能故，別境之時即已具足極多無語言之微細念故，應知絕非無念之心。絕對無念之心，從來無粗念細念之心，唯有本心如來藏，自無始以來即已無念，並非修行之後方能有時無念，亦非常有微細念時時動作。此無念靈知心既知外五塵，必與五識俱，不得稱為獨頭意識；此心於熟眠等五位中斷滅不起，是生滅法，非如本心無覺無觀，卻於熟眠等五位中，依舊隨緣任運常住不滅。若不知此理，必將錯會土城和尚嘻嘻公案，以為土城老人是在示現嘻笑中之無念靈知心，去道遠矣。

民國六十八年（一九七九年）農曆七月盂蘭盆節，各寺廟皆有超度法會。有在家居士於時來謁土城和尚，和尚問云：「今日來幹啥？」對曰：「來爲母親超度。」和尚提醒道：「那麼，你呢？」這在家弟子誤以為死人才須超度，不知未死之人更要超度，當下愣住，不知所措，老人便故意笑云：「嘻！嘻！嘻！……」，這在家弟子不會，侍者便解釋道：「你爲母親超度，那你自己要不要超度呢？」原來這侍者和在家弟子一般，不會老人意，當面錯過。弟子聞道，便云：「我自己度自己。」老人見彼等猶自懵懂，便又笑：「嘻！嘻！嘻！……」老人如此苦口婆心，入泥入水、撒土撒沙，一眾不會，依舊當面錯過。

更有一般錯悟之人，引用道家、儒家所說之妄心為真心，便道莊子之大清明心、孔子之無思無為能知天下五塵之心，及王陽明虛靈不昧之靈知心為菩提心；然此等心從來不離靈知覺觀，皆是妄心意識。必須運用此能覺能觀之靈知妄心，來尋覓無覺無觀之非靈知菩提心，方是真正禪法。

佛子著相，古今中外皆然。譬如昔年美國卡普樂禪師，為禪來到台灣尋根，南南北北奔波，見過多少法師、禪師、居士，個個自以為悟，向卡普樂說得許多言語，開示許多禪法，互相籠罩。彼時平實方始接觸佛法，不辨東西；如今閱讀彼等當時對話記錄，可謂一場笑鬧，諸家彼此不辨。卡普樂禪師得得東來，放著現成的證道聖者——土城和尚，不來參訪，只因土城和尚不識字，只是勸人念佛；也不說禪，看來似乎不是悟者，便向那些能言善道、能寫書的法師、居士參訪，何曾覓著一個半個達道之人？

如今土城老人入滅未來之際，君若來問平實，平實便為大德笑云：「嘻嘻！嘻嘻嘻！」君若欲聞，莫帶耳來；耳唯聞聲，不聞無上大法；且帶眼來，眼能得聞。

第一〇七則　土城空有

台北縣土城鄉承天禪寺廣欽老和尚　民國七十年元月十七日（農曆）清晨，有女士衣著入時，上山入得大殿，四下張望；見某師，即問：「洗手間在何處？」某師示之，女士云：「領我去！」方便回來，恰遇老和尚入大殿，便問：「你就是廣欽？」老和尚點點頭。「我遠遠一望，便知道你是廣欽。聽說你會看相，你看我是誰？」「我不知道，我不會看相。你會看相？你看我是誰？」「我看你是高僧活佛的臉。」老和尚云：「噢！寫在臉上？」女士云：「你看我像什麼？我的命好不好？」「你的命很好，像有錢人的太太。」「憑什麼看？我的臉？我的氣質？」老和尚答：「由你的衣著。」「我的衣著？衣服是外物，怎可憑據？那我這套衣服給你穿，你也變成有錢人的太太。」「出家人不穿俗家衣服。」「爲什麼你不說我是有錢人家的女兒？而是太太？」「我看你不像。結過婚沒？」「我是學生，在德國念書。」「你不像學生的樣子，學生應該像她那樣。」老和尚手指會客室中看書的中學生。「好！不過老和尚，佛法中有『色不異空，空不異色，色即是空，空即是色』的說法，但是空中還有一個妙有。」女士說完即起座，昂然向門外走去。「噢！你也談《心經》？喂！空即妙有，空是……」老和尚語未竟，來客已無蹤影。（以上摘自承天禪寺編印《廣公上人行持語錄》）

平實云：此女作略既勇且俊，唯嫌傲慢、過慢；作家相見，不當評比高下。禪門固云「入門須辨主，當面分緇素。」然於互相分辨有主無主之後，既知雙方皆為緇衣，理當相見恨晚，盤桓細說、共話無生，知音難得故。豈可去不復返、捨此法緣而不深結？何況此一公案中，雙方賓主未分、緇素未明，云何舉步便行？謂之顢頇儱侗可也。

平實此生初學佛時，二度欲往土城歸依，而緣未具，不能拜在老人門下為徒，誠一憾事。今觀因緣，方知事所必然。蓋大乘宗門正法之住持世間，皆有因緣。老和尚住世時，佛法仍未普及，類多民間信仰，故須以禪定及神通示現，方便接引，故老人之出世乃應機而現。

老人雖證第一義諦，然傳法之緣未熟；故終其一生，示現許多機鋒，而守口如瓶以滅，終不敢以語言明說。老人深知彼時眾生信慧諸善未具，若為明說，必不信受。若不信受，必定誹謗此大乘宗門正法，便下地獄。老人雖然慈悲，亦不能救彼，以不識字故，不能引諸經論詳細明證而攝受之。是故老人遇人，多勸念佛求生極樂。

然佛子中偶有再來菩薩，夙具善根；只因隔陰之迷，宿慧暫時不現，是故土城老人有時示現禪門機鋒，以度學人。嘗聞多人傳說：謂老人某次與徒眾多人行至廣場，見地平順，忽投身於地打滾，打滾起來復笑。大眾無緣，不聞老人所說無上大法，當面錯過，每謂老人童心未泯。試問：當時老人已七十餘歲，定慧圓成，若非為說法，豈效童孥於地打滾為樂？且道：老人在地打滾，起來復笑，意在何處？諸方名師老宿，有會者否？何妨一見？

只如此一公案中，衣著入時之女士，上得山來，進入大殿四處張望，命法師引領上洗手間，復與老人言語往復，氣勢甚炎；雖然俊勇，要且未曾見有悟處。此謂真悟之人既已轉依如來藏已，則不復以意識境界為歸，慢及過慢自然日漸消除，豈有可能進得寺來竟對常住法師頤指氣使、氣焰囂張？復顧初見土城老人時，口氣不遜，都無實證本心如來藏而轉依之功德；徵之於廣老之無慢，處處隨順其言語，聖凡已判，而彼女士猶自未知，處處故示悟者之姿、以壓老人，全屬意識境界之作為也！

末後語畢便行，似符正義，只恐亦是東施效顰，學祖師應對作略耳，未見彼有悟處，何以故？以見地未顯故，緇素未分故，仍屬野狐之屬。他日有緣相見，若道「空中妙有乃是一念不生之靈知心」，正好當面與她三十拄杖。杖已再問：「汝向老和尚道：『但是空中還有一個妙有』，語畢便行，意在何處？」彼若答我：「行時之無念靈知心即是菩提心。」我便舉袖拭眼哭云：「可悲可痛！」未審故事中人若在而聞時，能臆測平實絃外之音否？未審今時說禪浩浩之諸方名宿，可有平實知音？

第一〇八則　土城誦經

台北縣土城鄉承天禪寺廣欽老和尚　老和尚在往生前約一星期開始，每天晝夜都自己猛力出聲念佛，那種「使盡每一口氣懇切呼喚阿彌陀佛」的念法，非常人可及。大衆輪班跟他大聲念，尚且聲嘶胸痛、氣力難支，何況他老人家九十五歲高齡！有弟子恐他以二十餘天不食的體力難以支持，故建議老和尚說：「師父！我們念，您聽就好。」老和尚瞪大了眼，斬釘截鐵說：「各人念各人的！各人生死各人了！」說罷又大聲懇切地自己念佛。然而卻在往生前第六天，他忽然演出了一幕極其餘韻深遠的戲，末學思之：深覺足供各宗各派的修學者作爲警惕。

那天，老和尚忽然一反往常教人專念阿彌陀佛的作風，突然很緊急命大衆爲他誦「大藏經」。大藏經浩如煙海，眞不知從何誦起？於是請問老和尚要誦哪一部？老和尚以台語說：「總誦！（全部都誦）」大衆就趕緊請出一大部、一大部的藏經，搬得氣喘吁吁；看他老人家一副決定要往生的樣子，心中又急又難過，更不知從何誦起。老和尚就說：「看你會什麼經，統統給我誦！」於是大眾便一部部誦起來：心經、金剛經、藥師經、地藏經……。在這緊要生死關頭，才發現僅二百多字的《心經》都幾乎要誦不來，可說是口誦心焦。當大眾搬大藏經一部部誦時，老和尚只幽默一笑，逕自念「南無阿彌陀佛！南無阿彌陀佛！……」絲毫不受周圍誦經聲影響。末學感覺老和尚這一笑，眞是當頭一棒！在這幕突來的演出中，誰眞把大藏經總誦了？惟老和尚念念清楚分明、懇切有力的「南無阿彌陀佛」，眞正總誦了大藏經。（以上摘自郭惠珍著《傾聽恆河的歌唱》）

有徒弟請問：「如何是自性彌陀？」某大法師答：「汝專心課誦的心便是自性彌陀！」

平實云：像末之季，似此師徒，如麻似粟，數不勝數。眾迷皆謂玄妙靈知之心即是自性彌陀，只因迷者甚眾，土城和尚隻口，難敵眾口之鑠金；所悟之心又復不許明言，設或言之，亦不信受；徒呼負負，莫可奈何。然又不許無為人處，遂於往生前導演此齣無生大戲，冀望度化一個半個親證無生，只是可惜！

有諸佛子聞說土城老人不識字，便疑老人如何能悟？又聞老人不開座講經，逢人普勸念佛求生極樂，心中便疑：「眞悟之人何須求生極樂？必是未悟。」殊不知 彌陀世尊四十八大願、九品蓮花攝盡一切，利鈍兼收；設使在此已證四果乃至初地，亦應求生極樂，有大利益故（詳《禪淨圓融》細述）。

土城老人見眾生迷而不悟，又欲警覺依教生解、自以為悟之見慢佛子，以及將來可以世諦流佈；乃異於往常，不教人專念 阿彌陀佛，突然急命大眾誦大藏經。三藏十二部經浩如煙海，欲從何誦起？諮詢老人欲誦何經？老人竟言：「總誦！（全部誦）」

大眾見老人即將往生，各人乃氣喘吁吁、手忙腳亂地進進出出，請出一部又一部的大藏經，不知從何誦起，再詢老人，竟云：「看你會什麼經，統統給我誦！」這是老人慈悲為眾。當大眾心焦口誦時，老人卻莞爾一笑，逕自唸他的「南無阿彌陀佛」，竟不理會眾人。

若是平實則不然，俟大眾將全部藏經搬齊時，便好令侍者擊椎，謝云：「謝大眾總誦摩訶般若！」便令大眾歸還大藏經。若知老人「總誦」之意者，抬腳邁向藏經樓時，便該惺覺，自拍後腦勺，卻向老人跟前禮拜；禮拜已，起身便稟：「藏經總誦完畢。」珍重而出便得。然而承天寺出版了如是親切無比之公案記載書籍時，卻在此一公案後，作了錯誤的註解：「在這幕突來的演出中，誰眞把大藏經總誦了？惟老和尚**念念清楚分明**、懇切有力的『南無阿彌陀佛』，眞正總誦了大藏經。」殊不知老和尚的總誦大藏經，卻不是因為**念念清楚分明、懇切有力的佛號**而總誦出來；這末後一句註解恰如一顆老鼠屎，沒來由的玷污了老和尚的證境，把老和尚強拉下來與意識等觀，豈是老和尚之實證境界？或有不信者，舉之以問實證如來藏之賢聖，都不免突遭痛棒也！

當今天下大師說禪之人聲氣浩浩，還有能知土城老人總誦之意者否？頗能透些子禪宗氣息？

真善知識難覓，古今中外皆然。《華嚴經》云：「善知識者得值遇難，得共住難，得奉侍難，得其意難。」信哉斯言。若無福德，不能值遇善知識；若無福德，雖然值遇，不能共住；若無福德，雖然共住，無因緣故即無能奉侍；乃至奉侍善知識之後，欲得其真意，仍極為困難。

譬如三年前，有林姓居士偕其徐姓配偶，來學我禪淨法門，只因連續三夜夢見一位老和尚，勸修無相念佛法門。彼亦未曾聞此法門，亦不知何處可學（編案：當時無相念佛法門尚未推廣）。後見《無相念佛》一書，方知應至何處共修。嗣於彼處見彼老和尚法相懸於牆柱上，詢人方知是土城老人，極感驚異。然彼林居士與我共修數次後，便因事業繁忙而輟。又過數月，忽往中央信託局佛學社之禪法講座尋我，謂土城老人復於昨夜第四次入夢，將其眷屬朋友與他在過去世之關係，一一說明，後復重囑：「應修學無相念佛法門。」臨走時，老和尚以閩南語撂下一句話：「要學、不學，在你！」

林居士問我：「這句話是什麼意思？」我對曰：「你與老和尚在過去世有深緣，故老和尚第四次吩咐你學無相念佛法門，又怕你不信，所以將你們過去世的因緣相告。老和尚既說『要學、不學在你』，便表示他老人家從此以後不會再來入夢催你學法了。至於你學不學無相念佛法，我也不能勉強，隨緣吧！」而林居士迄今仍因事業繁忙，不能復學無相念佛法門。

此林居士者，以過去世種下之善因，今生能得大善知識土城和尚再四入夢，勸修了義法門，因之得遇真善知識；然以俗緣羈絆，不能與我同修。何況障重佛子知見不具，屢遇假善知識攝受，尚不能值遇真善知識，云何能得善知識真意？又如土城老人在世九十五年，與老人共住奉侍一、二十年者，其數不少，然能真得其意者，不知何在？是故，欲求覓真善知識者，莫在學識高低上著眼，欺他土城老人不識字。

只如諸方曾經嘲諷土城老人不識字、不能講經說論的大法師、大居士們！還會三乘佛法之密意麼？還會土城老人「總誦」之密意麼？莫說汝等不能知之，設使世界著名學府佛學博士班之指導教授們，亦莫能知土城老人之意。雖能講得十二部經論，不識本心，不見自性，終是知解宗徒，只能成為法座奴；一介凡夫，於解脫分上，有何助益？乃竟誹謗開悟聖僧，若不及早懺悔，捨報地獄有分！

而今諸方說禪老宿，欲會土城和尚**總誦**之密意麼？

抱取藏經來！

第一〇九則　雪峰成道

福州雪峰義存禪師　師與巖頭行至澧州鰲山鎮，阻雪。頭每日只是打睡，師一向坐禪。師一日喚曰：「師兄！師兄！且起來。」頭曰：「作什麼？」師曰：「今生不著便，共文邃個漢行腳，到處被他帶累。今日到此又只管打睡。」頭喝曰：「噇眠去！每日床上坐，恰似七村裡土地公。他時後日魔魅人家男女去在。」師自點胸曰：「我這裡未穩在，不敢自謾。」頭曰：「我將謂你他日向孤峰頂上，盤草結庵播揚大教；猶作這個語話。」師曰：「我實未穩在。」頭曰：「你若實如此，據你所見處，一一通來；是處與你證明，不是處與你剷卻。」師曰：「我初到鹽官處，見上堂舉色空義，得個入處。」頭曰：「此去三十年，切忌舉著。」師曰：「我又見洞山過水偈曰：切忌從他覓，迢迢與我疏；渠今正是我，我今不是渠。」頭曰：「若與麼，自救也未徹在。」師又曰：「後問德山：『從上宗乘中事，學人還有分也無？』德山打一棒道：『是什麼？』我當時如桶底脫相似。」頭大喝曰：「你不聞道『從門入者不是家珍』？」師曰：「他後如何即是？」頭云：「他日若欲播揚大教，一一從自己胸襟流出，將來與我蓋天蓋地去！」師於言下大悟，起來連聲叫云：「今日始是鰲山成道！今日始是鰲山成道！」

平實云：雪峰生來傲骨嶙峋，故其悟道過程極為艱辛困頓。他曾三度上參投子山大同禪師，九次上參洞山良价禪師；如是辛苦盤桓往來，猶不得入處。後來奉德山之命，與師兄巖頭全豁出外理事，行至鰲山鎮時為大雪所阻，住於旅店等候雪晴。當時雪峰禪師眼見巖頭參學事畢，每日安穩地只管大睡，自己雖然每日打坐參禪，依舊沒個入處；到此時，方肯丟掉一身傲骨，求巖頭禪師幫忙。

巖頭見他葛藤多，便教他將過去在鹽官、洞山、德山等處所聞所見一切知解葛藤盡皆丟棄，又大喝道：「你難道沒聽過嗎？從門入者不是家珍！」要他放捨一切禪門名句，雪峰方肯死心踏地丟下葛藤，問道：「以後要如何用功才好？」巖頭便道：「以後如果想要傳播弘揚無上大法，得要一一從你自己胸襟流露出來，將來與我蓋天蓋地去。」雪峰言下大悟。站起身來踴躍連聲大叫：「今天才眞是鰲山成道！今天才眞是鰲山成道！」

平實弘法多年，曾遇傲慢之老師，悟得不真，偏又不肯死卻重參；但見平實通得教門，便背地裡誹謗平實所悟乃是從經教讀來，非真參究得來。既然如此，上座何不也學平實「藉教悟宗」來？

只如雪峰禪師此一證悟公案中之意旨，經論上不曾說，祖師們亦不曾講解，哪個阿師能從經論語錄上讀來？且出世道看！平實要知。上座若自認悟得真，還能解得巖頭全豁意在何處麼？還能解得雪峰悟在何處麼？饒汝神通廣大，每日暗地裡空中來來去去，潛在平實身邊偷看偷聽，卻是絞盡腦汁亦會不得，須是真參實究，方能會得個中蹊蹺。

若以為雪峰當時是悟得清楚明白、不來不去之心，上座便是未破初參；饒汝神通廣大，依舊不免生死輪迴。且道雪峰悟在什麼處？巖頭在此公案中的方便善巧又在什麼處？因何平平淡淡之一句話，便能教雪峰悟去？此中蹊蹺何在？還能以讀經閱論來體會得麼？若能於此下定決心、建立疑情，並且熏習正確知見，此後方有悟緣，否則終究無緣於宗門，只作得個知解宗徒，無法進入佛法寶庫，縱使成為聞名之法主，亦不免座主奴之譏也！上座有日若肯捨棄慢心，下問平實，平實亦只是淡淡地說道：

「上座若欲播揚大教，請一一從自己胸襟流出，與我蓋天蓋地去！」

若福慧等二莊嚴具足者，但得當面聞平實如是說上一遍，便得悟去，從此以後不作依草附木精靈，即成緇衣、出家，此後生生世世作個家裡人。若是傲慢之人來，平實雖不可無為他處，亦須照樣兒為他說上一遍，卻必使他深覺壁立千仞，無下手處。且道：

個中蹊蹺還能從經論上讀來麼？

第一一〇則　雪峰喫茶

福州雪峰義存禪師　僧全坦問：「平洋淺草，麋鹿成群，如何射得麋中主？」師喚：「全坦！」坦應諾。師云：「喫茶去！」

某名師云：《「吃茶去」的意義是什麼？茶代表道、禪、自性清淨心，或明心的心、見性的性。來我這兒的人只有一個目的，而在此住下的人也只有一件事可做：就是以平常心過平常的生活。在什麼時候就做什麼事，在什麼場合就講什麼話，在什麼職位就擔當什麼樣的責任，這些就是在我這兒修行的本份事。不論你們是先來或後到，有擔任職事或不擔任職事，包括我趙州自己在內，都只有這個目的，沒有其他的事。而且心中也不要有目的存在，到我這兒來，就跟大家一起如常生活吧！》

平實云：且得勿交涉！趙州茶、雪峰茶，乃至一切真悟祖師之茶，每一杯皆值得千兩、萬兩黃金，都值得千斛、萬斛寶珠，豈以過平常生活而不求悟之人所能喝得？

莫說諸祖寶茶，即使平實準備之粗淡麥茶半杯，多少禪子在精進禪三期間猶不得沾唇。即使破參者，三天之中喝不完半杯麥茶者亦大有人在，豈容如此輕率飲之？妄謂平常心的喝茶、平常心的做事、平常心的生活即是禪悟？如斯之言，同於三歲小兒唱言能知國家天下事，一般無智。

大法師有朝一日若見了趙州古佛、雪峰古佛，蒙賜粗茶一杯，且莫牛飲，當思：趙州雪峰賜我杯茶，教我吃茶，是什麼道理？人來趙州求法，不論曾到、新到，趙州因什麼道理皆教「喫茶去」？萬勿當作等閑事！否則不免沈淪生死、永無止期；若是因中說果、自以為悟而示人以悟，則不免大妄語業等後報；若進而誤導眾生同犯大妄語業者，果報難可思量，大法師千萬莫視作等閑好！

全坦比丘問：「遍大地，明顯佈滿有情眾生，如何能找到有情的如來藏？」全坦比丘以糜鹿譬喻眾生，以糜中主譬喻眾生各有的真主如來藏，求問如來藏的所在。雪峰聞已便喚：「全坦！」全坦應聲諾，依舊是悶葫蘆，未能內外相通。雪峰看他鈍機，便云：「吃茶去！」全坦仍舊是依稀彷彿。

出家兒，不論男身女身，皆當抱定出塵之志、度眾之願，力求佛道永不移易，方是真實佛子。若出家只是為了過平常生活，而不求出世第一義之法，何如效法陶淵明種圃蒔花、採菊東籬？更為平常寫意。何須出家受諸束縛、早晚課誦參禪？反而無法平常、無法離塵。

大乘比丘二眾，既出家已，當發願荷擔如來家業，志求明心見性，盡未來際誓度有緣，永不止息，豈以無憂無慮、過平常生活為足？

當知每日過堂，食存五觀，所唸何意？若不見道、無力荷擔如來家業，何以報四恩三有？何以面對眾生之信施？夫出家者乃大丈夫事！大丈夫擎起趙州茶、雪峰茶時，豈可效俗人牛飲？豈可將見道大事置之度外，空腹高心過平常生活？又豈可不作大事未畢想，只過平常生活而自謂為禪？審如其說而可說為禪者，則一切已退休之老人家豈非正是真實修行之禪者？未審大法師是亦未是？　且道：

趙州、雪峰二尊古佛，因什麼道理總教人吃茶去？莫是教人體會茶溫、茶涼？莫是教人體會茶香、茶苦？莫錯會！錯會、三十棒！

上座何妨放下此書，喝杯茶看！喝完若猶不會，附耳過來，在下說與汝知：吃茶去！

第一一一則　雪峰置拂

福州雪峰義存禪師　有僧辭去，往參靈雲禪師，問：「佛未出世時如何？」靈雲舉拂子。又問：「出世後如何？」靈雲亦舉拂子。其僧卻迴，師問：「闍黎近去，返太速生。」僧曰：「某甲到彼，問佛法不相當，乃回。」師曰：「汝問什麼事？」僧舉前話。師曰：「汝再問，我爲汝道。」僧便問：「佛未出世時如何？」師舉拂子。又問：「出世後如何？」師放下拂子。僧禮拜，師便打。

平實云：古今多少野狐知識，橫誇大口，氣吞諸方，自命菩薩乘願再來，每每不服真善知識指正，死命照顧面子，反指真正善知識未悟。譬如月溪法師見鐵巖法師求取印證之公案，以之比照雪峰禪師此一公案，便見鐵巖、月溪師徒二人之顢頇也。

月溪自從被鐵巖印證後，誤以為佛性遍滿虛空、充塞宇宙、無覺無知。又誤以為見聞覺知在悟後會變為佛性，殊不知佛性本來具足，不須由見聞覺知變來，是與識陰六識之見聞覺知同時同處並行運作的，不是由六識的見聞覺知修行變成的，乃是本已存在而不被看見。佛性若由見聞覺知變來，即非本來具足。佛性若由見聞覺知變來而非本有，則此變來之佛性將來必定散壞，從緣生故，緣散即壞。此理淺而易會，乃竟有許多佛子迷信崇拜月溪，不假思惟，照單全收，而於自以為悟之後，以見聞覺知錯認為佛性。復以想像之遍滿虛空充塞宇宙而無覺觀之「心」為如來藏，此是想像所得，子虛烏有，非真實如來藏心體。

如來藏是具體而現成的，是可以體驗的，非以想像為事。若有人道「如來藏遍滿虛空、無覺無知」，此人絕對不是悟者。《維摩詰經》云：「法離見聞覺知。」錯悟者便以為如來藏完全無見聞覺知，像虛空一樣無知，而能感應吾人五蘊產生見聞覺知，便錯以見聞覺知為佛性；殊不知如來藏無形無相猶如虛空，駐於身中而非遍滿虛空。《如來藏經》中 世尊明明道：「我見眾生煩惱流轉，生死無量；如來妙藏在其身內，儼然清淨如我無異。」故如來藏駐於五蘊身中，非遍滿虛空，亦非完全無覺無知；如來藏若完全無知，又如何能了知眾生之所需而時時乃至剎那剎那都不斷的支援而滿足眾生五陰的需要？豈不聞《維摩詰經》所云「知是菩提，了眾生心行故」？佛語真實，佛子因什麼道理卻不肯信？皆因不能實證如來藏故，無法實證如來藏外於六塵之了知性，故將見聞覺知錯認為佛性，或將想像中之遍滿虛空之無法錯認為實法，認為自己已經實證佛性了；鐵巖與月溪二人，即墮此中，導致月溪法師死時更說大話籠罩天下：「遍滿虛空大自在。」只成個虛空外道。

《維摩詰經》云：「不會是菩提，諸入不會故；知是菩提，了眾生心行故。」既於六入不能體會，因何又能了知眾生心行？月溪誤會此句意為「悟後能知眾生種種心性」，此乃錯解，足證未悟。菩提真心在悟前不能體會六入而能了知眾生心念之趣向（非了知眾生之心性）。悟後依舊是不能體會六入而能了知眾生心念之趣向，悟前悟後從無不同，唯除成佛。故說月溪法師及其根本上師鐵巖，都是野狐之屬，二人同成大妄語業。

一切真悟之人，皆可親見未悟眾生之菩提真心不會六入，同時又能了知該未悟眾生之心行，便完全證解此段經文。此中密意不得明說，以免宗門斷絕，正法永滅。若未證解此段經文而認為菩提真心無覺無知遍滿虛空者，此非真悟。若以錯悟之見解，為護名聞利養而誹謗真悟之人，捨報時不免地獄果報，以學禪教禪之善因而招致地獄惡果，一何愚哉？

只如經中既云：菩提眞心如來妙藏，非見聞覺知之心，不能體會六塵六入，因何又道祂能了知眾生之心行？上座欲會麼？且看雪峰置拂公案：

雪峰禪師門下一僧辭去，雲遊諸方，冀求開悟實相般若；行腳到靈雲禪師座下問道：「佛未出世時（悟前）如何？」靈雲乃舉起拂子。又問：「佛出世後（悟後）如何？」靈雲依舊是舉起拂子。此僧愚鈍，依舊不會，方知天下真悟之師一般作略，無二無別；方知雪峰一向為他，只是自己不悟，怪不得雪峰禪師。因此終止雲遊諸方參訪老宿之行腳旅程，乃又回到雪峰座下，述說參訪靈雲禪師之始末。

雪峰聽伊說完參訪之內容以後，有心為他，便道：「你再問一遍，我為你說明。」那僧便問：「佛未出世時（悟前）如何？」雪峰便舉起拂子。那僧又問：「佛出世後（悟後）如何？」雪峰卻放下拂子。此僧自以為悟，便禮拜，落入應對進退之中，雪峰禪師便打。

只如此僧問悟前、悟後事，靈雲禪師一概舉起拂子，雪峰禪師卻是一舉一放。一樣咨問，兩般回答。此公案可是月溪上座**遍滿虛空無覺無知之心**所能驗證得麼？又豈是上座**見聞覺知之「佛性」**所能會得麼？莫顢頇好！一切同墮月溪法師落處之法師們，若不聽余言，待得臘月三十到來，閻王老子與爾算衣飯錢時，莫怪平實不曾早說。

只如此僧禮拜亦無錯處，與諸真悟者之禮拜並無二般，因何卻吃雪峰痛棒？還見雪峰大慈大悲在什麼處麼？還見雪峰慧眼斷處麼？上座若道雪峰放下拂子乃表示空性一無所有，不動不轉，遍滿虛空，因何靈雲舉起拂子，不同雪峰一般放下拂子？上座若道「靈雲與雪峰不同，非是悟者」，在下保汝捨報時必下地獄，靈雲初出道時雖然錯悟，後時卻已證悟，莫輕易謗人好！

次如那僧與真悟者一般禮拜，雪峰在什麼處斷定伊未悟？雪峰是座下有百餘人證悟之大師，萬勿謗他是籠罩人。如今天下說禪之聲浩浩、震耳欲聾，總道是證悟之賢聖，不可不知其中之蹊蹺也！還有人道得麼？試道看！非唯平實要知，天下禪子都欲知之。還有人麼？

奉勸諸禪子：欲得會禪者，一不得崇拜大名聲，二不得崇拜學術研究，三不得盲目崇拜「肉身舍利」。須知月溪法師「肉身舍利」非真舍利，乃於裝缸時用灰炭等物作乾燥劑，故開缸時，嘴張口斜，兩眼圓瞪，乃是屍乾，非真肉身舍利。為顯異惑眾故，乃加以整修貼金，供人膜拜，竟敢與六祖真實肉身舍利相提並論。禪子不知，信為證道，便對其生前所說全盤信受，全然不顧彼等所說違背聖言量之事實，一味迷信，自誤誤人，師徒同成大妄語業，相將入火坑，何其無智？令人悲嘆！

且道：靈雲對那僧二舉拂子，雪峰卻對那僧一舉一放；他二人之意，是同？是別？諸方證悟上座，還能以「遍滿虛空無覺無知」之心驗證此一公案麼？且道：

此中淆訛在什麼處？

第一一二則　瑞巖主人★

台州瑞巖師彥禪師　閩越人，姓許氏。自幼披緇，秉戒無缺。錯以禪定爲禪宗之禪，故每日危坐懸崖邊，自喚云：「師彥！」又自振奮精神答云：「諾！」復自囑云：「惺惺著！他時異日莫受人瞞！」又自答應：「諾！」每日如此精進，以此爲禪。宗門傳此以爲笑談，世稱「主人公禪」。

台北有一名師解釋此公案云：《主人公是每個衆生都有的，但無法以語言文字解釋，勉強可說是佛性或將來能成佛的條件或因素，唯有這才是主人公，其他都不是。

如果隨境而轉，沒有自己的立場、方向、主宰，就是迷失了主人公。主人公是永遠不動的，而且是時時如此、處處存在。不要把它誤解成靈魂或自己的本體，靈魂不是主人公，而本體是假的名詞。

「主人公」是表達心很明淨而不受外在環境影響，這就是智慧。主人公沒有一定的形象，也沒有一定的方式讓你看到。唯有大悟徹底的人才能時時刻刻作得了自己的主人。

所謂「無位真人」就是主人公，沒有一定的位置，沒有一定的形象，沒有任何的執著；它是內在、外在、不內不外的普遍的存在，永遠的存在。》

平實云：名師之異於明師者，皆由實證或臆測而有差別。名師善於運用著作及商業行銷手法與廣告而獲致大名聲，明師則純依其實證所得之智慧而顯示於言說及著作中，由是緣故，所說、所行、所著悉皆大異其趣；台北此一名師所說，則無明師所說之內容，同於瑞巖師彥悟前之所言所行，同屬主人公禪，殊無二致。主人公者，謂以意識覺知心為主，想要時時把握自己、處處都作自己，其實正是認賊為子而日日寵愛之，縱令賊子時時運搬法財外出，常處於各種流漏之中，永無功德法財積聚，沈淪生死永無脫離之時。

禪宗門庭中所說之真主——此師所說之主人公，乃是第八識如來藏，乃是能出生五陰之如來藏，未生五陰自己以前的真主，正是如來藏，所謂「父母未生我以前的本來面目」。然而此一真主——主人公——之法性，與此師所說迥然大異；謂真正之主人公，恆離六塵中之見聞覺知，從來都無自主性，從來都無五陰我之我性，何能時時「隨境而轉」？又如何能時時擁有「自己的立場、方向、主宰」？此師作如是言：「如果隨境而轉，沒有自己的立場、方向、主宰，就是迷失了主人公。」則此師所言之主人公，絕非能生五陰的第八識如來藏；以此師所言之主人公法性觀之，唯有意識方能相符。正因墮入意識境界中，誤將意識錯認為禪門真悟祖師所悟的主人公，是故要求時時自主而能不隨境轉，要求自己能時時保持「自己的立場、方向、主宰」，妄謂能時時作主、處處作主之意識心為主人公，故作如是結論：「如果隨境而轉，沒有自己的立場、方向、主宰，就是迷失了主人公。」顯然可見此師仍墮意識境界中，尚未斷除我見，三縛結俱存，無一不在，尚屬凡夫之屬。如是而四處說禪，誤導五大洲之學佛人及佛學學術界人士，今仍無知於未來之後果，殊非智者之所應行也！觀乎古時瑞巖師彥禪師悟前所行所修者，豈不同於此師？而此師顯然全無瑞巖師彥禪師之氣魄，謂其有因緣於實相之證悟，豈有因果？

觀乎瑞巖師彥禪師此一公案，即知師彥禪師落在作主的心上面；作主的心即是末那心——意根，以此心欲求出離生死，猶如煮沙而欲成飯，名為非因計因；故宗門古來每多傳述此一公案以為笑譚，直至如今，世稱「主人公禪」是也。如今竟有名聞四海之大法師，勸令佛子應效法師彥禪師要有自己的立場、欲學師彥禪師有自己的方向，教導座下所有弟子應學師彥禪師處處由自己作主宰。如是便同師彥禪師悟前危坐懸崖，以能知能作主之心為真心；便同盲人欲引諸盲行入解脫安樂大城，其可得乎？

師彥禪師危坐懸崖上，一旦瞌睡，不免粉身碎骨，以此迫使自己保持清醒，常欲時時把握自己、作自己，是故每日危坐懸崖邊，又時時叫喚自己：「師彥！」又振奮精神自答云：「諾！」以此方法把握意識心自己，以為真禪。殊不知清清楚楚明明白白的心——明淨的心——正是意識心。設使真能修到絕對明淨而不受外在環境影響，依舊是妄心意識，從來不是實相心，焉能生起智慧？而倡言此法為宗門正法？

師彥禪師又吩咐自己道：「要保持清醒！別昏沉妄想！臨命終時千萬別被他人瞞騙了！」又自己答應：「諾！」這卻是作主的心——末那識也，正是大乘增上慧學中所說之遍計執識；此識是最執著的心，無始以來時時處處普遍計度而執著萬法；唯有無知之人，方才誤認此識為真實心；認定此心為常住之後，不免永遠求升反墮。出家學禪本為了生脫死，不料知見錯誤又不肯信受經中所說，堅持己見而修習宗門禪時，欲求死時不被他人所瞞，不料卻在未死之前，先被自己明淨能知的意識心、意根心給瞞騙了。

明淨能知的意識心加上時時處處作主的末那心，正是妄心——生死流轉之根本。此等妄心不除——不加以否定，則永墮此中，永無實證實相心之日，永遠不得涅槃，永遠不脫生死輪迴。如來藏真心不是明淨能知的心，祂自無始劫來恆離見聞覺知，方是第一義諦所說之根本法；譬如《大集經》云：「第一義諦離諸覺觀，無覺觀者是名心性。」宗門禪之所悟，即是實相法界之境界；證得實相法界——能出生五陰之如來藏，即能出生實相般若，即能現觀無餘涅槃中之本際，同時生起二乘無學聖人所不知之實相般若。如是而修者，方名宗門禪之實修者；反觀此大法師之開示，則是要人將意識覺知心修行轉變成清淨心；然而卻又自語相違，欲使清淨後的意識覺知心，再度成為我見、我執不斷的心，故說要使意識覺知心時時要「有自己的立場、方向、主宰」，要將自己認作主人公，則成為與我見、我執相應的不淨心。

大悟徹底的人是「於事無心、於心無事」，依止於真實心如來藏之隨緣應物本淨心性，他的意識末那識因悟得本淨心而轉變，凡事隨順因緣，不再時時刻刻作自己的主人公；除正法的實證內容以外，除了護持正法以外，都不再以自己的立場、方向、主宰，來決定人與事應如何作，都不為自己之立場、利益、主見來行事，已證得人無我故。

「時時刻刻作得了自己的主人公」——正是「我、我所心」，具足我見、我所執，與禪宗實相解脫互違，亦與聲聞解脫之道背道而馳；如是修學宗門禪，大違古今一切實證者之方向與所證，欲出離生死，其可得乎？

「無位真人」並非主人公，祂沒有形象，沒有執著。沒有執著就不會作主，不作主的心則不是明淨能知的心，不宜稱之為主人公。然而此位大法師開示曰：「主人公沒有一定的形象，也沒有一定的方式讓你看到。」然者，始從古時 釋迦世尊遞傳至中土之一切證悟祖師，憑何而言已經實證？憑何而得指導學人實證？由此顯示此大法師一向皆無實證，對於如何指導學眾實證主人公如來藏，都無所知；如是為人教授宗門禪，何益於人？復何益於佛教宗門妙義之久遠流傳？一切有情各各皆有之無位真人，雖皆無形象，卻能於世間以五蘊參禪而得破參明見。無位真人與五蘊非一非異、非即非離，不可說祂有一定的位置、亦不可如此名師說祂「沒有一定的位置」。祂雖無形象，一切破參之人卻都能「見無所見」，清清楚楚地看見自己與一切有情的無位真人。若非時時刻刻皆能清楚地看到自他一切有情的無位真人，即非證悟，即是錯悟或未悟。此師渾不知此，焉得以證悟聖僧示人？若不能捨除慢心，欲求證悟真佛，必無因緣。

後來師彥禪師消除慢心，往參巖頭全豁禪師，禮拜問曰：「如何是本常理？」巖頭門下人丁稀少，有心度他，便道：「動也！」瑞巖師彥彼時猶如眼睛貼近針頭，不知太近，看不見無位真人，便問：「動時如何？」巖頭便道：「則不是本常理。」一剎那間，輕舟已過萬重山，豈但不聞猿啼，早已不能見猴也。師彥沉思良久，不知所措。巖頭有心收他為弟子，便掉轉船頭道：「肯即未脫根塵，不肯即永沉生死。」師彥禪師言下大悟，便見著一切有情的無位真人，方知以前危坐懸崖、清醒明淨而能作主的心乃是「主人公」，是生死的根本。當時禪宗流傳笑罵的主人公禪公案，正是瑞巖師彥悟前危坐懸崖邊保持清明境界之糗事；如今大法師渾然不知，猶自舉以示人，謂為宗門禪之正統，一何可笑。

佛子若問：「如何是本常理？」平實亦道：「動也！」佛子若問：「動時如何？」平實亦云：「則不是本常理。」謂會動的心絕對不符涅槃寂靜法印故，不符經中聖教所說「離諸覺觀」之性淨涅槃實相故。佛子！若於此公案能真實會得，而毅然承擔，即是破初參——見無所見、親見無位真人。然雖破參，依舊未脫根塵——只斷見一處住地無明爾，至多不過第七住位兼成聲聞初果爾；其後猶有欲愛、色愛、有愛住地無明未除，仍待參究重關、牢關，以及配合事修功夫，方得斷盡我執、我所執而出三界生死，成佛之道且暫不論。

若是已得四禪之人，於此公案破參之際，略加體會真心之體性，便能立刻入無餘依涅槃，成不迴心阿羅漢。

若於此公案真實會得而不敢毅然承擔，心中狐疑不決者，便永沉生死，無出離生死之日。且道：

瑞巖師彥禪師在巖頭全豁禪師座下悟得底，是主人公？不是主人公？

第一一三則　洞山寒殺

袁州洞山良价禪師　僧問師：「寒暑到來，如何迴避？」師云：「何不向無寒暑處去？」僧云：「如何是無寒暑處？」師云：「寒時寒殺闍黎，熱時熱殺闍黎。」

有大法師註解此公案云：《我們從出生以後就不斷面對種種責任和種種考驗，而寒與熱也是世上很平常的現象。自然、社會的環境和我們身心的反應都有種種苦惱，所以僧人問起什麼地方可以躲開寒暑？什麼又是那沒有寒暑的地方？洞山禪師說：熱把你熱死、冷把你冷死的地方是最好的地方。因為把你冷死、熱死，你已經死掉了，還會怕熱怕冷嗎？也就是說當這個好逸惡勞的「我」，貪生怕死的「我」還在的話，你總是逃不掉的。有樂的時候一定有苦跟著你，有生的時候一定有死伴著你。所以，只要把你的「我」去除了，就是最好的避寒避暑的地方和方法。》

平實云：如此說禪，何異世俗凡夫？又何異聲聞法中諸凡夫所言之緣起性空？無怪乎近年某些禪子倡言：禪宗法脈已名存實亡了。名師說禪尚且不異世俗凡夫之意識思惟所得，等而下之，無足論矣！

克勤佛果圜悟大師評此公案云：「洞山道：『何不向無寒暑處去？』此是偏中正。僧云：『如何是無寒暑處？』洞山云：『寒時寒煞闍黎，熱時熱煞闍黎。』此是正中偏。雖正卻偏，雖偏卻圓，曹洞錄中備載仔細。若是臨濟下，無這許多事，這般公案直下便會。有道：『大好無寒暑。』有什麼巴鼻！古人道：『若向劍刃上走則快，若向情識上見則遲。』豈不見僧問翠微：『如何是祖師西來意？』微云：『待無人時來、向爾道。』遂入竹園。僧云：『此間無人，請和尚道。』微指竹云：『這一竿竹得恁麼長，那一竿竹得恁麼短。』其僧忽然大悟。又曹山問僧：『恁麼熱，向什麼處迴避？』僧云：『鑊湯爐炭裡迴避。』曹山云：『鑊湯爐炭裡如何迴避？』僧云：『眾苦不能到。』看他家裡人，自然會他家裡人說話。」

如今諸方說禪，聲勢浩浩，宛不如翠微、曹山會下二僧。禪師家避寒避暑，並非大法師所說將自己熱死冷死了——因爲死掉了，所以不怕熱、不怕冷。也不是大法師所言把怕熱怕冷、好逸惡勞、貪生怕死的「我」除掉。除掉這個「我」，我既已不存在了，就永遠無法修學宗門禪；除掉這個「我」，就永遠無法破參明心、永遠無法眼見佛性、永遠無法實證般若。

僧問：「如何是無寒暑處？」洞山云：「寒冷時，冷死你！炎熱時，熱死你！」並非大法師所說真的冷死熱死。猶如吾人常說：「痛死了！燙死了！」並非真個冷死熱死，成了死人，所以不怕冷熱。若是家裡人，不應說此外行話。

曹山禪師云：「這麼熱，向什麼地方迴避才好呢？」僧云：「向滾燙的熱湯裡迴避，向炎熱的爐炭裡迴避。」曹山勘驗云：「滾燙的熱湯和炎熱的爐炭裡，要如何避暑？」僧云：「一切的苦都到不了他身上。」這才是到家的人，方有說禪的分兒。若不到家，妄欲說禪，則自己正是禪狐，反倒在說禪的書上畫圖，嘲笑他人是禪狐，寧有斯理？

佛子須知：吾人怕冷怕熱時，卻有個向來不怕冷、不怕熱的人和我們同住。當我們冷死了、熱死了、痛死了、燙死了，祂依舊是不冷不熱不痛不燙，祂從來不知道冷熱痛燙，因為冷不著祂、熱不著祂、痛不著祂、燙不著祂，一切苦都到不了祂身上，不需等到冷死熱死，成為死人才離冷熱。這個無冷亦無熱的無位真人，從來都不作主、都不分別、不起思量、不自覺我，無始劫來都不住於一切位中，方名真實無位真人。

只如這個不怕冷、不怕熱，又不知冷、不知熱的人，駐在什麼處？佛子欲會麼？找個空閒來，好讓咱家將你關進冷凍庫裡打哆嗦！再將你拉到炎夏的大太陽底下，搖紙扇避熱去！

第一一四則　鏡清未會

福州玄沙師備禪師　師問鏡清：「教中道：菩薩摩訶薩不見一法，爲大過失。且道：不見什麼法？」鏡清指露柱云：「莫是不見這個法麼？」師曰：「浙中清水白米從汝吃，佛法未會在。」（一宿覺聞云：「不見一法即如來，方得名爲觀自在普賢菩薩。」又云：「不見一法爲大過失，是一個？是兩個？試斷看！」）

平實云：玄沙師備禪師之徒——鏡清禪苑道怤禪師，後住杭州龍冊寺，亦名龍冊禪師。時於玄沙禪師座下尚未悟入，一日玄沙問云：「教門裡面有句話說：『大菩薩們若未見到一個很重要的法，這是很重大的過失。』你且說說看：是沒有見到哪一個法？」鏡清禪師當時指著露地上綁驢馬用的木樁說：「是不是沒看見這個法？」玄沙禪師知他未悟，便向他說道：「你既已出家了，浙江一帶所生產的白米與清水，任你隨意的吃；但是若要論到佛法，你還是不懂的。」

在禪門中，若論佛法，必須是自參自悟了，才算是懂得佛法；若未破參，饒他熟讀經論十萬遍，仍是未懂佛法。何以故？大乘第二、三轉法輪佛法中皆有密意，乃至四阿含中之本識，世尊隱覆密意而說，俱解脫、三明六通之聲聞阿羅漢所不能知；菩薩一旦破參明心，三乘法中之密意，悉皆漸能了知。

三賢位菩薩若不能證知此一法，尚不能進修後得無分別智，則不能進修一切種智，則於法空觀不能修習；饒他熟讀大乘般若、倒背如流，解說般若之理、口若懸河，依舊名為不解佛法。何以故？謂未破參者凡解般若空，必以緣起性空之理註解之；復以雙遮雙遣之戲論辯解，以免落入斷見之中，以此謂為法空觀；此皆戲論，不明佛說般若空之真義，只得相似般若，未得實相般若，言之諄諄，只能當得座主奴，非真善知識。

般若空理所說者，乃真如（未至佛地以前皆名為如來藏）之空性，亦即中道論所說之中道理。若以緣起性空之理而解般若者，名未見道人，彼非大乘見道，亦未實斷我見，名為不解中道之凡夫。若以緣起性空之理而解《般若經、心經》者，其所說法必成有緣無因，同於外道無因唯緣論，非究竟說，即成戲論。所以者何？謂佛說諸法緣起緣滅者，非無因起、非無因滅；謂諸法緣起緣滅者必有一因——十二因緣所不能離之十因緣法中所說「名色緣識」之識，即是真如，或名如來藏也。

若離此異熟識——真如，則佛說緣起緣滅之理即成戲論，不異斷見外道法故，實質必屬有緣無因之外道法故；若離此異熟識——真如，則佛說大乘般若空理即成戲論，一切諸法即成無因唯緣而自然起滅，不異斷見外道故，不異自然外道故。若有否定如來藏本心，而以緣起性空之理解釋大乘般若空理者，其所說法不論如何遮遣，皆名戲論，名未見道者，名「言不及義」；何以故？謂般若空之真實義即是異熟識——真如、阿賴耶、心、阿陀那、如來藏、無垢識故（詳見拙著《真實如來藏、正法眼藏—護法集》二書即知，茲不贅述）。

大乘見道時即得根本無分別智，成就般若總相智，即有實相般若之初分智慧；然大乘見道——禪宗之破初參明心——極為困難，苟無再來人示以正確之知見及方向，欲求悟道，殆無可能。然再來祖師絕不明言是何人再來，唯除捨報，故尋覓善知識甚難；苟無多劫所集善根、信根、慧根，雖得值遇，亦不信受。往往崇拜名師，不信明師；欲求悟道，真似緣木求魚。

有某名師說禪云：「其實生活本身就是禪，問題在於能否體會到安定、自然。若能體會，那麼講話也好、不講話也好，行動也好、靜止也好，無非是禪。也可以說吃飯是禪、睡覺是禪、拉屎撒尿是禪、太太餵小孩是禪，先生上班工作全是禪。」此即玄沙禪師所說「不見一法」之愚人，尚未悟明真心何在，誤以為生活中隨時保持安定自然即是禪；如此開示禪法，便成大過，謂此名師示人以證悟菩薩之摩訶薩表相故。

以真正悟者而言，生活本身即是禪；若以尚未覓得真如者而言，生活本身即非是禪，名為自我欺瞞之大妄語者。此謂：不論其如何努力保持安定與自然，始終不離意識覺知心境界；若遇順心、違心境界時，覺知心中所受境界即生變動，並非本來即已安定自然者，並非永遠都能安定自然者。縱使修養極好而能永遠安定自然，終究只是修來底境界，修緣若散壞時，安定及自然即不復存在，一世所修唐捐其功，何有佛法可言？如是修來之法，焉得謂為常住不變之法？焉得用以開示眾生、同入歧途？真悟者能了知於一切生活睡眠之中，真如與七識妄心如何配合運作，不安定、不自然之意識隨即轉依永遠安定自然之真如心，故其生活本身即是禪；復因證悟真如而轉依之故，其意識覺知心即能顯示出智慧及安祥、自然、無所求行。非以靈知心故意保持安祥、自然以為宗門禪之修行也，否則即成故意追求安祥自然，終究不離意識境界，與法界實相之實證無關。

若於生活中體會到安定、安祥、自然，謂之為禪；以保持意識覺知心之安定、安祥、自然，謂之為禪之保任；則吾人學禪修禪，應拜老牛為師。所以者何？一切老牛皆極安定、安祥、自然，隨遇而安，不伎不求，豈非佛法修行之最高境界？然彼老牛終究無有智慧與解脱可得。

於生活中追求安定、安祥、自然者，終不能啓發道種智及一切種智，終不能解知三乘經典密意，不知佛説真實正義——如來藏空性。下至聲聞解脱之道所斷我見，亦不能斷除，三縛結始終繫縛不斷，有何解脱受用？玄沙禪師引般若經中所説者，以開示宗門禪學人：「菩薩摩訶薩不見一法，爲大過失。」緣因此一法乃一切法之根本（詳拙著《真實如來藏》），若捨此一法，三界六道及一切物質、非物質世間皆成幻滅，亦無大乘菩薩之本來性淨涅槃可證，更無成佛之道可言。否定此一法而言有緣起性空可證者，謂能實證聲聞解脱果者，皆名戲論，無因有緣之緣起性空觀，不異斷滅見故，不異無因論外道故。是故經云：「菩薩摩訶薩不見一法，爲大過失。」

且道：如何是一法？此一法何在？諸方老宿及名師，欲見此一法麼？何妨疾疾飛奔來覓平實？上座來到正覺講堂，氣喘吁吁，平實便道：莫管喘氣心跳，莫管安祥、自然，請裝一杯淨水，佛前供佛去！

第一一五則　鏡清啐啄

越州鏡清禪苑道怤禪師　師遊閩川謁雪峰悟道，隨侍多年後遍歷諸方，益資權智，具啐啄同時之功。一日僧問：「如何是方便門速易成就？」師曰：「速易成就。」復有僧問云：「如何是玄中玄？」師曰：「不是、是什麼？」皆啐啄同時也。有僧問：「如何是『人無心合道』？」師曰：「何不問『道無心合人』？」師有時云：「諸方若不是走作，便是籠罩人。」

有人問：《母雞孵蛋二十一天後，小雞從蛋殼內「啐」殼，母雞發現這個情況，由外「啄」殼，啐啄如果不同時進行，小雞可能無法存活。「啐啄同時」這句話是如何用在修行上呢？》

某大法師答：《這是鏡清和尚的一句話。要拿捏得恰到好處，也就是契和機相同，感和應相交。一定是過來人、訓練有素的人、經驗豐富的人，否則不易有這種事發生。「啐啄同時」是有條件的，老師必須有此能力和功夫，弟子也要真有出息，也非常努力，才能紅花與綠葉相配，名師與高徒相映，的確是千載難逢的殊勝因緣。》

平實云：此位名師未解**啐啄同時**之意也。何以故？「啐啄同時」誠屬大悟徹底之人方有此用，淺悟之人猶未知此，何況此師未悟？然啐啄同時，功在禪師，非在學人，祖師謂之「就身打劫」是也，不可猶如此位名師將啐啄同時之功，瓜分一半與學人；一切真悟者，苟未隨師深入禪門差別智中習學久之，尚未能知啐啄同時之功，何況位在學人之位，云何能悉？故說此師所說，純屬文字知解所得之戲論也，與宗門啐啄同時之意全然無關。

例如：有僧慧超，問法眼云：「慧超咨和尚：如何是佛？」法眼答云：「汝是慧超。」

又例如：僧問：「如何是曹源一滴水？」淨慧（即清涼大法眼）答云：「是曹源一滴水。」其僧惘然，天台德韶隨侍在側，聞已得悟。

三如：金陵報恩院玄則禪師，初參青峰禪師，問：「如何是佛？」青峰曰：「丙丁童子來求火。」玄則聞之，自以為悟。後遇淨慧大師，方知不是。然因誤會淨慧大師故意相難故，憤而離去。久後又復回覲淨慧，悔過輸誠，淨慧有心助他，乃曰：「汝再問，我與汝道。」玄則乃問云：「如何是丙丁童子來求火？」淨慧答曰：「丙丁童子來求火。」玄則言下大悟。

四如：淨慧大師問撫州紹修禪師：「毫釐有差，天地懸隔。凡作麼生會？」修曰：「毫釐有差，天地懸隔。」淨慧曰：「恁麼會，又爭會得？」修曰：「和尚如何？」淨慧曰：「毫釐有差，天地懸隔。」修便禮拜。

以上四例皆是清涼大法眼就學人身上打劫，以學人所問還答學人，極為高峻；若非上上根人，無有悟處。故 克勤圜悟大師評法眼答慧超之公案云：

「法眼禪師有啐啄同時底機，具啐啄同時底用，方能如此答話。所謂超聲越色，得大自在；縱奪臨時，殺活在我；不妨奇特。然而此個公案，諸方商量者多，作**情解會**者不少。不知古人凡垂示一言半句，如擊石火、似閃電光，直下撥開一條正路。後人只管去言句上作解會，道『慧超便是佛，所以法眼恁麼答』，有者道『大似騎牛覓牛』，有者道『問處便是』，有什麼交涉？若恁麼會去，不惟辜負自己，亦乃深屈古人。若要見他全機，除非是一棒打不回頭底漢：牙如劍樹，口似血盆，向言外知歸，方有少分相應。若一一作情解，盡大地是滅胡種族底漢。只如慧超禪客於此悟去，也是他尋常不斷管帶參究，所以一言之下如桶底脱相似。」

鏡清道怤禪師乃淨慧之師叔祖，於法眼淨慧未悟之前，早有啐啄同時之機用。僧問：「如何是方便門速易成就？」鏡清云：「速易成就。」復有僧問：「如何是玄中玄？」鏡清云：「不是、是什麼？」皆是啐啄同時之大用。此事必須悟得深、會得妙，然後方能知之，絕非淺悟之人所能會也！何況此位名師尚未能斷我見，尚未悟得真如心，二十年來所說禪旨，總墮意識心中，從來只知鋸解秤鉈，焉能稍知啐啄同時之旨？凡有所說，尚不能及宗門禪初悟之理，何況能知真悟之人尚未能知之機用？

啐啄同時之大用，功在禪師，與學人絲毫無涉，學人都不知啐啄同時之機用故。深悟之師通常於兩種情況下，使用啐啄同時之機鋒：一者對一般野狐使用，因彼仍未有悟道因緣；或因福德不具、或因信根信力未足、或因聰明伶俐葛藤纏縛、或因慢心深重不服其師；或因學人非己座下弟子，不便接引，以免誤會，乃以學人之問還答學人。非無慈悲為他，只是高峻，學人難會。因緣不具之學人不會，則無後弊。

二者對於上上根器——參學多年而未遇真善知識之老參，亦用此法。然對此種根器而施用啐啄同時機鋒之際，禪師與學人之問答雖同前者，然作略稍有不同。若非跟隨大悟徹底之真知識學禪，一般證悟者猶不能知此中蹊蹺，何況錯悟之人？何況未悟之大法師？學人欲會麼？切莫於語句上追尋。若於啐啄同時之禪師語句上追尋，終究只能成為鋸解秤鉈，只成個知解宗徒；直饒驢年到來，亦未會得。

禪子亦莫冀望於諸名師處，會此啐啄同時；古來已悟之明師，尚且大多未能會得此一機用，何況末法時代之名師？唯有大悟徹底之人方能委悉個中玄奧。此非當今炫耀法脈傳承，以禪宗正統自居之大法師們所能知之；唯有真參實證者，悟後整理，通達禪門差別智以後方能知之。是故禪子勿就啐啄同時之公案起疑參究；太過高峻，難有悟處故。更不應嘗試理解啐啄同時之意思，思惟如是禪門機鋒，無助於實證真如故，並非禪子所應為者。苟欲參究求悟真如，應以淺易之公案擇一而參，一世永不改易，方有悟處。

只如禪子參究恁久，尚無悟處，誤在何處？誤於參尋之方向錯誤故；若向能聞、能見、能覺、能知、能照、能觀之心尋覓者，永無悟處。僧問：「如何是『人無心合道』？」鏡清禪師答云：「何不問：道無心合人？」

今時諸方知識總教人認取能知能覺之心為真，或教人認那不信參禪的心為真，或教人認取定中能知能觀之心為真，或教人認取定中不聞外聲、不見外色之靈知心為真，或教人……。凡此種種，皆是未悟言悟而籠罩人者，概屬野狐之屬，不應依憑；若不信平實誠言，繼續依之而修宗門禪者，永世皆無實證真如之日。

舉凡自知未悟之學人，不免諸方走作，冀求證悟；此實禪門古來平常事，正應繼續走作，直待實證如已，方許平息走作之心，不負平生之志。然而古今常有自謂已悟之人，出世弘法已，仍然暗中走作，冀求悟入於眾人不知不覺之中，以保名聞、利養及諸法眷。

若是錯悟之人，既已成為教禪之名師；雖然自知所悟非真，不符了義經論；然恐一朝喪失名聞、利養、眷屬，不敢承認自己所悟不真，只好挾其大名聲，繼續籠罩學人；學人若未具眼，則不能辨，故鏡清禪師有時云：「諸方若不是走作，便是籠罩人。」而今學人欲會麼？平實說與爾：但以能知之心，向汝身中覓那個無知底人。

第一一六則　龐蘊好雪

襄州龐蘊居士　士參禮馬祖大師，問曰：「不與萬法為侶者為誰？」祖曰：「待汝一口吸盡西江水，便向汝道。」士於言下大悟，作頌呈云：「十方同聚會，個個學無為；此是選佛場，心空及第歸。」

士乃作家，列剎相望，所至競譽。後至藥山，盤桓既久，遂辭藥山。山至重他，乃命禪客十人相送。是時值雪下，士指雪云：「好雪片片，不落別處。」全禪客云：「落在什麼處？」士便掌。全云：「居士也不得草草。」士云：「汝恁麼稱禪客，閻王老子未放汝在。」全云：「居士作麼生？」士又打一掌，云：「眼見如盲，口說如啞。」（後雪竇禪師拈云：初問處，但握雪團便打。）

某大法師註解此一公案云：《雪竇也是多嘴，故事本身已經很清楚，何必再講什麼？如果我要評他，可以說是「一鍋好粥，多了一粒老鼠屎。」在禪裡面，只要有話講，就是多餘。……也就是說，如果自己真有功夫，禪悟就在你那邊；好比雪不會飄到別處，只會飄到你這裡。可是未悟的人就不懂了。本來龐居士想用這句話贈給送行的人，禪客卻問：「不落別處，又落到哪兒去呢？」他的**妄念太多了**，**沒看到雪落在當下**，卻順著「別處」這兩個字，**念頭越轉越遠**，**轉到別處去了**，怪不得居士要給他一掌。居士說：「你哪算是參禪的人？你**放下當下打**妄想，把念頭轉跑了，閻羅王不會饒你，你不會得解脫的。」禪客還弄不清楚他錯在哪裡，又問：「那你自己呢？」居士說：「眼見如同盲眼，口語如同啞口。」看了等於沒看，講了等於沒講。也就是說，你這個人怎麼搞的？明明看到雪落在此處，還要問落到哪裡去？睜眼等於瞎眼。你問的那些話都是不該問的，動了嘴巴卻等於啞巴。》

平實云：且得無交涉！如此知見而可說禪者，一切國文老師亦皆可說禪也。未審大法師以為如何？

宗門禪之證悟，並非欲求一念不生，亦非欲求眼見分明、耳聽分明、……乃至了知分明；如是分明了知而住於當下者，皆屬意識境界，未離常見外道見解，尚不能知聲聞法緣起性空之理，何況能知宗門禪所悟之理？如是宗門禪之所悟者，乃是本心如來藏；一旦悟得此一本心，即有般若總相智，謂為根本無分別智。何故言為無分別智？謂所悟之真如本心，於一切境界都無分別；於覺知心了了分別時如是，於覺知心眠熟而不存時如是，於覺知心悶絕位中如是，於入滅盡定中致使覺知心中斷時亦如是，乃至正死位中覺知心斷滅之時亦如是；今世如是，過往無量劫中如是，未來無量劫後亦將如是，始終不變，從來不改易其無分別之體性，舉凡覺知心意識之所分別者，本心真如悉皆不曾稍作分別，卻能在六塵之外了知眾生之心行，常與眾生互動而不斷運為，令世間、出世間萬法悉皆各安其位而配合運作。今者大法師總教徒眾尋求意識之離念境界，總教徒眾常住於意識了了分明而無語言妄想之境界中，以如是意識境界，誤認作宗門禪之所悟內容；欲求般若實相智慧者，即如火中求水一般，終不可得；而諸徒眾迷之，以為正法，愚不可及。

大法師縱使能日日十二時中都無語言文字妄想出現於心中，至終只是禪定境界，無關般若實相智慧；何況大法師連未到地定的實證都付諸闕如，連宗門禪應有之看話頭功夫都未修得，何能時時清楚分明住於當下而無語言妄想，竟然教人以自己所未曾修得之功夫與境界，有何實義？縱使大法師真能修得自己所說之境界，亦只是粗淺之欲界定，尚不能及於未到地定，有何妙悟可言耶？

今時大、小法師出世說禪者，四處皆有，各人每皆自以為悟，卻未見有真實證悟之人，悉皆欲以虛妄之意識覺知心，悉皆欲以有生有滅之意識覺知心，修成一念不生、妄想不起之境界，然後宣稱該意識已變成本心真如；亦皆如是教人修習，自稱為悟。間亦有人寫書宣稱：覺知心若能一小時不起妄想者，名為小悟；若能整天不起妄想者，名為中悟；若能數天、數月都不起妄想者，名為大悟徹底。都同常見外道一般，從無出世之法可言。宗門之禪若總似這般，莫怪外道滲入佛門之中，漸漸竊取佛門資源而廣弘外道法，外現身披僧衣之表相，內裡則實外道之法，何益於佛教之推展及諸方學人道業？而極力宣傳以求名聞，縱有高廣大院、徒眾遍野，於自於他復有何益？

當知意識從來是意識，本心真如則亦從來即是本心真如；二者從來都不互換身分，二者之染污自性及本來清淨自性，亦復從來都不互易，本是同時同處並存而且互相配合運作之二心，怎能將本是生滅虛妄之意識心修成一念不生時即改變為本來就在的本心真如？果真能如大法師所言者，則大法師修成一念不生之功夫以後，意識既已轉變成本心真如，則此「悟」後境界中，應當有二本心真如同時同處，試問大法師：您認為如此之悟是否正確？是否符合三乘聖教？能否經得起三乘法典之檢驗？能否通過古來真悟祖師留傳之公案密意檢驗？如是等事，一切自稱已悟之師，都應自我檢驗；待得一切符契之後，方可自稱為悟；否則，臘月三十到來時，閻王老子不怕爾多嘴。

辨正大法師落處已，學人知見應已修正，即可言歸正傳。龐居士初悟，諸方悟錯之老宿多有不服者，每認居士一介白衣，何能真悟？都不知僧衣不能助人以悟，要在意識熏習正知正見以後方能真悟，悟者不是僧衣，而是覺知心意識；若僧衣可以助人證悟者，則一切人參禪、學禪時，都應出家之後方可修學及參究；則六祖在黃梅時仍未著僧衣，本不應得悟。如是之言，是耶？非耶？留待身披僧衣而崇拜僧衣者，有暇時自行思索吧！不需平實饒舌也！龐蘊居士悟後，告辭馬大師，行腳遍訪諸方，多少大和尚、大禪師在他手裡出乖露醜，狐狸尾巴沒遮掩處，由是「列剎相望，所至競譽。」

居士後至藥山參訪，與藥山惟儼禪師極為相契；盤桓既久，一日向藥山禪師告辭。藥山禪師極為敬重他，乃命禪客十人代為相送出寺。

當時正在下雪，居士無風起浪，欲回報十人相送之情，乃指天空中雪花云：「好雪片片，不落別處。」全禪客出家參禪多年，也是一時精奇人物，卻不知居士意在何處，落在居士閑機境上，便質問道：「落在什麼處？」居士看他錯過機鋒，一時慈悲，便打他一掌。這全禪客依舊是無月夜行，不知路頭，猶自以為是，便道：「居士也不得草草算數。」居士云：「你這樣的知見也能叫做禪客嗎？將來閻王老子不會放過你。」全禪客兀自不服，便問：「那麼居士你又怎麼樣呢？」居士又打他一掌，全禪客依舊看不見，分明是一隻野狐。居士乃云：「你雖然眼睛看得見，卻是睜眼瞎子，看不見眞如法身。你雖然能說話，卻像是個啞巴，說了半天，依舊說不出眞實悟處。」

後來雪竇重顯大師評此公案云：「全禪客若會，當居士初指雪花，道『好雪片片，不落別處』時，只要握一團雪球，向居士打去便對了。」雪竇大師評得極好，亦不辜負龐居士語話，只是平實嫌伊機鋒太遲；待汝捏得雪團時，能濟得什麼事？若是平實，當下便好回與居士一掌，也免得居士濫發慈悲──一掌之後又打一掌。無奈全禪客依舊辜負居士慈悲好雪，片片掉落在自己身上，終究撥不去。如是雪片，直須全禪客夜夜撥之，久後方能除卻，方知片片好雪落在何處。如是好雪落處，等閑之人不能知之，大法師則無論矣！

無奈今時所謂大師者，猶如當時全禪客與今時大法師一般，枉披僧伽黎，迄無一人解得龐居士意，更不解雪竇意。而此無知之大法師，乃竟批評雪竇此語是老鼠屎；一連錯過居士三重機鋒，末後更錯過雪竇機鋒，如此名師，正是「眼見如盲，口說如啞」之輩，令人悲愍。又復不免令人思索：彼大法師究竟欲將座下徒眾伊於胡底？

今時諸佛子！欲會龐大士及雪竇大師之意麼？且俟隆冬時節，聚眾同上合歡山，大家捏雪團，打雪仗去！

第一一七則　靈雲桃花★

福州靈雲志勤禪師　本州長溪人。初在潙山，因桃華悟道，有偈曰：「三十年來尋劍客，幾逢落葉幾抽枝；自從一見桃華後，直至如今更不疑。」祐師覽偈，詰其所悟，與之符契。祐曰：「從緣悟達，永無退失，善自護持。」（有僧舉似玄沙，玄沙云：「諦當甚諦當，敢保老兄猶未徹。」眾疑此語。玄沙問地藏：「我恁麼道，汝作麼生會？」地藏云：「不是桂琛，即走殺天下人。」）

有某名師解此公案云：《話說回來，絕大多數人看了一輩子的桃花，卻一直沒開悟，這區別在哪裡呢？這區別就在靈雲禪師有三十年尋劍的經驗，如果沒有這個經驗就難了。近代的來果禪師曾說，修行禪法的人如果沒有投下三十年修行的功夫，可能不易開悟。》

又云：《「自從一見桃花後」，桃花是真實的桃花，跟趙州的柏樹子一樣。當他在某一年的春天看到桃花開了，突然發現心中什麼都不見了，只看到滿樹桃花，是那麼的自然、歡暢、優美。這時他意識到自己正如那桃花一般，是自然地

開出來，無憂無慮，無牽無掛，如此欣然，於是智慧現前。》

平實云：古今多少野狐大禪師，大力讚嘆靈雲禪師。殊不知靈雲禪師落在無妄想的意識分別心上，莫道未曾眼見佛性，初關明心亦未破參。其落處與近代來果妙樹禪師一般，不是真悟之人。今乃有名聞四海之大法師，將野狐錯認為證悟者，拈其錯悟時節所造之詩偈，說向天下人，顯示大法師之所悟，同於靈雲志勤禪師早期錯悟之境界，同墮意識覺知心中，不免貽笑作家。

話說靈雲志勤禪師初在溈山靈祐禪師座下參禪時，因見桃花「悟道」，乃呈詩偈以示見道；靈祐禪師初出道時，勘人經驗不足，一時失察，勘為已悟，認作已見成佛之性，為之印證已，靈雲禪師由是便返閩川弘道去也。有已悟僧，察其所悟頗有可疑，然溈山靈祐禪師既已為其印證，則不便語話。

後來玄沙師備禪師聞僧舉此公案，知靈雲禪師非真悟道；玄沙既非溈山法脈，然同屬證悟之輩，乃客氣評云：「諦當、甚諦當！敢保老兄猶未徹。」未悟大眾不知此中蹊蹺，皆疑玄沙此語：溈山靈祐既已印證靈雲志勤為悟，因何玄沙禪師說靈雲猶未徹底？

玄沙當時顧慮靈雲後人傳承，說他未透徹，算是客氣；平實即不然，直陳靈雲猶未破初參，何況重關見性、牢關徹底？後來玄沙舉其評語，問其徒弟地藏院羅漢桂琛禪師云：「我這麼評論靈雲禪師悟道的公案，你如何體會呢？」地藏院羅漢桂琛禪師云：「靈雲禪師是溈山靈祐祖師印證爲開悟的人，師父您竟敢說他未徹；好在是我桂琛深知師父悟得眞，否則的話，天下人聞道師父如此評斷靈雲禪師，早就走光了，就不可能像現在還有這麼多人留下跟隨師父了。」唯有大悟徹底之人，不懼名聞利養是否受損，敢於直言；當時溈山靈祐禪師是大名在外之大禪師，徒眾鉅萬，絕非玄沙師備可比；然而玄沙仍然敢於直言，道靈雲志勤所悟不真。如斯之事，絕非落在意識覺知心者所能行也；謂真悟者已轉依從來不忮不求之本心真如故，心中一無所求故，能行無畏之行，敢作無畏之說。

後來玄沙禪師之師——雪峰義存禪師——因送雙峰禪師出嶺，有偈云：「……，雷罷不停聲。」靈雲禪師聞後，改其偈之末句為：「雷震不聞聲」。雪峰禪師聞道靈雲恁麼說，以為靈雲後來已悟，方能如此道，便云：「靈雲山頭古月現。」乃往問曰：「古人道：前三三，後三三。意旨如何？」靈雲答：「水中魚，山上鳥。」雪峰一時未能辨得他，又問云：「意旨作麼生？」靈雲答：「高可射兮深可釣。」此時便露出狐狸尾巴，原來猶在意識心中作文章，不脫意識窠臼，於是雪峰不答而歸。靈雲門下弟子不知，猶為靈雲記此對答，流傳後世，今日不免平實檢點。靈雲自見雪峰未予許可之後，方知未徹，乃苦心參究，後來方得悟去。如今廣有諸師，未能辨得雪峰勘驗靈雲之關節所在，往往自謂已悟，率而出世度眾以禪，濫膺賢聖，不免誤人子弟，自擔因果，而皆無所畏懼，誠可謂愚勇也！

佛子須知：學般若禪、宗門禪，不可只看今生參學久暫，須知尚有過去世之參學及曾悟因緣。來果禪師每云：「學禪須得三十年工夫方有悟處。」此種錯誤觀念，近代常有人奉承不渝。復有多人常云：「古人根性明利，今人根性暗鈍，故今人不可能悟道。」

誠然，悟道極難，自古已然，非獨今日。然我佛子應有正見：「古人乃是今人心，今人乃是古人做。」今人既是古人轉生而來，歷經多世修禪、累積智慧，理應強似古人，何得厚古薄今、妄自菲薄？

然佛子於過去多世學禪，其因緣有早、有晚，其福德有厚、有薄，其際遇有勝、有劣；今世學禪時亦復如是種種不同，不可一概而論。若過去世學般若禪之因緣晚、福德薄、際遇劣者，今世學禪因緣又復殘缺不全，莫說今生學三十年不能悟，再學三十劫亦悟不得。若過去多生學禪之因緣早、福德厚、際遇勝者，今生又復得遇善緣，種種證悟因緣悉皆具足，則不須三十年，三年便見真實法性。何況古來多有祖師發願，生生世世在此娑婆世界住持世尊宗門正法？只因隔陰之迷，轉生再來時，一時忽忘而已；今生若遇禪緣，不數年間，又得自參自悟去，何必執定三十年？

然般若禪之開悟，自古已難；眼見佛性，其難更倍，非可容易。只如大心禪子欲破參明心麼？莫似名師學靈雲浪費三十年當尋劍客，莫學靈雲看他桃花自然、不自然，莫學靈雲看他桃花歡暢優美或不歡暢優美，但伸手折取桃花，供向佛前便得！

第一一八則　陸宣瓶鵝

宣州刺史陸宣　初問南泉曰：「古人瓶中養小鵝，鵝漸長大，出瓶不得。如今不得毀瓶，不得損鵝，和尚作麼生出得？」南泉召曰：「大夫！」陸宣應諾，南泉曰：「出也！」陸宣從此開解。暨南泉圓寂，院主問曰：「大夫何不哭先師？」陸宣曰：「院主道得即哭。」院主無對。

有大法師註解此公案云：《陸宣是位居士，自認懂得禪。瓶中養鵝只是假設，故意來考南泉的。然而對禪師來說，根本不需要考慮這個問題，否則就上當了，被瓶子給困住了。南泉很清楚，陸宣把自己的**念頭**裝到他內心的瓶子裡了，於是喊他的名字，陸宣一回答，他的**念頭**就離開瓶中鵝，出了瓶子了。》

平實云：且得不相干！如此說禪，正顯自身之未悟；未悟之人而批判陸宣證悟之人為未悟，其過大矣！只恐來日有殃在。

古今錯悟之師，落入意識境界中，從來與宗門禪的解脫生死無關，從來與法界實相的親證無關，不脫常見外道所墮意識境界，時時刻刻都與常見外道合流，不但耽誤自己的道業，也誤導了座下隨學的廣大徒眾，卻反而恣意評斷證悟之古人為未悟者；如是妄謗賢聖，未來無量世之不可思議果報，不免隨逐多世，痛苦難量。然而觀乎古今諸多宗門禪之「善知識」，總似此師一般漫不經心、不以為意；深知其中蹊蹺者思之，莫不膽顫心驚，唯有錯悟愚人不以為意。

云何言錯悟者從來不以為意耶？謂錯悟之人不見不知如來藏所在，亦不曾深入現觀五陰自己從來都活在如來藏中，所造一切業行成就而成為業種以後，當然亦全部落在自己如來藏中，從來不曾一絲一毫落在如來藏外；由此現觀，即知所有業種都是自己所有，未來世緣熟時，當然必定要由自己承擔，不假外人，亦無法由外人代受；縱使生前修得大神通，仍然無法外於如是因果律。何以故？謂神通之現行與運作，亦都是只在自己的如來藏中現行及運作故，絲毫都不能在自己的如來藏心以外現行及運作。淺悟之人尚且難以理解法界中之如是事實，何況錯悟而落入意識境界之凡夫大師，焉得知之？緣因如是錯悟宗門禪之凡夫大師從來不知此理，縱曾聞之亦不信受，是故膽敢恣意評斷古今一切真悟之人，絲毫不以為意；謂之為愚人，誰曰不宜？

錯悟之師所墮，古今如出一轍，殊無二致；謂皆同墮意識離念境界中，以定為禪；終其一生極力尋求一念不生之定境，卻又妄責他人以定為禪。然而追求離念境界之目的，只欲尋求自己永住於離念靈知境界中，推究其實，只是徒然以生滅性之意識自己作為最終心、最究竟心；於是一生之中非唯自己力行離念之法，並極力教導眾生同墮其中，師徒共認離念中之靈知心意識，以為常住之法，同於外道，全然無異；然後一世極力自高，以證悟之賢聖自居而輕於他人，終生與慢、過慢、慢過慢、增上慢相應。

如是錯悟大師之落處，古今一同，皆以意識離念時作為證悟之境界，同認離念時之靈知心意識為常住不壞之自我，不離六塵境界，正與外道五現涅槃之首無異；謂其為佛門常見外道，誰言不符？然而，初轉法輪四阿含諸經中，世尊早已開示：「意、法緣，生意識」、「意、法爲緣生意識」、「諸所有意識，彼一切皆意法爲緣生」，如是聖教，明文具載，今猶可考，云何此大法師及諸錯悟大師悉皆視而不見、置之不顧？穿如來衣、住如來家、食如來食、說如來法，乃竟公然違背如來聖教，意欲何為？

如是等師，總以意識覺知心之有念無念、起念離念等境界，作為宗門禪之正修；一世為人，都教以離念為上、有念為下；凡有開示，每謂人曰：起念時即是已離開悟境界，即非開悟；無念時即是住於開悟境界中，即是開悟者。及至他人離念境界更勝於伊，舉以為證時，如是大師卻又隨於自心之喜厭而恣意印證或否定，都不以自己之開示內容為準繩，只是隨心喜厭而為。更有甚者，有人實證如來藏、眼見佛性已，求伊勘驗之時，卻又置而不論；久之，更加以否定之言語；然因自己實未證之，不敢公然否定之，則變相否定之，每謂人曰：「某某人所說之開悟，不如法，我未曾印證彼爲大悟徹底。」如斯之人名為愚人，所以者何？謂自身尚未實證如來藏之境界，云何有智勘驗及印證之？本應自謙曰：「是者我所未證，不敢妄論。」云何大膽恣意否定之，謂之為愚，誰曰不宜？

此大法師亦然，效法如斯愚行而不曾絲毫悔過，更寫書亂解公案，貽誤後人，其過大焉！譬如宣州刺史之證悟公案中，分明具載：「陸宣從此開解。」已是悟入南泉之機鋒也！不料此一公案到了大法師手中，卻變為未悟之公案；今日被方家所評，載入宗門公案拈提書中，不免貽笑萬年也！

宣州刺史陸宣大夫，未悟之前，初問南泉：「古人於瓶中養一小鵝，鵝漸長大，出瓶不得。如今不得毀瓶，不得損鵝，如何出此瓶中鵝？」南泉召喚：「大夫！」陸宣不覺答諾，南泉即道「鵝出瓶也！」陸宣從這一件事中便得開悟明心。且道：陸宣刺史悟在何處？

此公案之瓶中鵝，乃喻如來藏，非如大法師所謂之念頭也。若謂是念頭，即非證悟者，便不知南泉喚陸宣，意落何處；若謂是念頭，即落意識，便不知陸宣刺史悟在何處。若謂是念頭，則上座來時：平實召喚，上座應答，彼時上座念頭即出於瓶（身），則上座亦得悟去；只如上座以此為悟，功德受用何在？若道陸宣未悟，公案明明載：「陸宣從此開解。」

一般阿師教授宗門禪時，總是如同此位現代大法師一般，以定為禪，落入意識離念靈知境界中，自以為悟。若意識離念時即是證悟境界，則佛菩薩所說之法便屬誤說；謂佛菩薩所言者，每每指稱禪定境界無關開悟，是故聖教中有外道五現涅槃之說，斥為外道法，說彼諸外道落此境界者，悉名誤會涅槃，與真正之涅槃相違，故名外道。五現涅槃之初者，謂不離六塵之一念不生境界，錯認為現法涅槃；藏密雙身法中之樂空雙運初喜乃至四喜境界，悉亦屬之。其次則有外道誤認初禪中未離四塵之離念境界，謂為現法涅槃；

其三則有外道誤認第二禪中離五塵時之一念不生定境，謂為現法涅槃；其四則有外道誤認第三禪中離五塵時之一念不生定境，謂為現法涅槃；其五則有外道誤計第四禪中息脈俱斷時之一念不生境界，謂為現法涅槃。如是五種現法涅槃，與阿羅漢所證現法實證之涅槃，截然不同，絕非佛門所言之現法涅槃。然而現今佛門大師為人印證之開悟境界，竟然僅止於外道五種現見涅槃中之第一種，連第二種都無力能及，何況阿羅漢所不能知之宗門禪開悟境界，般若實相智慧則無論矣！

果真當代此等大法師之所謂開悟者確屬真悟，則彼等外道五現見涅槃即應都屬實證涅槃而成為阿羅漢，云何佛菩薩仍責為外道誤會涅槃而舉以破之？云何仍斥之為外道五現涅槃？如今弘揚宗門禪而聞名四海之大法師所謂開悟者，竟然同於外道五現涅槃之最低層次，而諸徒眾盲無慧眼，一體崇拜而迷信之，一世奉行不輟，欲求宗門之昌盛而不寂寥者，其可得乎！如是當代大法師，以己愚迷而妄斷陸宣大夫未悟，無視於公案所載已悟之明文，有智之人寧能坐視？令彼繼續誤導眾生？

若道陸宣未悟，南泉圓寂時，陸宣因何不哭？院主問曰：「大夫因何不哭先師？」陸宣卻道：「院主若道得向上事，陸宣便哭。」院主貴為僧團一院之主，卻答不得。

須知南泉大師召喚陸宣刺史，陸宣不覺應諾時，正是明暗雙雙、真妄同時。陸宣應諾時猶未覺知，南泉遂點他曰：「出也！」陸宣當下頓悟如來藏法身，乃以刺史之尊，終生奉南泉為師，護持不輟。

宗門向上一路乃大丈夫事，唯菩薩根性佛子乃敢求之，非小根劣機、求自了者之所能為。陸宣刺史應諾時雖猶懵懂，南泉點他「出也！」即便省悟，卻也不妨伶俐。既悟得真，便不再哭南泉圓寂也，法身不生不滅故，法身無來去故，法身不傷心亦不喜悅故。院主不知，猶責陸宣「因何不哭先師？」宜其未有證悟之機緣也！院主若覓平實，平實亦云：「院主若道得向上事，平實便哭南泉。」

院主若問：「如何是向上事？」平實便舉袖拭淚云：「冤哉！苦也！」

且道：

南泉相喚，陸宣應諾，阿哪個是真陸宣？

第一一九則　涌泉茶盞

台州涌泉景欣禪師　有彊德二禪客到訪，於路次，見師騎牛，不識師，乃曰：「蹄角甚分明，爭奈騎者不識。」師聞之，驟牛而去。二禪客憩於樹下煎茶，師迴下牛，近前不審，與坐喫茶。師問曰：「二禪客近離什麼處？」曰：「離那邊。」師曰：「那邊事作麼生？」彼提起茶盞，師曰：「此猶是這邊，那邊事作麼生？」二人無對。師曰：「莫道騎者不識好！」

有某大法師云：《洞山良价禪師在「寶鏡三昧」中提到「潛行密用，如愚如魯」。潛行密用的人，不讓人發現他是衆所認同的人物，也不在人多的場合顯示自己是個大修行的人。但他自己心裡很明白，內在也很用功，即使外表看來好像什麼貢獻也沒有，但他是幕後功臣，協助他人完成大功德。

所謂大智若愚（如愚如魯），有一種表現就是潛行密用。潛就是潛伏隱藏，密是暗地不聲揚。其實他是很有作用的人，這種人可能一輩子默默無聞，死後也許有人發現他的事蹟，也許永遠湮沒不彰，但最重要的是他對衆生有益，至於有沒有留下記載，他無所謂。洞山禪師講這兩句話，很有鼓勵性，對那些愛求表現

的人也是一劑針砭。》

平實云：洞山禪師「潛行密用，如愚如魯。」乃說真心——如來藏之體性，非指某一修行人之德性也；若似此大法師之說，即是誤將所悟真心如來藏之德性，妄植於世人五陰之上，正是牛頭逗馬嘴，不倫不類之說也；作如是妄說者，其人不明洞山之意，非是悟者。茲仿此大師之文句，改寫云：

《潛行密用的眞心，從來不曾想到要使人覺得祂是眾所認同的人物，而其實眾生一向認同祂、執著祂，卻又不認識祂。祂從來不在人多的場合顯示自己是個大修行人，但祂眞正是個大修行人，祂從來不貪、不瞋、不生、不死，本來解脫。但祂自己心裡不很明白，因爲祂是無覆無記性。祂內在不用功，從來不修行。外表看來好像什麼貢獻也沒有，但祂眞的是幕後功臣，協助我們每一個人完成修行和世間法的一切大功德。

可是祂一向如愚如魯，不邀功、不埋怨，一直潛伏隱藏在我們身中不停地爲我們工作，從來不聲張、不邀功。祂在我們身中眞的是很有作用的人，但祂在百千萬人中都是默默無聞。許多禪子甚至直到死後都不曾發現祂的事蹟，永遠湮沒不彰；但最重要的是祂對眾生非常有益，至於有沒有被人留下記載，祂無所謂。

洞山禪師講這兩句話，對於未悟的人很有鼓勵——如果讀者知道這兩句不是在講某一個修行人，而是在講眞如體性的話。

這兩句話對於那些愛求表現的大法師、大居士們也是一劑針砭，刺激他們好好檢查一下自己——所悟是眞是假？以免未證言證，到處講公案，到處展露狐狸尾巴。》

仿句寫已，正理表過，言歸正評：如是錯悟大法師之所墮，非獨現今，古來如出一轍，並無二致；悉皆誤將自己修行自己，同皆誤將自己求證自己，意欲將父母已生後的妄我，修成父母未生前的真我；皆屬未曉古時真悟祖師開示之凡夫，縱有大名聲，復何益己，何能利他？

當知宗門所悟者，乃是已知自己虛妄之後，起心探究自己之來處，務必實證法界之實相——必須確實親證父母未生我五陰之前的真我——未生五陰我以前的本來面目、本地風光。此是未生五陰以前的真我，方是法界的實相、般若的根源、涅槃的本際；已生之我則屬五陰所攝，乃是虛妄法，不足為恃。是故，宗門禪之參禪人，參究之標的，乃是要證知五陰自己究竟從何處而生？由誰而生？初入胎時中陰已滅而此世之自己尚不存在，那時究竟是阿誰？是阿哪個物事？那個所未知的真我，是在五陰自己尚未出生之前就已存在的，才是本來面目；那個本已存在的真我，是在五陰（特別是識陰中的離念靈知）被父母出生以前就已存在的，才是本來無生之法；本來無生之法，則是未來永遠不會壞滅之法，才會是真我——本來面目，名為如來藏、涅槃之本際。真我自己獨住之境界相，即是本地風光，是眾生無始以來所不曾知、不曾見，亦是二乘聖人窮盡解脫智而無法臆測之實相境界。

若是已藉父母為緣而被真我出生之自己——特指識陰中的離念靈知意識——則是有生之法，將來必滅，何須把握自己？縱欲牢牢把握，終將不能如願，只成困獸之鬥，不得如願：年老之後必死，是無常法，故說五陰無常、苦、空、無我，何須在五陰上種種用心而想要把握自己？

建立如是正知正見以後，方能起心參究真我之所在，全力投入宗門禪中實修，不再以定為禪——錯認被生的離念靈知以為常住的真我——自己被自己欺瞞。若能努力參究，在正確知見為前導之情況下，終於有朝一日悟得，方知不須牢牢把握自己，方知般若智慧之生起端在實證父母未生前的本來面目——如來藏真我。從此以後，般若智慧洋溢橫生，法樂無窮，亦不再畏懼胎昧而敢於發願世世受生人間、自度度他乃至成佛。如是證得之後，即能現觀五陰自己確實是從祂而生，父母只是祂的藉緣而已；父母其實未能出生吾人之五陰，是故吾人五陰之自己尚未出生之前，即是涅槃中的本際，即是本地風光，即是能生自己五陰的如來藏，第三轉法輪的唯識增上慧學中說為阿賴耶識——佛地名為無垢識。佛菩薩將此真我之本來性、自性性、清淨性、涅槃性加以述說時，即成為般若諸經；學人若欲出生實相般若智慧者，當知應該參究此心的所在；若能實證此心，即通般若經典，亦能為人解說般若經典。如是參禪，方是正統而且符合大乘聖教之宗門禪。

反觀如今諸大法師，悉皆同一聲氣，極力主張已經被父母出生的五陰自己（特指識陰中的離念靈知心意識）為常住不壞之真我，為父母未生前之本來面目、本地風光；審如是，則宗門禪所參之「父母未生前之本來面目」話頭，即屬無義之話頭，參之何用？諸大法師是否應出面公開主張廢除如是「無義」而且「誤人」法身慧命之話頭？

宗門禪既主張所悟應為**父母未生我**之前的本來面目，然而五陰自己正是

父母已生我之後的後來面目，正是已生、被生之法，亦是**後來面目**而非**本來面目**，何得認作常住不壞之真我、真主？此等大法師如是謬理，而可出世弘揚宗門禪、而皆言為證悟者，未免同滑禪門之大稽，而皆無智自覺其謬？豈不可笑？若諸大法師、大禪師都不信此語，仍堅持原有見解，主張已被父母所生之五陰中之意識離念知為本來面目者，試問：如是見解及其所證一念不生離念靈知境界之所得「智慧」，能通宗門禪之證悟公案否？

涌泉禪師一日騎牛出門，有二禪客來參訪他，半路相見不相識，二禪客不識泰山，便托大云：「**牛蹄牛角很分明，可惜的是：騎的人認不清。**」涌泉禪師不是個「**愛求表現**」的人，無奈宗門一向主張「入門須辨主，當面分緇素。」所以涌泉聞二禪客恁道，便驟牛而去；二禪客出家多年，枉為禪客，不見涌泉落處，乃於樹下煎茶。涌泉驟牛之後迴轉，來到二禪客歇腳處下牛，近前向二禪客道個**不審**，便同坐喫茶。涌泉乃問：「二禪客最近離什麼處來？」二禪客學禪多年，懂得些禪宗語句，便答：「離那邊。」涌泉見此二人答話，知是老參，便又問曰：「那邊事作麼生？」二禪客便提起茶盞，若合符節。但涌泉閱人已多，慮此二人乃是有樣學樣，非真自己悟得底，乃又勘曰：「此猶是這邊，那邊事又如何？」二禪客至此便不知所措。若真識得「潛行密用，如愚如魯」者，當時便好將茶盞遞與涌泉，同時教伊閉嘴、喫茶，也免得涌泉道：「你們可別說騎牛的人不認識蹄角甚分明的如來藏才好！」禪子當知：

法戰回互，不可等閑；勘驗當人，必須再三。伶俐野狐，比比皆是；輕易放過，師家大錯。

平實初出道時，總認為他人悟處與己相當，遇有人來，往往一招之下便予認可。後來方知大膽伶俐野狐，漫山遍野，盡皆不懂「潛行密用，如愚如魯」之輩，一旦教伊於摒處口說手呈時，便道不出趙州茶之道理，只是學祖師作略、裝模作樣而已。且道：

諸方提起茶盞即是，二禪客提起茶盞，涌泉卻道不是，淆訛在什麼處？

上座若知，平實道汝有來由！

第一二〇則　巖頭頭落

鄂州巖頭全豁禪師　師問僧：「什麼處來？」僧曰：「西京來。」師曰：「黃巢過後，收得劍麼？」僧曰：「收得。」師引頸作受刃勢，僧曰：「師頭落也。」師大笑，其僧後到雪峰舉前語，被雪峰拄杖打趁下山。

平實云：古今多有一種學人，無所用心，盡在言語做作、應對進退等閑機境上賣弄口舌、身段。東拈一則公案，西拈一則公案，插科打諢，博得五百、一千聽眾哈哈大笑，以為度眾無上妙法。大眾亦好攀緣掉舉，相率以此共樂，將此為禪。

若真知識，無這許多閑言語；或有所說，或舉手投足，莫不是為學人施設。若真學人，親值明師施設，一見便通，一聞千悟，何用許多閑言語？更何況加油添醋，插科打諢？如是正理，都非依文解義之名師所能知之。所以者何？謂諸名師只知文字禪，都解不得宗門禪故。由是緣故，相率以文字表相，將古來禪門證悟祖師之公案，取來為諸學人鋸解秤鉈，談得一堆之乎者也，終究無關生死，永遠不解生死本末，永世與般若實相智慧無緣。如是而言為宗門禪，無異緣木求魚，其可得乎！

當知宗門禪，以實證為所求；要須立定志向，若不能實證，窮盡一世，終不出世弘法。上座若是個有志禪子，且觀巖頭頭落公案：

有禪僧來參，巖頭便問：「從什麼地方來？」巖頭此句是宗門例問，不懷好意，名為探竿；此僧不知，爽快答道：「從西京來。」果然顢頇。巖頭看此僧輕率，便拋出韁繩，說道：「黃巾之亂剛剛過去，你揀到寶劍了沒？」此僧不識禪師言語之利與害，心中托大，聞言不覺便道：「揀得劍了。」殊不知小命已在巖頭手裡。巖頭見此僧被套住了，便收韁繩：露出脖子作待砍之狀。此僧懵懂，不知小命早在巖頭手裡，全憑巖頭處置，口中猶道：「師父的頭被我砍落了。」巖頭聞言大笑，此僧斃命已，依舊如黑似漆，兀自以為勝得一場法戰也。

可笑一般大法師、大居士總如此僧，不知禪師手段與用心。更有甚者，竟將數息修定之法當做大乘禪、祖師禪、宗門禪，一生奉行數息法欲求開悟，正是緣木求魚、刻舟求劍，猶不能望此愚僧項背也。

巖頭乃是不世出的大善知識，殺活自在、作略非常，亦復老婆無比，只是往世多屬自修、少結善緣，徒眾因緣不很具足圓滿。只如此僧鼻孔落在巖頭手裡，猶不自知；更不知巖頭哈哈大笑，笑裡有刀，還以為巖頭大笑乃是自我解嘶；便到雪峰禪師處，洋洋得意說與雪峰義存禪師知。那雪峰禪師乃是在巖頭全豁禪師幫助下才證悟底人，如何不知巖頭之作略？那僧猶自洋洋得意說向雪峰。不料雪峰禪師甫一聽完，二話不說，拈起拄杖連追帶打，將此僧趕下雪峰山去。

平實於此不免設問：諸方學人還解得巖頭作略麼？諸方學人若來，平實亦只是學巖頭作略，終不效法雪峰。為平實體弱，無力氣追打學人。今時一般學人亦復不堪平實拄杖，非慢即懦故，真正學人極難覓故。

只如雪峰這般老婆心切，連追帶趕，一路將此僧打下山去；這僧兀自不會，辜負雪峰禪師大慈大悲菩薩心腸。似這般鈍根禪狐，打死一萬個也無罪。且道：

汝喚什麼作劍？

兩重公案！

第一二一則　樂普解語

澧州樂普山元安禪師　師至夾山禮拜，端身而立。夾山曰：「雞棲鶴巢，非其同類，出去！」師曰：「自遠趨風，請師一接。」夾山曰：「目前無闍黎，此間無老僧。」師曰：「錯也。」夾山曰：「住住！闍黎且莫草草匆匆。雲月是同，溪山各異。闍黎坐卻天下人舌頭即不無，爭教無舌人解語？」師茫然無對，夾山遂打。師因茲服膺數載。

有某老居士云：《迷而不自覺叫迷，當他靈光一閃，領悟到現在跟過去的生活都是迷時，他悟了，悟了什麼？悟到自己是在迷。》平實云：且得不相干！一切佛子總皆確定自己在迷，云何不能悟入實相？老居士此語，真正顢頇！一切禪門學人總知自己未悟，悉知自己在迷，何有不知者？何需以此為悟？若言如是了知可謂為悟者，天下人皆已悟了也！事實則反是。

老居士又云：《……悟字拆開是「吾心」，悟到我心即是明心，明心即明白自心，……》平實云：此語雖與前舉彼說矛盾，卻是正說。誠然，明心即是明自本心——已經明白自己本有常住之不生不滅、本性清淨的真實心所在，並能現前觀察祂的不生不滅、本性清淨、常處於無餘涅槃中。

老居士又云：《你要是修行有素，才一反觀自心，你就知道答案的落處。問祖師西來意，答庭前柏樹子，任你用思惟去分解也解不開，用智力去啃它卻啃不動；想放下嘛又放不下。這庭前柏樹子既不是個東西，又不是個道理，在那裡一橫，你**愣一下**，驀地碰上了眞實活躍著生命力的答案，於是表面意識迸裂了，你那**本只有光明、只有知覺、沒有分別、沒有想念的心態**，就立即呈現了出來。你問祖師西來意，趙州告訴你：只這是。不在中間及其內外，只是你當下的心態。……佛經上說的本心，是指無念心體。心的本體原本無念；**嬰兒有念嗎**？念是以後累積的。所以眞正高明的大智慧者，只消趙州說個「庭前柏樹子」，理合當下徹了。》

平實云：借一句玄沙師備禪師的話說：「諦當、甚諦當！敢保老兄猶未徹。」何以故？皆因老居士所言之無念心體正是意識覺知心，四阿含聖教中說為有生有滅之法，是緣生緣滅之無常法，老居士許是老糊塗了，將此聖教忽然或忘，情有可原也！然老居士所言無念心體，其實只是本來有念之意識心；縱使經由修行而得無念，縱使修行之後得以長時間一念不生之時，亦只是無語言文字妄想而已，仍有其他種種諸念，非真無念。譬如貓狗飛鳥心中皆無語言文字，然皆能觀察眷屬非眷屬、冷熱痛癢、食物糞便等，皆以無語言文字之念而作分別，各各辦事而不錯亂。如人於路上行走、工藝製作、飲食雜事等法中，亦多不用語言文字而各各辦事成就，唯有請益、溝通、思惟時方用語文。若如老居士所言：「嬰兒有念嗎？念是以後累積的。」確實，嬰兒本來無語言文字之妄念，卻是打從出生以來就一直都有離語言文字之妄念；譬如肚餓之時，即有表達肚餓之念而開始哭泣；譬如尿床之時，即有難受之念而開始哭泣；譬如母親前來哺乳而有吸吮之念，譬如母親前來換新尿片而有舒爽之妄念，都無語言文字，然而仍屬有念而非無念。亦如老居士每欲營為任何一件事情之前，都先有念頭產生，然後才以語言文字思惟確定，方得以實施；亦如老居士為人說禪時，皆是先於心中有一念頭產生，然後方有語言文字出之於口、為人解說。老居士修行恁久，早是老修行者，難道於此妄念都無了知耶？若是對此都無了知，則老居士非唯尚缺參禪功夫，亦乃仍缺未到地之功夫，何能取證世間禪定之未到地定？何況能得初禪地之功德？如是，於世間禪定及出世間之宗門禪，都無實修，即行出世解說宗門禪，未免過失處處，難脫家裡人拈提也！謂老居士所說必然誤導眾生故。若人於上開闡述，能時時處處靜心細觀者，即能發覺此一事實：於無語言文字時之靈知心，仍有許多念頭存在，非真無念。舉凡有知，便有微細念頭，即生分別，非真無分別心也，老居士於此應知，一切宗門禪修行者亦皆應知，否則難保不入歧途——以定為禪；復又無智實證世間禪定，永遠不得未到地定，何況初禪？

不論有情眾生之靈知心意識在或不在、知與不知，真實心——父母未生前的本來面目——都是離見聞覺知的；於第三轉法輪之唯識諸經中，都說能出生五陰、能出生識陰、能出生意識了知心的第八識如來藏，才是常住不壞的真實心、金剛心；如是諸經中，一向說此心是在出生五陰自己之前就已存在的心，亦是能出生五陰、出生靈知心的本有心，這才是父母未生前的本來面目。如是之心，唯識系列諸經中，佛菩薩都說祂的體性是「恆而不審」的，所以宗門禪中一切學人於每日首次見到堂頭和尚時，都須先道「不審」；一則表示自己尚未參得真禪，是故不審；二則每日提示自己，仍然不審本來面目何在，日日策勵自己。此是禪門日下事，老居士既出禪門，豈得不知？由是緣故，真悟之師每常示言：真實心都是永遠不體會六塵，不分別色聲香味觸法，時時刻刻都與能了知六塵的靈知心同在；非將意識靈知妄心修至不起語言文字而變為真心，此見過失極多故；詳拙著《真實如來藏》及《正法眼藏—護法集》之詳述，茲不贅言。

君若不信，且觀樂普山元安禪師此一公案。樂普禪師悟前亦如野狐大師一般自認已悟，一日前來參訪夾山善會禪師時，亦學祖師作略，禮拜後端身而立；夾山禪師閱人已多，知其必以行住坐臥中之無念靈知心錯認為真心，乃斥云：「你站在我的法眷僧眾中，猶一隻雞站鶴群中，你所悟的心和我們不一樣，既非同類，請你離開。」樂普禪師說：「我景仰您的禪風，從很遠的地方來到這裡，請師父接引我吧！」夾山禪師說：「我眼前看不見你，而夾山這裡也沒有我。」樂普禪師說：「你錯了。」夾山禪師說：「停！停！你不可匆匆忙忙、草草了事。天上的雲和月雖是同一個，但由溪澗水面倒影的所見，和站在山上所見的雲月，卻各有差異。你雖然能言善辯，能堵住天下人的舌頭，但是你又如何能令啞吧聽懂你所說的佛法？」樂普禪師既以挑水劈柴、行走語言中的靈知心為真，於此便無法通透，死於夾山句下，方知悟得不真，夾山遂拈起拄杖打他。樂普挨了數杖，雖未得悟，卻忍痛不走，拜在夾山善會禪師座下，拳拳服膺，奉侍數年後方得悟入。後往澧州樂普山開山度眾。

當知真悟之人，不須以語言文字說法便能助人悟入。若以行走語言吃飯喝水時的靈知心為真如，便必須用語言文字，方能使學人領解；然啞巴耳聾，古時復無手語，如何度彼？今時雖有手語，然手語亦是語言也，已非離語言文字之實相境界也。以非實相之境界而欲印證實相境界，豈非緣木求魚？豈有得悟之日？

樂普禪師當時聽聞夾山恁道，便知悟錯，肯硬挨數杖，忍著痛楚不走，拜夾山為師，卻也不妨伶俐！久後終有悟緣。

愚於禪三精進共修中，雖有小參及晚間開示，無非破除學人之邪知邪見及知解葛藤，然後以諸種非語言文字之法使悟。樂普初時不知此理，每以無念靈知為真正本心，便敢向夾山捋虎鬚，及聞夾山質問：「如何使啞巴也能懂得你所說的佛法？」自忖不能，方知南轅北轍，溪山各異。然而今時諸大山頭一切堂頭和尚，都不自思如是公案意在何處？都不檢查自己所墮是否違背宗門禪？都無智力檢驗自己所「悟」是否違教、悖理？猶自強言已悟、自道方家、自命賢聖，悉皆無智至此地步，令人嘆息！

諸上座既是大善知識，且道：

如何教聾啞之學人，聽懂你的無上大法？

欲會麼？且到正覺講堂來！

一日來到講堂，若猶不會，合吃平實三十棒！

第一二二則　天然知寒★

明末清初廣州天然函昰（是）禪師　師字麗中，別號天然。粵番禺曾氏子。早有出塵志，喜靜坐，研《圓覺經、傳燈錄》。屢懇親學出世法，親曰：「汝欲出世，待名成，償所學未晚。」年廿六，舉崇禎癸酉鄉試。明年公還，車至吉州，臥病於寺，醫不下藥。師起坐禱十方佛曰：「倘得不死，即一心學道，自爲爲人，於諸聲利無所圖也。」是夕感異夢，病頓愈。還家斷欲長齋，參究彌切、衣不解帶者兩月，頗悟玄旨。丙子冬，謁宗寶道獨禪師於黃巖，往返扣擊，針芥相投。崇禎十五年開法廣州訶林，自後相繼住持雷峰海幢、華首芥菴、廬山棲賢、韶州丹霞諸剎。師與千山函可禪師均嗣法宗寶道獨，爲曹洞宗三十四世。

上堂舉《古德問僧云：「何不看經？」僧云：「不識字。」古德云：「何不問人？」僧展兩手云：「是什麼字？」古德無對。》師云：「你看這個古德，到處勸人看經，到處勸人問字。分明一個八字，他也不識！山僧亦有一個字，要問諸人。」遂豎起拳云：「諸人還識麼？」

茶話：「……今晚華首監寺，爲新首座普茶，特請山僧茶話。適來幾句子，且道是要諸人知？是要諸人不知？」良久，豎拂子云：「大眾！多少人在這裡作知不知會。大眾！佛法不是這個道理。既不是這個道理，畢竟合作麼生？」以拂子左右拂，云：「珍重！」

除夕普說：「……大眾！只如諸人現前遇著寒，你便知去穿衣；饑便知食飯，逢人贊嘆你便生欣喜，被人訶責你便生煩惱。這一段明白靈妙，不是我有你沒底；就是三世諸佛、歷代祖師、古今善知識，亦不曾多了你分毫！只是你從來不曾一日識取，只管將這靈妙底心，向外邊境緣上生愛生憎、妄取繩縛。於今若肯回頭，向那**知寒知暖**、**知好知歹**底一回承當，不教你更有等待！是你此心從無始來，千生萬生在六道三途中，千般惑業，萬種升沉，到於今不曾少欠。這知寒知暖、知好知歹底，與老僧無異、與諸佛諸祖無異，你只須直下承當、直下體認。你這個明白靈妙之心，從本以來與一切境界元不相到，一切境界埋沒你不得，一切境界流轉你不得。你既徹底識得那根源了，便當就那根源上立一個決定之心。」

「……老僧不要你參什麼禪，不要你學什麼道，只教你自己將現前知寒知暖、知好知歹底那一個，直截根源，直下承當！你試體究看：你無始來至於今日，**只有這一個靈妙底心**，經不可說不可說生死升沉，不曾少欠毫釐；你這知寒知暖、知好知歹底，元不曾與一切境界相到。既徹底識得，你便隨順他，決定不爲一切境界埋沒，不隨一切境界流轉。這一個徹底決定心源，不但了卻這一生之生死，直教無始劫來百千萬億生死，一時了卻。」（摘自慈雲雜誌二四一、二四三期，開澄法師輯：法海點滴）

平實云：天然函是禪師乃清朝康熙年間人物，彼時大陸禪宗亦如現今江南江北及台灣南北一般，魯魚亥豕、魚目混珠，天然函是禪師乃群珠中之魚目也！可惜的是：群珠都被強力壓制隱藏，魚目卻都被一體舉揚；此是晚明及清朝四百年間的宗門實況，政治勢力之干預無所不在，人王悉皆欲兼法王之位，向違天竺佛門典範，是故宗門久已衰落，非無因也。

天然禪師住持廬山弘揚宗門，一向學祖師言語作略及門庭施設，用來籠罩人，平實且說他不得。後來漸漸有名，名揚膽壯故，便敢搬出自家物事，狐狸尾巴便開始撩向天際，沒遮掩處，三百年後不免平實檢點。

天然函是禪師於某年除夕，大發慈悲，教徒衆們體認現前**知寒**、**知暖**、

知好、知歹的底心，說此能知之心即是真心——無始以來生命之根源。說此心永無生死，說此心不與一切境界相到，說此心不隨境界流轉，至此方才露出狐狸尾巴。

然此心非真，稍通禪理、教理者皆知其非：此心於睡著無夢時、昏迷時、入無心定時便消失無蹤，何況正死之時而能不滅？何況入胎之後而不永滅？此心須做夢或醒來方有，此心須待來世五色根出生後方有，卻已是依來世五色根而有之全新覺知心，已非此世五色根為依而出生之覺知心也，既然不是同一所依之同一世覺知心，則無法了知往世事，學人於此當應知曉：能知寒知暖、知好知歹之覺知心，只是一世之心，不能來往三世，即是四阿含諸經中佛所說之生滅心也。此心有斷滅，非如來藏；若五色根壞時，此心即告斷滅；轉入中陰身時方始再現，入胎之時則永滅不現，來世已是另一全新之覺知心，並非此世之覺知心住胎出生五根而往至後世。

有智之人，皆能現觀此心非吾人生命之根源，反而要因吾人之五根及意根觸五塵、法塵而生；身根若壞，則此靈知心亦滅；《瑜伽師地論》中，彌勒菩薩說之為「意識身相應地」，謂其只能住於意識相應之境界中，無法入住無餘涅槃中，亦無法入胎而安住至十月滿足也。能住胎之覺知心者，唯有全新而未經往世具足六塵境界之後世意識覺知心，於完全不知胎外事之愚癡全新意識，方能安住於母胎中也！設使前世覺知心能入胎而住者，豈不心煩意悶難當？而天然涵是禪師顯然未曾如是發覺事實，是故不解粗淺實相而繼續執著虛妄生滅之意識覺知心為常住真我，墮於常見外道境界中。

此靈知心既能**知寒知暖**、**知好知歹**，即是與一切境界相應，焉能說彼不與一切境界相到？此心既與六塵相應相到，焉能免於流轉諸境界中？天然函是禪師智不及此，竟於大庭廣眾之間公然倡言此心不與一切境界相到，意欲符契經教聖言，卻又自稱此心知寒知暖、知好知歹，豈非自語相違而無智簡擇？今時無智之人，復又檢出此師錯誤妄說之言，欲以之印證自己所墮之意識境界為真實悟境，寧可謂為有智之人？

此師與當今海內外之諸大禪師一般，雖極慈悲懇切，然非宗門正法，同於教下未通宗者依文解義之輩，一同違背聖教；如斯等人，悉皆有志一同雙違理、教，皆屬宗門教下都未實證之輩，乃竟示人以證悟賢聖之相，則非有誠有實之師。然教下依文解義諸師，亦多謙虛誠懇德行淳善者，皆不敢大妄語——不敢故作悟狀而以公案機鋒籠罩人。乃是老實修行人，平實極為敬佩。

偶有佛子告平實云：「某師教我的知見和印證雖然錯了，但他那麼慈悲，教我那麼久了，我還是應該繼續跟他修學下去。」此即無智慧人。當知學佛而非學羅漢者，都應以破初參見道明心為首要之務；若所悟錯誤而不對眾聲明更正，明知所説錯誤而將善知識之指陳置之不理，則不免故犯大妄語業——未證言證——之大過失。縱不以語言文字而對眾暗示自已已悟，其實心中明知錯悟者，亦是大妄語業；明知自誤誤他，引人同犯大妄語業，云何名為慈悲？吾人何須因彼虛妄之「慈悲」，而隨彼同犯大妄語業？當知彼等慈悲非即宗門正法。

於此不免設問：「若有慈悲之人，以佛法名相而教導外道常見之法，謂為本心，並以之印證佛子為悟，戕害弟子同犯大妄語業，佛子應不應隨學？」又問：「附佛法外道所傳佛法，或不究竟、或引入歧途，但其為人極慈悲、熱忱、誠懇，為教內諸師所不及。佛子！您應否從之受業？」如斯等人，既經明師指陳其錯悟之處，並且自心之中亦已了知自己所悟確屬誤會而非真悟，竟然不改原來誤導眾生之惡行，繼續誤導眾生同犯大妄語業者，學人仍可讚之以慈悲耶？其心行確屬慈悲耶？學人何妨稍加探究？

佛門之中外現慈悲而內實貪求名聞利養之輩，古今不乏其人；可嘆越到末法之時，學人罔顧此事者越多，令人唏噓！此事非唯現今，古已有之，而今時益眾。天然函是禪師雖有曹洞法脈傳承，然未真得法，卻假藉祖師言語作略及門庭施設，而傳常見外道之法，濫扊禪師之數，乃佛門中之常見外道也。其弟子無擇法眼，乃竟將其開示輯成《天然禪師語錄》，不啻野狐露尾，正是鐵證如山，使彼遺臭萬年。如是等事，始從明末以降，乃至民國以來四百年中，不能外於如是環境；時至今日，仍有許多海內外之大禪師食其涎唾，亦認能知能觀之靈妙心為真，渾不知古來真悟諸祖早曾多所破斥。

只而今，法訊廣為流通，知其謬者漸有多眾已，我諸禪子欲直會根源否？且將這知寒知暖底靈妙心，向冰天雪地搓雪取暖去！且將這知寒知暖底靈妙心，向大太陽下、熱沙地上跳腳避熱去！

第一二三則　清銳孤貧

撫州曹山本寂禪師　僧清銳問：「某甲孤貧，乞師拯濟。」師曰：「銳闍黎！近前來！」銳近前，師曰：「泉州白家酒，三盞吃了猶道未沾唇。」

有某居士云：《真心即是菩提心，亦可稱為覺性，也就是「無所住而生其心」的無住心。當吾人不執著攀緣、不顛倒妄想，如實而用的這念心就是真心。》

又解云：《……所以金剛經的開始，就是如此記載：「爾時世尊食時著衣持鉢，入舍衛大城乞食。於其城中次第乞已，還至本處；飯食訖，收衣鉢，洗足已，敷座而坐。」是如此的安祥平常，沒有造作，沒有一切染著過失。……經中明示不生不滅的心性，就是此見性，亦是吾人能聞能思之心；只是凡夫因此心有無限的執著，作繭自縛而不能自在，所以誤認此心不是菩提心。》

平實云：此居士據聞已出家，然猶不明本心，亦未眼見佛性，落入「凡夫隨順**佛性**」之中。所以者何？真如與佛性非一非異，不可混為一譚。非異者：佛性由真如生，以真如為體而生佛性之用。既由真如生，依真如而運作，不得名異。非一者：真如於一切時恒自在，然佛性於無餘依涅槃位即不現前；

若真如、佛性是一，則無餘依涅槃位應仍有佛性現前運作，則無餘依涅槃中應仍有知覺，則非無餘依涅槃。然無餘依涅槃位實無佛性現前，若真如、佛性是一，應無餘依涅槃位時真如即成斷滅，佛性已不現前故。故知真如與佛性非一亦非異，不可混為一譚。

譬如燈之與光：真心喻如燈體，佛性喻如燈光。燈體可單獨存在，而不發光，以譬真如心體住於無餘依涅槃位、佛性不復現前；燈光由燈體生，長時光亮，但不能離燈體而單獨存在，以譬佛性於無餘依涅槃位以外之一切時，悉皆不滅，乃至死、生位中亦復如是。以真心恒住不斷，而菩薩永不取證無餘依涅槃，乃至成佛後應身入滅，而報身以無住處涅槃故永不入無餘依涅槃，故云佛性永無生滅，故云佛性即涅槃性，名為究竟佛位之大般涅槃；聲聞聖人若能眼見佛性，則不復愛樂取證無餘涅槃，即成菩薩，永不入無餘依涅槃故。真心與佛性之體用關係，平實已於《正法眼藏—護法集》第一章〈真如與佛性之辨〉中，根據證量而說，並已引據《大般涅槃經》佛語聖教詳述之，茲不贅述。

又：依《楞嚴經》佛意，亦可證知真如心與佛性非一非異，若不如是，則成偽經；有時說離能知能見，有時不離能知能見而廣說故。然而，佛說之理豈有自相矛盾之理？說如實語故，所說誠諦故。學人未明真心，未眼見佛性，不知明心與見性之同異所在，將真如心與佛性混為一譚，誤認『真如心即是佛性，二者是一』，不知經中何處是說真心、真如？何處是說佛性？便謗《楞嚴經》前後矛盾，誣為偽經。殊不知經中有說真心、有說佛性；說真心時必言「離見聞覺知」，是故佛云：「汝今知見『立知』，即無明本；知見『無見』，斯即涅槃無漏眞淨。」真如說完，便廣說佛性不離能知、能見、能聞等理，亦廣說六識見聞覺知性及佛性悉屬真如心之功德力用，故說：六識、六根、六塵、六識見聞知覺性，並非因緣生、亦非自然生，本是如來藏之妙功德性——悉皆攝歸如來藏所擁有之自性，皆屬如來藏所生而附屬於如來藏心體方能運作，然而如來藏自身則是離十八界性、離我性、離見聞知覺性，常住於**涅槃無漏真淨**境界中。

真心與佛性之異，要在離或不離見聞覺知。《楞嚴經、維摩詰經、大集經、大寶積經、解深密經……等》都說真心如來藏離見聞覺知，《大般涅槃經》及《楞嚴經》佛說佛性不離見聞覺知，但不是見聞覺知。由是緣故，此居士所說「如實而用的這念心、安祥的心、能思能見之心」等，既非真心，亦非佛性。

這能思、能見、能覺、能觀之心乃是前六識，於眠熟昏迷等五位中斷，是生滅法，既非真心亦非佛性。佛性雖不離見聞覺知之性——與六識見聞覺知之性同時同處運作，但非六識之見聞覺知性；若無定力、慧力、大福德，即不能眼見，便將能見、能思、能覺、能知之心認作佛性，便道佛性即真心，此名「凡夫隨順佛性」；有定力……者方能眼見佛性，名為「未入地菩薩隨順佛性」；初地以上菩薩眼見佛性離於覺照障礙，名為「已入地菩薩隨順佛性」；最後身菩薩眼見佛性時，成所作智現前，能於十方塵剎國土示現化身，名為「如來隨順佛性」。

凡夫若學佛法，能知佛性之義，以無定力及未真明心故，不解經文佛意，便將妄心之功能性錯認為佛性，不知真心與佛性非一非異之理，便似此居士寫道：「能見能思之心是菩提眞心，亦是佛性」，如此之人，《大般涅槃經》說之為凡夫「聞見佛性」，非是「眼見佛性」之十住菩薩，若以聖人自居，自謂開悟見性，即成大妄語；此乃未破初參之人，遑論重關眼見佛性？至於牢關，更無論矣！

若以能見能思之心作為真心者，且觀清銳孤貧公案，還解得麼？有僧清銳，自以為悟，將能思能見能知之心認為真心佛性，便去參禮曹山本寂禪師，謂已斷除無量煩惱而得解脫，自稱孤貧——又孤又貧，求曹山為作印證。曹山乃呼曰：「清銳法師！近前來！」清銳法師走近前來，依舊好似無月夜行，不知路頭。曹山便知此師未悟，便指點道：「你已經吃了我泉州白家酒，三杯喝過了，竟然說還沒有沾到嘴唇！」若認公案中二人應對時之能見能思心為真心者，顯然有悖大乘諸解脫經佛示金言，亦無法與此公案相應；若自以為悟，便成大妄語，捨報地獄有分。

大乘宗門所證悟之真心，必須能以三乘全部解脫經印證相符，必須能以《瑜伽師地論、攝大乘論、顯揚聖教論、成唯識論》完全印證相符，否則即名錯悟；舉凡墮於意識境界者，悉皆無法印證相契；若以悟者自居，即成大妄語，此罪若犯，不通懺悔，必入地獄，唯除捨報前真實證悟。佛子務必在意！切莫草草匆匆！

然今竟有魯莽之人，或以書札、或以言語、或於雜誌上，欲與平實強辯能思能見能知之心即是真心、佛性，置佛說諸經及菩薩諸論而不顧，引述錯悟祖師之妄說語錄而作狡辯；此諸人等，便似清銳法師未悟言悟，自道究竟解脫，便敢稱孤道貧；需知貧者乃貧於世間法，從來不墮於意識境界中，從來不以意識為常住不壞之真主，方是真貧。真貧者，法義之富，二乘聖者難以比擬，而大貧於世間法，連意識、意根亦全面否定之，方可自謂貧道。然而今時廣有世間法——全面墮入意識、六識自性、意根之人，乃是廣有世間法之世間富者，如同悟前之清銳一般，竟敢自稱貧道，誑惑禪子無數，敢稱大師；猶如大貧范丹，幻想自己大富，氣如項羽，竟敢與大富長者鬥富。

無門慧開禪師即以此公案，質問諸方老宿云：「清銳輸機，是何心行？曹山具眼，深辨來機。然雖如是，且道：哪裡是銳闍黎吃酒處？」又復作一首頌，斥責清銳法師云：「貧似范丹，氣如項羽；活計雖無，敢與鬥富！」

如今平實便以無門關中，無門慧開大師之語，上陳諸方自認已悟之老宿、新秀們，無門慧開禪師評論說：「清銳法師輸掉了機鋒，這到底是什麼心行？曹山本寂禪師具頂門眼，能深入分辨來訪的清銳法師之根性與機鋒。雖然是這樣，諸方老宿、新秀們，請說看看：曹山說清銳法師來到泉州見曹山，這一見面之間，已然吃了三杯曹山的泉州白家酒，卻還是悟不了，還說曹山沒有請他喫酒；到底清銳法師是什麼處吃了曹山的泉州白家酒？惹他曹山責備？」平實又問：

曹山禪師為什麼道是喫了三杯？還會麼？

若欲會取，何妨駕臨佛教正覺講堂，平實請您喝三杯無味之酒。

第一二四則　翠巖禮拜

明州翠巖永明禪師　僧問：「妙機言句，盡皆不當宗乘中事如何？」師曰：「禮拜著！」僧曰：「學人不會。」師曰：「出家行腳，禮拜也不會！」

有大禪師於大專精進禪七中，開示如何了生死云：「頓悟了生死，即是頓悟自心；直了成佛，馬上就能了。怎麼說頓悟自心呢？即是師父說法，諸位聽法這個心，不想過去、現在、未來，一念不生；一念不生就是定。定當中還要有慧，這念心還要清楚明白。」

又云：「如果我們這念心——師父說法、大眾聽法這個心——一念不生，保持這個境界就沒有生死了，當下就了生死了。所以禪宗祖師說：你把這念心了了，生死就了了。實在是如此的。哪一念心？**師父說法、諸位聽法這念心**，不攀緣、不顛倒，時時刻刻**如如不動、了了常知**，生死就了了。」

平實云：這個阿師，如此了生死，正好輪迴生死；是謂一盲引眾盲，相將入火坑。末法眾生福薄，被此師大量誤導，哀哉！皆因能知說法聽法這念心、清楚明白這念心，正是生死輪迴根本。若這念心即是真心，諸佛菩薩因何於諸經中云：「一切諸法無覺無觀，無覺觀者是名心性」？諸解脱經皆云真心離見聞覺知；能知説法是意識，聽法能知是耳識意識；一念不生、清楚明白、了了常知的心是意識；住於六塵中一念不生之心，只是欲界定或未到地定之淺定，此心是欲界中之意識心，不離欲界法。假饒修得非非想定，住於非非想定之中的心依舊是意識；彌勒菩薩説，與定相應的心是意識故，具有五種別境心所法故，迥無一念之時仍然能清楚了別六塵境界故。佛與彌勒菩薩俱説真心任運隨緣，恒遍緣一切境而不與定相應，亦不起心動念覺知色香味觸，無始劫來亦不曾打過妄想。知否？

若認能見、能聽、能知的心為真心，即是認賊為子，即是任由此賊子日日打劫自家法財；楞嚴中　佛曾如是正説，豈不憶之？抑或未曾略讀楞嚴？不知楞嚴要義而出世弘法，不免墮於常見外道所墮意識境界中，乃是以常見外道法取代佛陀正法，名為披如來衣、住如來家而以外道法破壞正法之佛門外道。若保持一念不生，死後即生欲界天；若因一念不生而伏除五蓋則能發起初禪，死後必生初禪天。若未發起初禪，這一念不生的靈知心，尚不能生初禪天，何況能了生死、出三界？一念不生的心若不能捨離五塵覺觀，尚不能生二禪天，何況能了生死？大法師於此實應措心，莫再妄言誤人。

大師所説能聽能知、清楚明白的心，正是生死輪迴根本；皆因祂不肯死卻、不肯棄捨靈知的自己，所以世世頭出頭沒，無有了期。趙州禪師尋常道：「老僧不住明白裡。」如今此大禪師卻誤導大專佛子要清楚明白、了了常知，同墮意識**常見**中；哀哉！可傷！趙州若來，必放三十棒與此師。

聲聞阿羅漢，因棄捨清楚明白了了常知的心，而取證無餘依涅槃。大乘通教菩薩阿羅漢斷盡思惑煩惱，能棄捨清楚明白了了常知的心，能入無餘依涅槃而不取證，以願力故常住三界自度度他，俱成阿羅漢；大乘別教真悟菩薩，或能棄捨此意識心而取涅槃，或不能棄捨此心而無力取涅槃，皆能發願世世受生於人間，以實證本心所生之智慧，世世住持於人間，努力摧邪顯正而救護眾生回歸正道。如是德行之所由，皆因已能現觀此意識心虛妄而斷我見，以此作為基礎方能證得實相心如來藏，方能發起般若實相智慧。

試問：了了常知的心，要如何了生死？死後了了常知的心必然消滅，中陰身未現起之前，是否一無所有？若此時無有非見聞覺知之心，應成斷滅，了了常知之心已斷滅故。若此心斷滅而一無所有，無有另一非見聞覺知之本心仍存，則應後起之中陰身是無因而生，無中生有。若死後了了常知之心仍在，即應死後仍了了常知，則應昏迷、眠熟、入無心定中，亦應了了常知，則不應理。了了常知之心，既於死後斷滅不存，而復有另一心能生中陰身及復起了了常知之心，則知能生中陰身之非見聞覺知心方是常住之真心。故知了了常知之心非是常住，非覺非觀之心方是常住，且道：「有情死已，了了常知心斷後不知不覺時，常住之菩提心何在？」

聲聞人若已斷盡思惑，則死後中陰身不現前，了了常知之意識心亦不現前，意根隨之而滅，永不再於三界六道中受生，永無了了常知之意識心與處處作主之意根存在，永滅不存，名為無餘依涅槃；由此阿含聖教中，可知此大禪師所言之心，悉墮意識心中，本非常住法，卻自言為常住法、涅槃心，正是未悟謂悟之大妄語人。今有一般愚癡佛子，隨於此師未悟言悟，欲以了了常知之心入涅槃、住涅槃。須知涅槃之中無有知者，無有作主者，唯有離見聞覺知而不作主的菩提心如來藏能安住涅槃，獨住無侶。了了常知之心一旦現起之時，必然永遠了了常知，與涅槃不相應；此心不滅，永遠不能了生死。又此心之了了常知，其實並非「常」知，此心非常故，常常中斷故；死後入胎已，永滅而不能去至後世故。且道：無餘涅槃中之常住心何在？

睡著無夢時，了了常知心已斷滅，然離知離覺之菩提真心猶在；能知、能證此者，名真了悟。熟眠後了知心斷滅消失，次日應不能自行現起，必有另一無知無覺之心常住，隨應意根之心行而流注意識種子，方能使意識出現；否則即成意識無因而起，則非佛法正理。必須次晨由非覺非知之菩提本心生出意識，方能了知。且道：睡著無夢時，汝之菩提真心何在？

入無心定時，了了常知之心已斷滅，無覺無知，然非知非覺之常住真心猶在，能知此者，名為了悟。且道：入無心定時，汝菩提真心何在？

昏迷時，了了常知之心已斷滅，以針刺之，尚不能覺知；然此時無覺無觀之菩提真心猶在，故名常住，能知此者，名為了悟。且道：昏迷時，汝之常住真心何在？

以此故知：一念不生了了常知之心乃是妄心，一切人皆同樣以五色根為俱有依，方能有了了常知之覺知心；當知此覺知心，身有即有、身壞便滅；醒來時生、睡著時滅；入無心定前有、入無心定後滅；清醒時有、昏迷則滅；在三界中有，入涅槃則滅。此心由非覺非知之菩提真心所生故，菩提真心常住，而了了常知之心非常住、有間斷，斷已不能自起。若錯認此心為真，自認已了生死者，正好輪迴生死；大妄語業成就故，此心是生死輪迴之根本故。不知了了常知之心虛妄，更向人道：「一念不生三昧現，個中無生亦無死。」正是生死愚人。若不信平實此語，且觀翠巖禮拜公案，還能通否？

有僧問明州翠巖永明禪師：「玄妙的機鋒，述說了義法的語言文字，全都不是大乘宗門下事，那麼如何才是宗門下事？」翠巖禪師云：「你向我禮拜吧！」這僧回答：「學人我還是不懂。」翠巖禪師說：「你既然出家了，又出外行腳參訪諸方，怎麼連個禮拜也不會？」

只如此僧問宗門下事，欲明真心；翠巖禪師不答，卻教他禮拜；且道禮拜個什麼？莫不是翠巖傲慢、需人禮拜？或是別有道理？若別有道理，又是什麼道理？若真是無慢而依教奉行的學人，聞言即便禮拜，禮拜起來正好望翠巖胸前一指戳去，管教翠巖不得不休去方丈室裡，以茶相待、受汝三拜。無奈此僧不肯依教奉行，總在知解葛藤上轉，欲以意識破解，不肯禮拜參禪，驢年得會去？

翠巖庭下已有門人，故聞此僧道「學人不會」不肯禮拜時，便輕輕放過道：「出家行腳，禮拜也不會。」不肯為他再作道理，留下這則公案，直至末法時之今日，諸方大禪師兀自愣頭愣腦，悉皆無智知解翠巖心行。平實如今門下人多，對這種不肯依教奉行的人，亦必輕輕放過。如今翠巖入滅千年，學人欲見他麼？

且禮拜著！

第一二五則　龍牙無意

湖南龍牙山居遁禪師　師在翠微時問：「如何是祖師意？」翠微曰：「與我將禪板來。」師遂過禪板，翠微接得便打。師曰：「打即任打，要且無祖師意。」又問臨濟：「如何是祖師意？」臨濟曰：「與我過蒲團來。」師乃過蒲團，臨濟接得便打。師曰：「打即任打，要且無祖師意。」後方了悟，住龍牙山弘化。有僧問：「和尚行腳時，問二尊宿祖師意，未審二尊宿道眼明也未？」師曰：「明即明也，要且無祖師意。」

某老居士云：《……這些東西等於電腦裝填資料；沒有裝資料的電腦，人人相同，自他不二，裝了資料的電腦就互相不同。所以我們講「無我」就是沒有六塵所積的我，我們說「有我」就是生命的「**我覺故我在**」的真實的、永恒的我。我們不要迷失，就是不要把虛假的我當作真實的我；不要讓真實的我被六塵埋葬掉。》

平實云：普天之下，大小禪師無量無數，大多教人認取嬰兒時期未起語言文字之靈知心為菩提心；或教人壓抑妄想，認取一念不生時之靈知為菩提心。此老居士亦然，認為沒有語言妄想的靈知心，猶如電腦尚未輸入資料一般，猶如嬰兒未學語言文字之前的靈知心，認此為真。果如此，一切嬰兒皆應是悟者，值得老居士禮拜供養隨學也。

若究其實，不論有無妄想，靈知心皆是同一個，並非二個覺知心；有妄想時的靈知心既是妄心，則修除妄想之後仍是同一個心，當知即是妄心，不因修除妄想而變成真心。否則，有妄想的妄心變成真心，則此真心是變來的，不是本有；若非本有，即是緣生之法，則非真實；將來修行之緣壞散時，必將再度回復為妄心，真心即壞；如是，時真時妄、因緣有無，即成生滅法，云何可謂之為真心常住？又：原屬有念之妄心，修行除念而變成真心後，則應只餘真心而無前七識妄心，則人人悟後應皆住於無見、無聞、無覺、無知境界中，應皆不能待人接物、弘化利生；聖教中說真如心離見聞覺知故，而能見聞覺知之妄心已變為無見聞覺知之真心故。

是故，舉凡主張「應將有妄想之妄心，修除妄念而轉成無妄念之眞心」者，皆名錯誤之開悟者；彼等所說禪法，不過是修學欲界定、未到地定之「定法」而已，非是大乘宗門之禪，從來與實相般若之實證無關；如是以定為禪而努力修行者，永遠無法生起實相般若，修之而謂為佛法正修，不免方家微言，不是智者。

非覺非知的本心方是本來就在的常住法，無念靈知心是處胎末期方有，出生後學習五塵諸法而成有念靈知，此靈知心不論有念無念，皆依身有，永以五色根為俱有依；身壞即無，死後斷滅，不能去至後世；後世之有念及離念靈知心，乃是依後世五色根為緣而出生者，並非此世靈知心往生至後世，故說有隔陰之迷。此一有念或無念之靈知心常有間斷故，非自在心；有變易故能生作用，故了了能知；有變易、有作用，則是生滅法，非自在法，不應錯認為常住之菩提心。

本心不是由妄心修行清淨而變成的，祂在靈知妄心不斷打妄想時即與靈知心意識同在者；靈知妄心不打妄想時，祂亦與無念靈知心同在；乃至靈知妄心於熟眠後斷滅而尚未醒覺之深夜中，祂依舊不滅，自在地運作不輟。祂與靈知心同時存在而永不間斷，然離見聞覺知。若不知以上所示真實正理，即不能正確參禪，必在生滅法之妄心意識上用功，只成個常見外道，不生般若智慧，當知無智可解龍牙無意公案。

龍牙禪師雖鈍，不妨是條漢子。挨過許多禪師拄杖與香板，從來不閃避，故有後日悟入之緣。一日，在翠微禪師座下參問：「如何是祖師意？」翠微道：「與我拿禪板過來！」龍牙挨過許多禪師的禪板，何嘗不知翠微要打他？依舊恭敬地遞上禪板，翠微禪師接得便打。龍牙亦不閃避，亦無悟入，便道：「您老要打，我就任您打，可就是看不見祖師西來意。」打過後行腳到臨濟院，又問臨濟義玄禪師：「如何是祖師西來意？」臨濟說道：「與我拿蒲團過來！」龍牙雖知臨濟藉此要他過來，方便打他，依舊恭敬遞過蒲團；臨濟接過蒲團，拈起拄杖便打；龍牙依舊不會，仍道：「您老要打就任您打，我還是一樣看不見祖師西來意。」

後來龍牙居遁禪師悟得，於龍牙山弘化時，有僧問云：「師父您以前行腳時，曾問二位尊宿祖師西來意，不知那二位尊宿是否已經開悟？」龍牙禪師卻道：「那二位尊宿倒是眞正悟道的人，然而依舊是看不見祖師西來意。」

禪門學人，問祖師意者甚多，然同樣是問祖師意，就是龍牙奇怪：悟前道是不見祖師意，悟後仍道是不見祖師意。若悟後仍舊不見祖師意，不合言悟。若悟後不見祖師意，因何卻知二尊宿眼明、不是吳下阿蒙？今時諸方老宿既然各道已悟，還透得過龍牙這一說麼？

若悟得不真，誤以為靈知妄心修除妄想以後，就會轉變成真心，則將以無念靈知心為菩提心，便認無妄想時之能知能觀之心為真，墮入意識離念靈知境界中，只成個常見外道，名為外道五現涅槃之初；則不知真心之體性，亦不知所認無念靈知心是妄，便解不得此一公案。

上座欲會此意麼？且聽在下略說：龍牙禪師固然是條漢子，為求甚深了義之法，不懼禪師痛打，卻是因此難悟；若是伶俐硬漢，遭打不走，只是閃躲，一心求法，卻好悟去。龍牙不閃不躲，死於過僵，難會祖師意。祖師意之明心，須以無念靈知心，直接認取同時存在之非見聞覺知心。龍牙無有善巧，覓不著離見聞覺知之菩提真心，故云：「打即任打，要且無師意！」枉受諸方多少禪板？

及至悟後，方知能會祖師西來意者乃是無念靈知或有念靈知，此心能觀照非覺非觀之菩提心，能會祖師西來意；然而悟後改由不生不滅而離見聞覺知之菩提心立場觀之，便知此無念靈知心乃由彼菩提心生，藉由父母及四大之緣而有，便確定無念靈知心之虛妄，能自作證。從此遠離無念靈知心之自性，名為斷自性見，遠離常見與斷見，契入中道。

然菩提真心不觀六塵，不會六入，更不懂得聽法聞法。常住於本來自性清淨涅槃中，一向遠離見聞覺知，云何能知聽法與聞法？云何領納色香味觸？云何能會祖師西來意？是故龍牙悟後認知真心體性，轉依真心體性之後，乃由真心之立場而云：「二尊宿，明即明也，要且無祖師意！」

若有錯悟學人，堅執無念靈知心為菩提真心，來覓平實辯論者，平實便扮小丑云：「茶即任喝，飯即任吃，要且無祖師西來意！」

還會麼？

第一二六則　欽山關主

澧州欽山文邃禪師　有良禪客參次，才禮拜後便問云：「一箭射三關時如何？」師曰：「放出關中主看。」良云：「恁麼即知過必改去也。」師云：「更待何時？」良云：「好隻箭，放不著所在。」便出去。師云：「擬射三關且從，試爲欽山發箭。」良近前，許久而退，師乃打良七拄杖，良乃出去。師曰：「且聽這亂統漢，心內疑三十年。」有人舉似同安和尚，安云：「良公雖發箭，要且未中的。」其僧問云：「如何得中的？」安云：「關中主是什麼人？」其僧卻迴，舉似師，師曰：「良公若解恁麼，也免得欽山口也。然雖如此，同安不是好心，亦須看始得。」

有某老居士云：《……這顯示了禪者不可一日或缺的是安祥。人們每天少得了醬油食鹽嗎？同樣，修行人也少不了安祥。何以見得？「暫時不在，如同死人」，暫時沒有了安祥，對修行人而言，就跟死人沒有兩樣了，因為你的法身慧命已經「休克」了。各位應該知道，安祥對於禪者來說，就像馬祖、百丈所講，天天少不了的醬油和食鹽，它才是禪的真正生命，禪的真血脈。》

平實云：禪悟之內涵是唯一的、絕待的、不二的，一切真悟者所悟之內容當然也都是相同的，不許有二種及二種以上的開悟。如今卻有人新創造出一種安祥禪，以安祥境界為悟之內涵，迥異古來諸祖之所悟，謂之為新禪，不亦可乎！然而古來祖師之所悟，統以第八識如來藏為標的，以如來藏之自住境界為實相境界，豈以意識覺知心保持安祥以為證悟之標的？譬如宗門典籍所載，謂宗門之悟總以如來藏為事者，多不勝舉，且舉數例以為明證：

《大慧普覺禪師語錄》卷十五中，如是記載：【師（大慧宗杲）云：「……到這裏，打失布袋，湛堂為我說底方便，忽然現前；方知真善知識不欺我，眞箇是金剛圈，須是**藏識**明，方能透得。」】

《佛祖綱目》卷四十一載云：【祖燈禪師祝曰：「色身無常，早求證悟。時至，吾將行矣！」侍者執紙求偈，燈曰：「終不無偈便未可死耶？」侍者請益堅，乃書曰：「生滅與去來，本是**如來藏**；撥倒五須彌，廓然無背向。」投筆端坐而逝。火化，異香襲人，舍利不可勝計。】

《圓悟佛果禪師語錄》卷四：「同古同今契物契我，正體一如非生非滅；所以道：『生滅去來，本**如來藏**妙眞如性。』夫如是，則生未嘗生，滅未嘗滅；去未嘗去，來未嘗來，都盧是箇**如來藏體**眞如正性。敢問：『提舉中奉！即今在什麼處？還委悉麼？』」

《圓悟佛果禪師語錄》卷十八：「只如盡大地是**如來藏**，向什麼處著珠？盡大地是摩尼珠，喚什麼作**藏**？若明得，有轉身處，許他只具一隻眼。」

《宏智禪師廣錄》卷四：「持缽歸，上堂：『生滅去來，本**如來藏**；清淨妙明，虛融通暢。六門我，絕攀緣；三界渠，無身相。無生路上底人，識取萬迴和尚，參！』」

《永嘉證道歌》卷一：「摩尼珠，人不識，**如來藏**裏親收得；六般神用空不空，一顆圓光色非色。」

亦如禪宗所依之根本經典《楞伽阿跋多羅寶經》卷四〈一切佛語心品〉亦如是云：「**如來藏識藏**，唯佛及餘利智依義菩薩智慧境界；是故汝及餘菩薩摩訶薩，於**如來藏識藏**，當勤修學。」

由上略舉之宗門真悟祖師開示，以及達摩大師授與二祖慧可以為印證之經典——楞伽經——中佛之開示以觀，宗門禪之所悟，本即是第八識如來藏；以外無別他法可以所悟之標的，而今竟有各大山頭所有大師悉皆同心一意，各將有生有滅之意識境界安立為宗門禪所悟之標的，佛教正法之流布已至於斯，令人不能無憂也！

觀乎安祥之心，從來不離六塵中之種種覺觀；有覺有觀即是意識，睡熟即無，醒來方有；入無心定及昏迷時亦斷滅，是有生有滅之法，云何說為禪之真正血脈？云何說為禪之生命？豈非意謂宗門禪之所悟為生滅法耶？有智之人，於此應能審觀而遠離邪見。

復次，老居士云：「『暫時不在，如同死人』，暫時沒有了安祥，對修行人而言，就跟死人沒有兩樣了，因為你的法身慧命已經『休克』了。」然而法身慧命不因失去安祥而「休克」，譬如麻雀在都市中覓食，活蹦亂跳，神情緊張，無有一絲安祥，而其法身慧命所依之真心如來藏，依舊不理會牠是否安祥緊張，而繼續不斷運作，依舊不與見聞覺知相應、不觀六塵、不會六入。是故法身慧命之在與不在，無關安祥與緊張。

若依老居士所說者，是以意識覺知心作為法身慧命之所依；且依老居士之說「暫時不在，如同死人」，安祥之覺知心乃夜夜長時斷滅者，眠熟時必滅故；則一切人於夜晚眠熟時悉無安祥，應同死人無異，依老居士之定義，老居士於每夜眠熟時之「法身慧命已經休克了」，夜夜斷滅故；未審老居士於此說，復何言耶？老居士如是過失，都因知見錯誤所致，誤以六識論為基準而參禪，所墮不離意識境界，是故未免常見外道範疇，名為未悟言悟者。

祖師有時云「暫時不在，如同死人」，非謂能知能覺之心，乃指離見聞覺知之真實心。一切有情之真實法身如來藏，若須臾而離，便如同死人；一切人不可一時一刻無祂，於眠熟、昏迷、乃至入滅盡定時，莫不如是。安祥心態之在抑不在，只是意識之眾多現象之一，無關法身慧命之存亡，法身慧命所在之真實心永不斷滅故，無始劫來未曾剎那中斷故。若認安祥之靈知心為真實心，即是不明本來面目，未證本地風光；便如此一公案中之良禪客一般——不明「關中主」。關中主者，處於五蘊山中不觀六塵、不會六入、不知安祥，卻時時刻刻運行不輟而如如不動之真心如來藏也。

有良禪客者名聞當時，時人多以為是真悟者，乃至當時真悟之人亦不免隨俗稱之為「良公」。一日，良禪客參訪澧州欽山文邃禪師，才禮拜後便問：「一箭射三關時如何？」欽山禪師甫聞，便知是條野狐；關中主猶尚不知，便敢問一箭射三關後事，便點出他的敗闕：「你的眞心何在？放出來給我看看！」良禪客一聽，便知欽山已勘破他的手腳，便云：「既是如此，我便知過必改去也。」欽山云：「更待何時？」

這良禪客若就此返家參究，也就罷了；無奈此來未有收穫，不肯死心，便又亂云：「好隻箭，可惜射不著個什麼！」轉身便走向門外。欽山為剿絕良禪客之禪狐心態，便於他身後再度逼問：「你所擬的一箭射三關，暫且算你沒錯，請你試著爲我欽山發箭，把箭射我看看！」良禪客返身走近欽山，只是學人進退，不知其中道理，早被欽山勘破，便鈍置他，不作可否，看伊還能作什麼手腳；那良禪客佇待許久，未得欽山回應，不知所措而退，欽山乃打他七拄杖；可惜良禪客仍是依稀彷彿，不知欽山打他七拄杖是什麼道理；又懷傲心，不肯承認未悟，依舊裝著已悟的姿態，出門而去。欽山看他不可救藥，便向伊身後撂下話語：「暫且讓這亂統禪法的漢子，在心裡面疑三十年去！」

後來有僧人將這個當代公案說與同安和尚，同安聽了便評論說：「良公雖然射出了箭，但卻未曾射中標的物。」這僧人便問：「如何才能射中標的物？」同安和尚反問云：「關中主是誰？」這僧人若知，正好向同安和尚打一掌，便得入他方丈，討杯同安茶解渴。叵奈此僧不解，便回欽山，舉說同安語話。欽山聽了便道：「良禪客若懂得這樣，也免得欽山多嘴多舌。雖然是這樣，同安和尚不是好心，也須用眼看，才能悟入。」

今時諸方老宿新秀之以安祥自然為悟者，還知欽山與同安落處麼？若知，即得與欽山、同安把手共行，自然見得良禪客野狐尾巴。只如同安和尚云：「良公雖然發箭，要且未中標的。」為什麼落他欽山禪師語話？說同安和尚不是好心？同安究竟是好心、不是好心？

天下說禪者浩浩，多如良禪客一般，箭亦不曾見過，便敢虛空亂射，學祖師作略，用來籠罩人；這種禪狐，正好同欽山一般打他七拄杖，何可說他發箭未中的？然良禪客世俗地位崇高，同安不免為他留些面子，說他發箭未中。實則未曾見過禪門弓箭，云何解射？故說同安不是好心，由著良公繼續亂統，不解禪門規矩綱宗。諸方老宿新秀欲會麼？且到正覺講堂，看在下彎弓搭箭射向半空。且道：這一箭射不射著關中主？

也須看始得。

第一二七則　玄沙盲聾

福州玄沙師備禪師　有時垂語云：「諸方老宿盡道接物利生，且問汝：只如盲聾瘂三種病皆具之人，汝作麼生接？若拈槌豎拂，他且不見；共他說話，耳又不聞；口復瘂。若接不得此人，佛法盡無靈驗。」時有僧出曰：「三種病人，和尚還許人商量否？」師曰：「許！汝作麼生商量？」其僧珍重出，師曰：「不是！不是！」（法眼云：「我當時聞羅漢和尚舉此僧語，我便會三種病人。」雲居錫云：「只如此僧會不會？若道會，玄沙又道不是；若道不會，法眼為何道：我因此僧語，便會三種病人？上座！無事上來商量，大家要知。」）

臨濟義玄禪師有時云：「隨處作主，立處皆真。」有某位教禪聞名四海的名師解釋云：「若能隨處作主，處處都是真的。『真』是沒有你我、是非、利害、得失，也就是超越常情凡情，凡情就是執著、放不下。到了立處皆真的時候，本來面目就出現了。」

平實云：古今中外，多少名師錯會，總將能知能覺處處作主之妄心認作本心，猶如此位名聞四海之大法師云：「若能隨處作主，處處都是眞的。」落入意根之遍計執性之中，將依他起性的意識心與意根合併而執著之，正是博地凡夫，同於常見外道，迴無差異。

須知臨濟義玄禪師此話乃是悟後語，意謂證道之人以真心為主，親見能知能作主之心虛幻不實，乃由真心如來藏而生；然真心如來藏於一切處皆是生命之根源——隨處作主人，卻不對六塵中之一切事有所取捨，是故於一切境界上皆不作主。若悟得此真心，上生天宮乃至下墮地獄，立處皆真——皆是真心，臨濟絕非教學人以靈知心隨處作主，名師誤會大矣！若隨處作主，正墮識陰我見與我執，不免永沉三界輪迴，無有了期。所以者何？真心於一切處（上自天宮下至地獄）皆作有情之主，能生天人莊嚴受樂身，亦能生地獄極苦報身，然真心自身卻又無所住、無所著，從來不自己作主，一切皆秉作主的末那心之意志而行，末那則依能覺能觀之意識心而作分別判斷，真心如來藏依業種任運而為，從來不作主。

其實吾人能覺能觀之心，隨處分別你我、是非、利害得失。此諸分別乃以六塵中之覺觀為之，分別完成後方始出現語言文字。有智之人聞平實此言，隨於四威儀中返照覺觀心自己之運作，便知吾言不虛，便知無語言時之覺觀心乃虛妄分別之心，亦是間斷生滅之心。此覺觀之心設使能修至不分別你我是非、利害得失時，入於定中之際，尚能分別定境法塵，絕非真正無分別之心也。如是定中微細靈知心尚且虛妄，何況五塵中處處作主之心，隨處堅執「我喜我厭、我要解脫」？此乃生死之根本。此心不死，永淪六道，不可得脫。誤解臨濟之意，便教生徒應處處作主。依此而修，永沉生死；如此開示學人，後世因果大矣！

君若不信，且看此一公案：玄沙師備禪師有時垂語云：「諸方老前輩，都說是在接引利益眾生，我倒是想要問你：只如既盲又聾復啞，三種病皆具足的人來求宗門真悟之道，你要如何接引他？你若拈起木槌、豎起拂子，他且看不見；你若對他開示，他又聽不見；偏又是個啞吧。你若無法度此人開悟破參，你的佛法就一點兒都不靈驗了。」當時有一僧人出列云：「具足這三種病的人，和尚還容許有人說嗎？」玄沙禪師云：「可以，你又怎麼說他？」其僧珍重而出，玄沙禪師曰：「不是！不是！」

清涼大法眼云：「我當時聽到羅漢桂琛和尚舉説此僧話語時，我便體會到同時具此盲聾啞三種病的人。」雲居錫禪師聞後便向徒弟們道：「只如這個僧人究竟會了？或是不會？若説他會了，玄沙禪師又説不是！若説他不會，清涼大法眼爲何卻道：『我因爲這僧人所説的話，便懂得這三種病具足的人』？諸位上座！沒事的話，何妨上來商量商量？大家都想知道呢！」

法眼會得，乃是真心；真心之性，不見不聞不覺不知，又復無口，何能隨處作主？法眼甫聞和尚羅漢桂琛禪師説此僧語，當下便會。若然，此僧應是悟者，玄沙師備禪師云何復謂此僧所會仍然不是？千年前，雲居禪師已有此問，只是少人會。如今海內外標榜開悟之聖人，多如過江之鯽，可有會得玄沙禪師意在何處者麼？若會不得，枉稱開悟，自居賢聖，難免大妄語之嫌，還須早早算計捨壽之時應將何對，方能杜得閻王老子大口。若否，還需下心請益無眼、無耳、無口之人始得，免得來日災殃。

玄沙禪師道場不大，門徒非眾；然卻貶剝諸方，名聞天下。玄沙禪師此段垂語，正欲鍛鍊徒眾度人之善巧方便。此僧方聞，即知説話，便向玄沙道出關中主。然玄沙意在鍛鍊徒眾，令彼體會度化盲聾啞病人悟入法身之善巧，是故連云不是。

只如今時諸方老宿新秀，若遇盲聾啞三病具足之人，來求開悟時，欲如何度他？汝若告訴他：「處處作主之心是菩提心。」他且聽不見；汝若筆書以示，他又看不見，古時又無點字可用，他口又啞，又不識字，且道：汝如何度他？若度不得他，汝所悟佛法便無靈驗，枉稱開悟，於自於他復有何益？且道：佛法利害在什麼處？

第一二八則　玄沙白函

福州玄沙師備禪師　師一日遣僧送書上雪峰和尚，雪峰開緘，唯白紙三幅，問僧：「會麼？」僧曰：「不會。」雪峰曰：「不見道：君子千里同風。」其僧迴，舉似師，師曰：「這老和尚，蹉過也不知。」（東禪齊云：什麼處蹉過？若的蹉過，師豈不會弟子意？若不恁麼會，玄沙作麼生？若會，便參取玄沙。）

有某大法師云：《修行的過程中，**妄念**的力量漸漸微小，**淨念**的力量漸漸增強，直至**妄念的力量完全消亡**為止，故亦稱禪宗的法門為殺人劍，唯取無明之頭；亦稱此法門為活人劍——**妄心死後**，**真心顯露**，六根由真心作主宰，而能永無憂惱恐怖，顛倒夢想。》

平實云：古今中外，多少法師居士錯會禪宗；每以為須將妄心打死滅卻，方能顯出真心法身。由此邪見故，四處禪寺中處處張貼：打得念頭死，許汝法身活。意識念頭若不再出生了，處於一念不生境界中的覺知心，即是常住法身。殊不知異生凡夫於妄心未死未滅之時，真心依然分明顯露，絲毫不曾遮隱；只是未明心而不自知，是故智慧不生爾。故不需待妄心死已方顯，何況要待念頭打死而不再生已方顯。此一當代名師不曉，誤信錯悟古德之語，勸人消除妄念妄心，每謂語文妄念消除之後覺知心即變成真心，正欲於妄心死後顯露真心，此即未悟凡夫之邪見。

妄念者，意識心之所生，意識心所相應之境界；妄心者，佛說為七轉識，錯悟者所執無念靈知而能作主之心是也。妄念只是意識所住境界，妄心七識心則是間斷非常，即使修至全然離念之時，仍然非是真心；此位名師誤認此意識與意根妄心為真，故教人消除妄念、增長無妄想之淨念，錯以靈知心之有無妄想而區分為真心妄心，其實從來同一妄心。猶如獮猴，不因著衣戴冠而變為人，亦不因剃除毛髮而變為人，本質是猴故。靈知作主之心亦復如是，本質從來都是妄心，不因消除妄想而變為真心，本質是妄故。

若無念靈知心本來是真，即應此心能住無餘依涅槃中；則不應理，無餘依涅槃中無有知者覺者故。一切有情若入無餘依涅槃，三世諸佛亦覓不著，無心行故、寂滅性故、無知覺故、離六塵故；然而無念靈知心不具此體性，不能住於涅槃中；唯有真心如來藏具此體性，方能安住迥無六塵之無餘涅槃中。若無念靈知心能住於涅槃中者，佛即不應宣示三法印云「涅槃寂靜」，以無念靈知心必須依六塵之局部或全部才能生起及存在故；如是正理，有智之人皆能現前觀察求證故；必須滅除六根、六塵、六識已，方能成為無餘涅槃故。

然諸有情若入無餘依涅槃，即不能成佛，不能成就一切種智故、種智不圓即不能成佛故。一切種智者，真心如來藏所蘊一切有漏無漏法種之究竟了知之智慧也。禪宗之悟乃證得如來藏心體，名為法智；由得法智，即能現觀一切有情悉有此心，平等無二，名為類智，猶未得一切種智。得類智後修學《攝大乘論、成唯識論、……》，以所悟之如來藏配合妄心加以體驗，於四威儀中（包括定中及眠熟無夢中）加以體驗，了知八個識之聯繫運作，深入其微細極微細處而體驗戒定慧三學，方名修一切種智、得一切種智。

一切種智須至佛地方得圓滿。若未證得如來藏，不得類智，即無能體驗七八二識之運作，便將以意識思惟般若空，撥無七八二識——否定末那識及如來藏阿賴耶識；則此人所知之般若空法即成「由斷滅論衍生之大戲論」，將因緣所生法之因法捨棄，而專說緣法——緣起性空之理故。則成無因有緣

——一切法皆無因有緣而起、無因有緣而滅，成為**無因唯緣論**者。如此否定如來藏阿賴耶識而說般若空之人，皆名未見道人；何以故？聲聞初果聖者雖然未證如來藏因，尚不敢離因而說緣起性空之理，何況大乘菩薩初果證得如來藏因，豈敢離如來藏因，而說緣起性空之理？

自古以來迄至於今，禪門之中錯認無念靈知心為真心者，比比皆是；真悟祖師為慈憫故，多所破斥；密宗歷代祖師則等而下之，十之八九屬於錯悟；自古以來，真悟之密教祖師猶如鳳毛麟角，極難值遇，唯於覺囊派中見之，可惜已被黃教誣為外道而消滅之。至於聲聞種姓者錯執般若空為小乘緣起性空，而撥無真心如來藏之人，更無論矣！

若證真心如來藏，轉依其不生不滅、不來不去、不一不異之空性，已知無餘涅槃中之本際，本無所得所失，則執著日輕，妄念貪著自然日減，乃至證得無餘依涅槃而不畏生死、不入涅槃，常住世間自度度他。故禪宗之法稱為殺人刀，能取大乘法中無始無明及小乘法中一念無明之首級；亦稱為活人劍，能令參禪者證得無相涅槃法身如來藏，令般若實相智慧出生故。然非先斷無始無明及一念無明而後證如來藏法身，乃因證得如來藏法身，由其不生不滅而無所得之空性智慧現起，後斷無始無明、一念無明（無始無明須至佛地方能斷盡），若不知此，不名大乘證悟，必錯認無念靈知心為真故。

此諸正理甚深極甚深，難知難解，平實依《成唯識論》講述此理居滿二年半，迄猶未盡，而況短文能盡其理？一切種智則且置，只如海內外諸方老宿新秀，說禪者浩浩，頗有頓得法智、類智者否？頗有實證如來藏者否？

如來藏空性真實可以實證、可以體驗，般若空法所說者即此如來藏之空性也。若未證此空性而精研般若空之人，必錯會般若空，終究難免歸之於無因有緣之緣起性空，反責證得如來藏者為自性見，而將七八二識否定，歸納為佛教哲學。如此弘法者名為破壞三乘正法之根基，乃竟斥責護持如來藏一切種智妙法者為自性見，寧有斯理？（讀者欲知詳情，請閱拙著《真實如來藏》可知）

若無如來藏真心可證，則禪宗歷代諸多祖師，豈非個個裝聾作啞，甘受欺騙？寧有上智之人甘受欺騙，於一生之中含辛茹苦弘揚禪法？有智之人稍加思惟，便知其理。無智愚人，不必論之。

譬如玄沙師備禪師，一日遣僧送書上致雪峰和尚，雪峰禪師開緘，只抽出三張空白信紙，未寫一字，便問送函僧云：「會麼？」其僧懵懂，便道：「不會！」雪峰放過，輕描淡寫道：「你沒聽人說過嗎？君子雖然相隔千里，卻同一鼻孔出氣。」此僧依舊不會，回到玄沙說與其師玄沙師備聞。玄沙聽完便道：「我的老師父，錯過時機了還不知道。」

東禪齊禪師聞後，便拈向諸方老宿而問：「是什麼地方錯過了？若說是眞的錯了，雪峰和尚身爲玄沙之師，豈眞不知弟子玄沙之意？若不作錯過來體會，那麼玄沙所說錯過，又是什麼道理？若人眞正會得，便認得玄沙禪師的本來面目了。」

話說雪峰打開信函，抽出三張信紙，未見寫有一字，便知玄沙之意，乃問送信僧云：「會麼？」諸方老宿新秀且道：雪峰意在何處？又問：「因何但見白紙三張，便知玄沙之意？」莫有道得者麼？何妨相見，受平實一拜？

雪峰雖知玄沙之意，然尊重弟子玄沙故，不欲收彼送信僧為徒，乃於詢問「會不會」之後，便輕易放過，只道「君子千里同風」，即將送信僧遣回。平實則不然，便將彼僧遣回，臨行咐囑：「路上小心！」也免得玄沙口舌，亦免東禪齊聽了拈向諸方，害諸方老宿噤口！且道：

雪峰問「會麼？」意在何處？
玄沙道雪峰和尚蹉過，意在何處？
東禪齊拈向諸方，又意在何處？
平實咐囑彼僧云：「路上小心。」又意在何處？
諸方開悟老師欲會麼？試到正覺講堂來，來時路上小心。

第一二九則　玄沙識心

福州玄沙師備禪師　開示云：「夫出家之人，識心達本故號沙門。汝今既已剃髮披衣為沙門相，即合有自利利他分。如今看著，盡黑漫漫地，如黑汁相似；自救尚不得，爭解為得他人？」

平實云：在大乘佛法中出家者，主要目的應是自度、度他。若在淨土宗寺院出家，應修學念佛三昧，並教人修學念佛三昧。若在禪宗寺院出家，應求明心見性，並教人明心見性，方不辜負剃髮披衣沙門之相。只是上座既已在禪宗寺院出家恁久，可還有入處麼？若自未開悟，焉能悟人？自不能度，何能度他？

只如**識心達本**一事非是小事，古今多少名師錯會。如何是心？所謂真心、法身、如來藏、真如是也。此一本心微細難會，不在見聞覺知之中，遠離能所分別。不但末法時代難悟此心，古時甚多名師亦復錯會。如今台灣亦有名師說禪時云：「道家所說的識神即是佛家所講的第八識，這第八識是生滅的。」如此說法，不是證悟之人；如此說法，乃是心外求法之佛門外道，

《楞伽經》中佛說為謗菩薩藏者，成就一闡提重罪，謗如來藏為妄心故，如來藏是法界常住、法爾如是之實相心故，正是世出世間萬法之根源，是哲學中所說宇宙萬有之第一因，亦是三乘菩提之根本故；由是緣故，佛說謗如來藏者為謗菩薩藏人，罪名為一闡提——善根斷盡。

道家所說的識神並不是佛家講的第八識，而是中陰身，一般人說為靈魂。第八識名為阿賴耶識，亦名阿陀那識、心、異熟識、無垢識，即是禪門所說的真如法身——如來藏，即是阿含經、般若經所說之空性，不是蘊處界緣起性空的斷滅、空無。第八識如來藏非生滅、非不生滅，非斷非常，非來非去，名為中道。禪門參禪開悟明心，即是證得第八識，體驗祂的體性與運作而破無始無明。

菩薩修學般若波羅蜜，若修祖師禪，於第七住或初地（未離胎昧故）開悟明心，證得阿賴耶識而破無始無明；若修大乘禪，於修得第四禪後開悟明心而進入初地，是緣於根本禪定之配合而易於通達般若，故能迅速進入初地中，然亦是證得此阿賴耶識，不外於此第八識。三賢位菩薩於證得第八識如來藏時，便轉第六識生起妙觀察智，轉第七識生起平等性智，此是下品轉識成智之初分，名為第七住菩薩。六七二識於第七地斷盡一念無明而進入第八地時尚有中品轉之圓滿；甫入初地時，則是二智之中品轉所生初分。七地滿心轉入八地時，是上品轉之初分；於最後身菩薩位斷盡無始無明而見性成佛時猶有上品轉之圓滿，此時妙觀察智及平等性智方才圓滿。

在第一次開悟明心及眼見佛性、六七二識同時進行下品轉識成智時，此第八識依舊名為阿賴耶識。此識又名藏識，是一切有情眾生之生命本源。此識於七地滿足，斷盡一念無明進入八地、六七二識中品轉識成智圓滿時，方捨離阿賴耶識之名，已斷分段生死故，不再積集分段生死之煩惱種子故。然猶不得名為佛地真如，尚有識種異熟流注生滅，仍有變異生死故改名異熟識。直至最後身菩薩之六七二識上品轉識成智而成佛時，已斷盡變易生死，永無識種流注生滅轉換，具足一切智、一切種智、道種智，此識方生大圓鏡智，方名無垢識——真如（或少數人所謂之第十識）；只改其名，不改其體，依舊是因地時之第八識心體，是故不可說此識是虛妄的、應滅除的。

成佛時真如心之體依舊是阿賴耶識心體，阿賴耶識之體永無生滅，永不毀壞，直至成佛；只是其中蘊藏的染污種子都已轉易清淨而不再有變異生滅故，捨棄異熟識名，改名無垢識。此心不論是在悟前或在悟後，始終遠離能所分別，永不壞滅，從來不在六塵中領受故，又名無分別心。清明覺照之心——無念靈知心——只有一期生死而不能延續至未來生，又在六塵中時時了知，了知即是分別；又是夜夜眠熟即告斷滅，次晨方能再度生起，是生滅法。此阿賴耶真心之體雖無生滅，但其體中有識種流注生滅不斷，佛地方盡，故云「**非生滅，非不生滅，非斷非常，名爲中道。**」《解深密經》中，世尊云：「**阿陀那識甚深細，一切種子如瀑流；我於凡愚不開演，恐彼分別執爲我。**」即謂此第八識如來藏也。

禪宗開悟明心以及眼見佛性時所證得之真如法身，其實是阿賴耶識，方便說為真如。證得阿賴耶識之人即非凡夫，即是有智之人，非唯階於第七住中，亦得聲聞初果之斷三結智慧。但明心時所證得的阿賴耶識中，仍有一念無明之欲愛、色愛、有愛住地等三種起煩惱種子及無始無明上煩惱猶未除盡，仍有無數微細識種剎那生滅現熏，流注不斷，故第一次明心見性時雖破無始無明及斷一念無明之見一處住地，仍不等於成佛。禪宗所謂「一悟即至佛地」，乃是**相似即佛**或**分證即佛**，證得如來藏。至於密教所謂「即身成佛」

之祖師，十有八九猶在觀行即佛階段而已，尚未證得如來藏心之所在，尚在觀行位之中，猶未是相似即佛，何況是究竟佛？

若說此第八阿賴耶識是真，其奈帶持有漏種子，妄習若未除盡，菩薩不免迷妄為真，必將隨虛妄習氣種子瀑流輪轉生死。然亦不可說此識非真，若說此識非真，其奈此識之體即是真如之體；若棄此識而覓真如，必將棄真就妄，便成心外求法，欲求證得真如法身，永不可得，亦不免流轉生死。故知此識非是生滅，非不生滅，更非道家所說之識神，而是佛家了義經中所說之如來藏、法身。此識之真與非真，極難說明，故　世尊對凡夫及無智之阿羅漢等人都不開演此法，難解難信故。

如契經　金剛藏菩薩云：「如是賴耶識，出於習氣泥；轉依得清淨，佛菩薩所重。如是賴耶識，是清淨佛性；凡位恒雜染，佛果常寶持。」又云：「如是賴耶識，與諸分別俱，增長於生死，轉依成正覺；善修清淨行，出過於十地，入於佛地中，十力皆圓滿；正住於實際，常恒不壞滅。」故第八識是盡未來際永不壞滅的，不是一生存在而已。故又云：「佛說如來藏，以爲阿賴耶；惡慧不能知，藏即賴耶識。如來清淨藏，世間阿賴耶，如金與指環，展轉無差別。」

菩薩欲入修道位之前，應先見道，見道即是開悟明心，明心即是禪宗之破初參——證得阿賴耶識。破重關即是眼見阿賴耶性——眼見阿賴耶識心體之見分。欲證得此阿賴耶本心，應依祖師禪之法參究，最為迅速。若修大乘禪，須先修得四禪八定。若修如來禪——存三守一，是十地菩薩所修（詳金剛三昧經），此等皆非末法佛子根性所能修。

平實一向勸人先修祖師禪——公案禪，悟後補修禪定及念佛觀行功夫，及與唯識增上慧學，將來亦得入地而具足大乘禪功德。但祖師禪淆訛滋甚，古今多少顯密名師含糊籠統，自以為悟，故於公案不能通達，若解說公案輒錯誤連篇；皆因所悟不真，未具道眼故。若人誤認阿賴耶識只有一生，誤認阿賴耶識是生滅妄心，必成佛門外道——棄真為妄，於真實心之外以求佛法，名為「惡慧」。

欲於阿賴耶識本心之外再求本心者，永不可得，永無悟處。若於阿賴耶識之外覓得本心者，彼所謂之本心必定是妄。若以虛空中之能量能力為本心者，彼是想像所得，亦是錯「悟」。若不信末學之言而以悟者自居，大妄語業便告成就，有智學人不可不慎。

如今亦有大、小禪師，遇有學人問其已悟未悟時，輒言：「我有沒有開悟並不重要，重要的是我能幫助你開悟。」猶如玄沙禪師此一開示云：「自救尚不得，爭解爲得他人？」彼諸大、小禪師有時又籠罩人曰：「開悟的人從來不說他已經開悟。」隨即顧左右而言他。稍後話鋒一轉又云：「我從來不說我已經開悟。」如此暗示他人，謂己已悟；禪子迷於彼師之大名聲，竟信其語，見怪不怪，一味迷信而隨學之；若不改正錯誤知見，欲求宗門正法之昌隆，無有是處。

平實上來猶如老奶奶一般，嘮嘮叨叨為人，不似宗門下事。譬如玄沙師備禪師所云，識心達本乃沙門之本份事；只不知上座識得本心否？

若嫌耳聒，且向竹園挖竹筍去好！

第一三〇則　玄沙明珠

福州玄沙師備禪師　僧問：「承和尚有言，盡十方世界是一顆明珠。學人如何得會？」師曰：「盡十方世界是一顆明珠，用會作麼？」師來日卻問其僧：「盡十方世界是一顆明珠，汝作麼會？」僧曰：「盡十方世界是一顆明珠，用會作麼？」師曰：「知汝向山鬼窟裡作活計。」（玄覺云：「一般恁麼道，爲什麼卻成山鬼窟去？」）

某教授開示般若智之修學云：「（修般若智的）第三個方法就是修空觀（原註：修奢摩他），把心靜下來。當我們的心一靜下來的時候，就好像一池的湖水……靜下來了，如果靜到一點波浪都沒有，就成了一面鏡子——這個心也就變成一面鏡子，周圍的山色、天空的雲影，一下子全都在這個湖水裡面映現出來了，清清楚楚的；就我們的心來講，就是世間的事情一下子也就明明白白呈現在心中。這種明明白白就是般若智，沒有經過思惟，就像鏡子裡面的像；鏡子沒有思惟，東西清清楚楚地呈現在鏡子裡面。我們的心如果就像這一面鏡子，所有萬事萬物清清楚楚地呈現在心中，你不是對萬事萬物都清清楚楚了嗎？**沒有經過思惟就清楚**

明白，這樣的智慧就是般若智；佛法特別給這一類型的般若智一個名字，叫做大圓鏡智。」

平實云：大學教授地位崇高，平實極為敬重；然如此說法誤導眾生，平實則不能苟同。所謂般若智，乃是證得如來藏（果地為佛地真如）空性，因而確認眾生清楚明白、未經思惟的靈知心虛妄，獲得法智與類智，無生忍現前，能以三乘法義互通印證，方名為般若智。今觀此位教授以覺知心無念時對境了了而知之了別境界，作為佛地所證之大圓鏡智；以如是了知覺知心自己能離語言思惟而了知外境，作為般若智；便似三歲小兒將加減乘除誤認作微積分一般，夸夸其談而大言微積分等學問，致令所有教導微積分之大學教授們聽聞之後，忍俊不禁。

此謂清楚明白而無思惟之心，能處處了別境界，是分別心，非寂滅性，非涅槃心；佛說真心離見聞覺知、非覺非觀故。靈知心覺觀具足，與涅槃不相應，不能住於涅槃中。清楚明白而無思惟之靈知心，自認虛妄，自願斷滅永不復起，唯餘如來藏非覺非觀，真寂滅性，永不於三界中受生，方是《阿含經》中佛說涅槃之本際也。菩薩實證無餘涅槃中之本際已，了知無餘涅槃其實是本已存在的，並非因修而得，名為證得本來自性清淨涅槃；異於二乘無學聖人所證之有餘、無餘涅槃必須修行以後方證，是故二乘無學聖人若聞菩薩所說本來自性清淨涅槃之本來性、自性性、清淨性、涅槃性時，悉皆瞠目結舌而茫然無知，尚難對語，何況廣說？

如是本來性淨涅槃方是菩薩之所應證，證已即通般若實相智慧，即是宗門禪諸祖之所悟也！今觀某教授所謂般若智，純屬意識心相應之別境心所法境界；謂意識相應之別境心所法，於有語言思惟及無語言思惟之狀況下，皆能了知六塵中之境界。此別境心所法總有五種：欲、勝解、念、定、慧（了境慧）。如是心所法，正是意識以自我為中心而導致無法遠離我見、常見之動力；由如是五種別境心所法，導致意識能反觀自己、能了知種種六塵、思惟種種諸法而誤計自己實有，不斷熏習意根而產生我執、我所執，正是助導眾生輪迴生死之法；此教授卻教人要認定：意識處於無念時所住之了知能力（了境慧）為般若智，即不能自外於常見外道也！

舉凡有情，皆有如是了境慧，而以人類最為具足；然而了境慧正是我見與我執之根源，導致眾生以覺知心自我為中心，錯認自我為常住不壞，皆肇因於了境慧，是故了境慧正是有情輪轉生死之根本。若人不能了知如是正理，即是具足解脫道所應修斷之無明，名為見惑、思惑具足之凡夫。而今教授竟教導徒眾應墮入如是無明之中，又妄謂為大乘法中之般若智，未免宗門祖師天地懸隔之譏。

又大圓鏡智須最後身菩薩於人間明心時方能頓得，此唯究竟佛地方有。今此教授誤認清楚明白而無思惟之意識心為常住真心，名為錯悟，名未見道，尚不能斷除聲聞所斷我見，焉得佛地大圓鏡智？若得大圓鏡智，名為圓滿一切種智，世出世間一切法無有不知者。今汝認為證取清楚明白而無思惟之靈知心為得般若智、名為大圓鏡智，則應已成佛，無所不知。敢問教授：「玄沙師備禪師此一明珠公案，上座還解得否？」若解不得，名未見道人；未得見道之般若總相智，更無見道位之後得智，乃是尚無別相智者，尚不能階第七位，仍非三賢位菩薩，遑論佛地之大圓鏡智？博地凡夫而僭稱為開悟聖者，或暗示自己已悟，名大妄語，來世泥犁尤重純苦長劫果報，不可不思！

有僧問：「承蒙和尚開示：『盡十方世界是一顆明珠。』參學人應如何才能體會？」玄沙師備禪師答曰：「『盡十方世界是一顆明珠』，還要體會他作什麼？」玄沙禪師次日卻反問彼僧：「『盡十方世界是一顆明珠』，你如何體會？」彼僧答曰：「『盡十方世界是一顆明珠』，還要體會他作什麼？」玄沙禪師便曰：「我就知道你在山鬼窟裡混生活，落在無明深坑之中。」

玄覺禪師聽聞玄沙師徒這一段對答，便拈向諸方老宿，問云：「玄沙禪師之徒所說，和玄沙一模一樣，為什麼卻變成山鬼窟裡的活計？玄沙究竟意在何處？」汝今既得大圓鏡智之智慧，還能會取玄沙及玄覺之意麼？若會不得，只成個知解宗徒；所言禪門中事，盡是鋸解秤錘；若真會得，卻將前說諸書一把火之，盡改前言，超凡越聖。

玄沙云：「盡十方世界是一顆明珠。」其意要且不在大地、不在明珠、不在無念靈知心上，亦不在此一句話上；此僧不解玄沙禪師絃外之音，落入玄沙禪師語脈中，便問：「如何得會？」然而此事若會，當下便會，不假思惟；如果錯過，必然轉思轉遠；愈分析，則錯得愈嚴重，故玄沙云：「『盡十方世界是一顆明珠』，體會他作什麼？」此僧不知玄沙真意，便道放下一切便是，不必參禪、不必求悟、不須參究。

次日玄沙欲令此僧自知未悟，便故意問云：「『盡十方世界是一顆明珠』，你如何體會？」此僧便將錯會玄沙之意呈稟：「盡十方世界是一顆明珠，還要體會他作什麼？」若是平實則不然，便向玄沙扮鬼臉呈云：「『盡十方世界是一顆明珠』，不須另會！」也免得玄覺禪師後來拈向天下，害得諸方老宿鈐口。

只如「盡十方世界是一顆明珠」，玄沙亦如是道，此僧亦如是道，平實亦如是道，云何卻教玄覺禪師不得不鈐口？

教授欲會麼？且提兩袋白米來！

若猶不會，在下奉送一根扁擔！

第一三一則　玄沙慚愧

福州玄沙師備禪師　韋監軍來謁，舉「曹山和尚甚奇怪」，師乃問：「撫州取曹山多少？」韋卻指傍僧云：「上座曾到曹山否？」僧曰：「曾到。」韋曰：「撫州取曹山多少？」僧曰：「一百二十里。」韋曰：「恁麼即上座不到曹山。」韋卻起，禮拜師。師曰：「監軍卻須禮此僧，此僧卻具慚愧。」

（雲居錫云：什麼處是此僧具慚愧？若檢點得出，許上座有行腳眼目。）

某「導師」著《勝鬘經講記》云：「本經的自性清淨心，約心性與空性的合一說，這即寂即覺的心性中，攝得無漏功德法，這樣的自性清淨心，無始以來為煩惱所染。凡真常唯心論的**自性清淨心**，是有**空寂**、**覺了**、**淨法功能**三義的，與中觀及唯識義不同。」

平實云：此「導師」因未破初參故，覓不著如來藏，不知如來藏離見聞覺知、非覺非觀之體性，故認為《勝鬘經》所說之自性清淨心——如來藏，又寂靜又有覺知，具有覺了的功能。此名不解《勝鬘經》之凡夫。何以故？《勝鬘經》始終不曾說如來藏有覺有觀故。

又如來藏從來不與別境心所法相應，是故不可能具有六塵中的覺了功能，更不可能有證自證分；既無證自證分，當然不可能返觀自己的心行是否有染淨，又如何能有淨法之功能？當知菩薩證得如來藏之後產生了清淨自己的修行過程，乃是將無常而染污的自己，轉依常住而且本來清淨的如來藏，開始改變自己以前有染之心行，致使自己漸漸清淨；並非是如來藏自身有主動轉變意識覺知心及意根的功能，是故某「導師」不應說如來藏具有淨法功能；唯有能與別境心所法相應的意識覺知心，方能具有主動淨法的功能。由是故說此「導師」所說，違教亦復悖理，名為未見道者。

此「導師」將如來藏思想及禪宗之修證歸納為：「真常唯心系」思想，本無大誤，然因尚未親證如來藏真心，乃隨順錯悟禪師所說真心寂照覺了之觀念而生誤會，以意識思惟研究禪宗及般若中觀教法，落入直覺之中，不離意識之心所法而產生如此之邪見，認定「真常唯心」之如來藏**有知有覺、即寂即覺**。則三乘諸法因之不能貫通，自生衝突，便傾向於否定自性清淨心法——如來藏勝義——將如來藏勝義當作是一種思惟所得的思想。然禪宗真悟者所證之如來藏體性，非如此師所說「即寂即覺，具覺了功能」，而是完全符合中觀及唯識義的究竟法。此師不知，誤會經義，便誤以為真常唯心與唯識及中觀所說不同，其實全屬自意妄想錯會之後的謬說。真常唯心、唯識種智、般若中觀所說，從來互相契合而無絲毫衝突矛盾之處，只是淺深狹廣差別之不同罷了。

須知禪宗祖師及當代禪宗諸師，有真悟者、有錯悟者，魯魚亥豕、魚目混珠，可謂真假難辨；一切未具頂門眼者，不能辨之；往往失之毫釐，遂便差之千里。自性清淨心——如來藏，雖具大功德，能了知眾生心行，然卻恆離六塵覺觀，並非此師所言每日在六塵中寂靜而常覺之靈知心，亦非未經思惟之無念靈知。此師墮於意識直覺之中，名為常見外道見者；以自身之常見外道見而月旦三乘佛法，出之以書而妄評之，其過大矣！

設使有人修得非非想定，遠離欲界覺觀而名無覺無觀三昧，已是法界中最微細之直覺也！然定中仍有極微細之了知寂照心，此心仍非真實如來藏心，但已是此師之所不知者。古今多少大師錯將四禪八定中之定心認作佛說「常樂我淨」之真心，更多的是誤將欲界六塵中之無念靈知心錯認為真常唯心法中所說的真如心，便道「即寂即覺、即寂即照之靈知即是真如——如來藏」，導致修學般若空及中觀見之未悟學人，力斥禪宗所悟真心不符中觀及唯識正義，斥禪宗說有真心者為自性見；皆彼錯悟禪師之邪見，有以致之。所以者何？彼諸錯悟之大小禪師所證之真心，即彼恆處於六塵中之寂而常覺靈知心，謂彼靈知心之靈覺寂照心性為不生滅性；此實自性見者，同於常見外道。彼等般若空及中觀見之學人，對彼錯悟禪師靈覺心之評論實無差池，錯悟之禪師不應與之諍論，否則唯有自暴其短爾。

然彼般若空及中觀見之學人，若謗如來藏思想、謗真悟之人，即成誹謗三寶——謗法及謗賢聖。不知如來藏真心之體性、不解真悟者所證真心，將錯悟大師所說靈妙寂覺之心、認為即是禪宗真悟者所證之真心如來藏，便將真悟者之見地與錯悟大師之知見相提並論，全部歸類為自性見；此乃未悟般若空性之中觀見學者之大弊病，與昔年德山禪師悟前修習般若空時之虛狂，殊無二致；實證如來藏真心之般若中觀學者則不如是，已了知禪宗所悟如來藏與錯悟者自性見之差異故，已了知如來藏即是中道般若空之所依故。

未證如來藏者，不能修學一切種智——不解如來藏中一切種子運作故。未證如來藏者，若自云能修一切種智（成唯識論⋯等），無有是處。如來藏本體尚未覓得，云何能體驗如來藏中一切種子之功能差別？不能體驗故，便將唯識學歸類為佛教哲學，斥為非真佛法，此亦般若空及中觀見學者之大弊病，俱名未見道人。

不能體驗修學一切種智之人，則不能修習法空觀；彼等所謂法空觀之修習，皆唯以意識思惟體會故，必生偏差。所說般若中觀必成同於斷見之大戲論（詳拙著《真實如來藏》詳述），唯能與辯，終無實義，名為言不及義之凡夫。所以者何？彼等尚不能知如來藏所在，無法現觀如來藏之本來清淨自性，又何能現觀如來藏所蘊之一切種子？當然不知一切法皆由如來藏所蘊之一切種子出生故，則彼等更不能知一切種皆由如來藏中出生故。

彼等猶未證得如來藏體，法智、類智俱皆未得，云何能修、能說一切種智？云何能修法空觀？故說彼等所言阿含緣起性空、般若中道、唯識研究等，皆不得稱為法空觀；皆屬戲論，言不及義。皆因不知世出世間一切有為法及無為法皆由一切種所生故，而一切種由如來藏所生故。若未證得阿賴耶識（真如），云何能知唯識正義？若未證得如來藏（真如），云何能修、能說中觀及法空觀？則彼何能真知般若空及中觀真義？

唯有證得如來藏阿賴耶識（真如）者，方能修學一切種智，已能現前觀察及體驗故；唯有能修學一切種智者方能實證法空及更深入中觀，能深細體驗故；唯有實證法空及中觀者，方能真知般若空及中觀之密義，方有般若智，方名菩薩，名真佛子；已遠離常見自性見故，遠離「一切法空」之斷見大戲論故。故說唯有親證如來藏真心者，方名具慚愧者，方能遠離狂禪狂密，方能遠離般若空執及中觀見，方能遠離「一切法空」之大戲論，是真具慚愧者。

一日，韋監軍來謁玄沙禪師，舉說曹山和尚「甚奇怪」（註）公案。玄沙乃問：「監軍所駐撫州，到曹山有多遠？」韋監軍雖然官大，不妨是個老參，早知玄沙話中有刀、泥裡有刺，便手指傍僧云：「上座曾到曹山否？」僧云：「曾到。」韋監軍便問：「撫州到曹山有幾里？」此僧老實答曰：「一百二十里。」韋監軍便故作悟狀云：「若這樣說，便是你不曾到過曹山。」說完起身，卻禮拜玄沙禪師。玄沙卻云：「監軍卻須禮拜此僧，此僧卻有慚愧善心。」（註：陸亘大夫，與南泉語話次；陸云：「肇法師道：『天地與我同根，萬物與我一體。』也甚奇怪。」南泉指庭前花，召：「大夫！」云：「時人見此一株花，如夢相似。」）

斥責禪宗為自性見之諸方般若中觀學者，既然自道已證法空，必定已證我空，未證我空者不能證法空故。既證我空，還知此一公案密意麼？若不知此公案密意者，名未具慚愧善心，未證我空故；從來不懂「天地與我同根、萬物與我一如」故，親證如來藏空性者必具慚愧故，不謗第一義法及諸賢聖故，能了別真假賢聖故，能知破參開悟猶非即是究竟佛地故。

且道：韋監軍之作略，符節相合，並無差錯，因何遭玄沙訶其為不具慚愧？此僧被問，老實答云：「一百二十里。」平實即不然，待韋監軍問時，當胸便與一掌，免他裝神弄鬼籠罩人，亦免玄沙造口業，暗指韋監軍無慚無愧。更勞雲居錫禪師拈向天下：「什麼處是此僧具慚愧？若檢點得出，我便讚許**上座已具行腳眼目**。」

上座欲會般若、中觀、雲居之意麼？且請啓程，或乘飛機、或搭車船，行腳福州禮玄沙去！

第一三二則　玄沙指歸

福州玄沙師備禪師　師問明眞大師：「善財參彌勒，彌勒指歸文殊，文殊指歸佛處，汝道：佛指歸什麼處？」明眞曰：「不知。」師曰：「情知汝不知。」（法眼云：喚什麼作佛？）

某大學教授說「般若智」云：《一般所講的聰明，用的是所謂的「識心」，只要思考及反應快就是聰明；可是「**般若智**」超越思惟，是思議所不及的。那麼它是什麼呢？是一種**直覺**，這樣的直覺是每一個人都有的！這是佛法所強調的，並鼓勵我們去鍛鍊這個般若智，而且有很明確的培養方法，幫助我們把般若智發揮出來。》

平實云：此教授之知見遠勝某一教禪之大法師。彼教禪聞名四海之大法師開示「直覺、直觀、覺觀」三個層次之觀心法門，謂「直覺層次最低，直觀較高，然皆不及覺觀」。並教弟子們應時時覺觀分明，處處作主，不生惡知惡見。然如此修行無異自性見外道，不唯悖離第一義法，亦乃違背小乘涅槃寂滅之知見及方向。如此大法師，挾大名聲而誤導廣大有情，令人感嘆。

所以者何？覺觀分明者乃是意識，處處作主者乃是末那識意根，執此依他起性及遍計執性而求解脱者，無有是處，從來是凡夫及外道落處故。而此教授所讚嘆之直覺體性、此大法師所毀呰之直覺體性，反較接近第一義佛法及涅槃本心。直覺雖仍是分別心（能直接了別五塵境界而不經思惟），然已遠離善惡、人我、利害之思惟分別。覺觀之範圍則廣，不唯能分別五塵境界，亦能分別善惡人我利害，更能常常處於語言思惟之中。覺觀之心若不分善惡人我利害時，乃是以修定之作意（定心所）排除分別，並非覺觀之心本性如此，故覺觀之心乃是直覺心之末。意識若起，先起直覺，後起覺觀。直覺名覺，細觀名觀，故智者大師於止觀中說：「前心覺察名覺，後心分別名觀；粗心覺察名覺，細心分別名觀。」可知直覺在先，覺觀在後；此理粗顯，人人皆可體驗，不意以教禪為專業而名聞四海之大法師，竟如此顛倒，反不如業餘弘法之大學教授，令人再嘆！

然不論直覺、直觀、覺觀，皆非般若智，要皆不離意識境界，皆非真實心；同於自性見外道，非是佛法。然亦不可捨棄此心，此心是修學佛法及實證佛法之工具故。此心雖妄，要以此妄心而覓真心；若離此心，則不能有心來覓得真心如來藏也；故不應棄捨此直覺心，常處於無念處；應以此直覺之心參禪，尋覓另一真心如來藏之所在，否則學法一世終將一事無成，空過一生，何有學法之可言？

直覺雖仍然是妄心，但可用以尋覓真心如來藏；尋覓之時即需先了知如來藏真心之體性，方有悟處。譬如明鏡雖現一切境緣而不自照，真心亦復如是，雖現見分妄心而有種種覺觀及直覺等，亦顯現六塵等諸相分，而不自覺，離諸覺觀，云何能以自覓自、以自明自？要假覺觀妄心之覺觀、直覺，方能覓得迴無覺觀之真心如來藏。覓得真心而加以現前觀察，即能了知真心之體性，則使妄心遠離「一切法空」之戲論，即能了知大乘般若空之密義，則知佛於般若經中**隱覆說義**之密意而實證中道觀，方名般若智；便知真心如來藏與妄心意識末那，和合運作，焦孟不離。今者乃有大法師及高級知識分子，分執粗細意識，欲求般若智，並以之接引廣大佛子同入歧途，令人三嘆！

然諸大師之錯悟，自古已然，非獨現今末法。譬如唐朝咸通年間，名震四方之明真大師，一日來訪玄沙禪師，玄沙乃問明真大師：「善財參訪彌勒菩薩，彌勒菩薩指歸文殊菩薩，文殊菩薩又指示善財歸禮世尊，你倒說說看：

世尊要將善財指歸什麼處？」明真大師只得道個不知，玄沙禪師云：「明知你不懂，故意問你！」

這個公案沒啥玄妙，諸佛若遇佛子參禮，凡是菩薩根性者，皆必指歸真如、佛性。清涼大法眼聞此公案，便不懷好意地拈向諸方問道：「佛究竟是什麼？喚什麼作佛？」如今平實依教依理，多方指陳，使諸佛子明白直覺、直觀、覺觀等心皆名妄心。然則佛子若來問云：「如何是佛？」則又不可無有指歸，便將面前杯水喝已，遞與問者，大叫一聲：「不渴也！」正好下座。

第一三三則　玄沙日用

福州玄沙師備禪師　師與韋監軍吃果子，韋問：「如何是日用而不知？」師拈起果子曰：「吃！」韋吃果子了，再問之。師曰：「只這是日用而不知。」

有名師解此公案云：《……吃完果子，監軍又問：「什麼叫做『日用而不知』？」玄沙師備回答說：「你正在吃果子，我便替你拿了，你不知道還再問，這就叫做日用而不知了。」》

又云：《這個故事，諸位沒有笑，如果你們懂得禪，你們就會哈哈大笑了。他自己要問的問題，人家已經回答他，他卻不知道；當禪師說「請吃！」這是不是禪？是禪。「請聽！」這是不是禪？是禪。如果你們說只有「請吃！請聽！」才是禪，那又錯囉！》

平實云：會中有位同修閱讀此師上列解釋後，向平實云：「此師如此說禪，令人不免哈哈大笑，這哪是《禪的生活》？根本是另一個韋監軍嘛！」

昔時玄沙師備禪師出道未久，見諸方野狐禪師籠罩人，大多誤導眾生，為慈憫眾生故，便出而摧邪顯正，貶剝諸方。韋監軍後來因此仰慕玄沙之名，前來參訪。

彼時玄沙與韋監軍正吃果子時，韋監軍忽問：「如何是日用而不知？」玄沙禪師見他果真日用而不知，便拈起果子遞與韋監軍云：「吃！」韋監軍接過果子，依舊不知不覺，正似無月夜行，踩著泥水了猶自不知，送將口裡咬嚼多時，不知參究，只是急著吃完，準備再問。如此再三錯過，真正是日用而不知。好不容易吃完果子，趕緊又問：「如何是日用而不知？」玄沙無奈，便云：「你這樣就是日用而不知。」

此一公案中，玄沙隨手拈來，太過自然，不著絲毫痕跡，莫怪韋監軍毫無警覺；然而若從老參言之，韋監軍禪悟因緣猶嫌太早，大欠知見在；雖然玄沙作略未免太過老婆，韋監軍仍然無有入處，乃至絲毫相應都無。於此公案中，可笑那韋監軍不知好歹，將玄沙老婆心，一口一口吃進肚裡了，猶自請問：「如何是日用而不知？」玄沙無奈，便點云：「你這樣就是日用而不知啊！」韋監軍聽了，依舊是如此名師一般，無月夜行，不知路頭。

如今時過千年，仍有名師解云：「你正在吃果子，我便替你拿了；你不知道還在問，這就叫做日用而不知了。」如是說法，與宗門禪有什麼交涉！總墮意識知解之中，何曾與宗門禪相應絲毫？須知真悟之人說「請吃！請聽！」乃至一舉手、一投足，莫非是禪；錯悟之人說「請吃！請聽！」乃至一舉手、一投足，無非是妄；總落在生滅法中，因緣生滅，念念不離能知能覺妄心故，與常住之實相心從來不相應故。

真正參禪人，欲探禪門時，務必依止真善知識；數年依止侍奉之後，真善知識隨時隨地都能為禪者去黏解縛，剷除無邊葛藤；並為禪者建立正知正見，從此遠離識陰與意根，方有參究之正確方向；而後參禪覓心時，方能超越意識、意根窠臼，久後終有悟處，始成賢聖。若不能知此，隨於冬瓜阿師，一向籠統真如、顢頇佛性，欲求證悟宗門禪，殆無因緣，終究只能成為野狐，於禪何有哉！

當知玄沙之意，並非「你要吃果子，我便拿給你吃；你吃了還不知道我已拿給你吃，就是日用而不知。」若究其實，韋監軍之日用而不知，乃是與玄沙對揖而坐時日用而不知，乃是未問前吃果子時日用而不知，乃是玄沙遞果子與他時日用而不知，乃是接過果子送進嘴裡時日用而不知，乃是吃進肚裡日用而不知，乃是請問「如何是日用而不知」時日用而不知，非是吃下果子再問時方才日用而不知。

玄沙就身打劫，不著痕跡，卻不妨老婆；只如玄沙老婆在什麼處？

莫道一般禪子日用而不知，猶如韋監軍眼見如盲一般，如今大江南北乃至海內外諸方老宿，亦多如此一名師錯會玄沙之意，不過是五十笑百步，總是一船流浪生死海之凡夫。

只如玄沙言外之意如何？諸人欲會麼？吃果子！

第一三四則　雲門著衣

韶州雲門山文偃禪師　開示云：「我若向爾道直下有什麼事，早是相埋沒了也。爾若實未有入頭處，且私下獨自參詳：除卻著衣吃飯、屙屎送尿，更有什麼事？無端起得許多妄想作什麼？」

臨濟義玄禪師　亦示眾云：「佛法無用功處，只是平常無事屙屎送尿、著衣吃飯，睏來即臥。……約山僧見處，無如許多般，只是平常著衣吃飯，無事過時。」

某名師解云：《臨濟義玄禪師說：「不要用功，沒有用功這件事，只是累了睡、餓了吃、冷了穿衣服，吃喝之後大小解。」像這種，不是變成懶蟲了嗎？絕對不是！你要吃飯，飯從哪裡來？你要穿衣，衣從哪裡來？你要睡覺，什麼地方可以讓你睡？這都是日常生活中所要考慮的問題，只要你好好生活，就是修行。請問諸位，你們誰不吃飯、睡覺、穿衣服、上廁所？可見人人都是禪的修行者。（眾熱烈鼓掌……）你們鼓掌是鼓掌，可要修哦！怎麼修？心要修！不要像我剛才講的，像個嘴饞的貓，心裡老是東想西想、七想八想，想動腦筋做壞事情。》

平實云：從古至今，海內海外，多有此種大德，到處說禪籠罩人，總教人穿衣時專心穿衣，吃飯時專心吃飯，撒尿屙屎時專心撒尿屙屎，如此謂為至高無上之宗門禪。今此名師復教人要考慮：「衣從哪裡來？飯從哪裡來？什麼地方可以讓你睡？」教人注意這些「日常生活中所考慮的問題」，並吩咐徒眾們：「只要你好好生活，就是修行。」這些徒眾也真容易哄，從此以後在社會上好好賺錢、好好建立家庭、好好照顧家人生活、一家人好好地生活、好好地老死再出生，開示說：這就是修行！且得勿交涉！

如是大法師，對眾開示宗門禪，不免要笑倒宗門禪中多少賢聖；一切賢聖聞已，直得三日笑不停！如是宗門趣事，正是禪師家茶餘飯後消食之說也，大益消食之語，誰人免於說向他人共享、以健眾身？

雲門文偃禪師一日上堂開示云：「我如果向你說『禪這件事很玄、很妙』的話，早就是埋葬了你的法身慧命。你如果眞的找不到入手處，不妨私下獨自參一參，時時端詳著：這微妙甚深第一義諦，除了穿衣吃飯、屙屎送尿以外，還有什麼事情？好端端地認取就成了，你偏要無端生起許多妄想、思玄思妙作什麼？」

非但雲門禪師如此說，臨濟宗始祖義玄禪師也如此開示大眾說：「若論佛法，其實並沒有什麼好用功的，第一義的實證，和用功或不用功無關，祂是本來就在，不是修行清淨以後才變出來的。所以佛法就是平常無事時屙屎送尿、穿衣吃飯、睏了就睡。……若是談到佛法的見地，我卻不像你們一樣長篇大論，只是平常穿衣吃飯，無事過日子罷了。」

前舉名師開示，顯示彼師當時猶不知禪宗之開悟，其實是要以能知能覺的妄心自己，卻尋覓人人本具的真心——與覺知心自己同時存在的另一個心——第八識如來藏；卻以為覺知心自己放下一切都不執著，就是宗門證悟的禪，便如此位大法師解釋道：「不要用功，沒有用功這件事，只是累了睡、餓了吃、冷了穿衣服，吃喝之後大小解。」如此謂禪，竟也能招來許多出家、在家徒眾，名聞中外，可證此時真是末法也。

只如雲門文偃禪師，層秉臨濟法脈，同一鼻孔出氣，皆教人於穿衣、吃飯、屙屎送尿之中端詳尋覓，不教人打坐數息、枯坐修定、觀行妄念，亦不教人修除覺知心中所有的語言妄想，只說行者正在穿衣吃飯、屙屎送尿時，即有本來常住、從來不曾暫斷的法身如來存在。且道：在穿衣吃飯、屙屎送尿時，你的本來面目——法身如來——何在？

雲門恁麼老婆心切，睹面相呈，也不怕宗門斷絕去！我當時若見，一刀割掉他舌頭，亦免後世禪狐情解思量、嬲亂眾生。且道：雲門道著衣喫飯屙屎送尿是什麼意？得恁麼厲害？值得平實下手割他舌頭？

汝若向我道：「除卻妄想的靈知心，即是本來面目！」我便拈棒打汝頭腦七花八裂，還會麼？

汝若真實不知入處，有日來問平實，平實便向汝明說：寒流來了，趕快穿衣去！

第一三五則　雲門玩水

韶州雲門山文偃禪師　僧問：「十二時中，如何即得不空過？」師曰：「向什麼處著得此一問？」曰：「學人不會，請師舉。」師曰：「將筆硯來。」僧乃取筆硯來。師作一頌曰：「舉不顧，即差互；擬思量，何劫悟？」僧又問：「如何是學人自己？」師曰：「遊山玩水。」

有名師云：《禪，大家都知道是不立文字，離言說相。凡是有問有答有表示的，都不是禪，所以禪最不容易講。但我剛才跟成一法師說：「禪是最容易講的，只要**胡說八道一頓**，就能夠交差。」為什麼？反正**禪沒有東西好講，所以講什麼都可以。**》

平實云：此位名師忒也膽大，不怕因果，敢「胡說八道一頓」，便把禪的開示交差。相形之下，成一法師卻顯得「如愚如魯」，不敢也不想博取名聞恭敬。然而平實卻是最敬重這種人，老老實實讀經、觀行、修定、除性障，不似此位名師聰明膽大，敢「胡說八道」講禪。

然而，推究實質之後，當知此位名師猶不知禪是何物？從來不知學禪之目的在於尋覓未生之前的本來面目，不知是在尋覓死後入胎全無覺知心時之本地風光；誤將禪定之觀行當作是禪法，便教人數息修定，追求身心統一、內外統一、時空統一，教人追求虛空粉碎、大地落沉之境界入出有為生滅之法，將禪定修行誤認為禪——宗門般若禪之修行。便教人修除妄想達到統一狀態，再把統一的心粉碎，如此謂為開悟見性；意料之外的是，如是以定為禪，勤習終生之後，可憐竟連未到地定都不曾實證，初禪也就更別提了。如是而成為名聞四海之大法師，又以教禪而聞名，誤盡天下蒼生，不知者謂為廣利眾生，知者謂為誤導眾生之大妄語人。

如是未證言證已，上堂為大眾說禪時，便開示云：「虛空粉碎是禪的體驗或經驗，禪的體驗裡，有一個層次叫虛空粉碎、大地落沉。」「若不到虛空粉碎，大地落沉，完全著實和滿足，並且玲瓏剔透的程度，怎麼能算見性？」正是以定為禪的具體表現，何有宗門禪之點滴禪意？

然而禪子依言實修，後時體驗過虛空粉碎大地落沉境界，必將發覺：無生智仍不現前，第一義經典依然讀不懂，祖師證悟時留下之公案仍然未能通達。平實今世未離胎昧，以致初學佛時亦曾被此位名師誤導，親近修學六年，無有發明，只是出現了許多從未學過的證境——出現許多定境，亦出現往世所修之定法而自行增長了定力，卻都與此師所說迥然而異，亦是此師之所未知者。後來索性退休在家專事參禪，仍依此師之法勤修十九日夜，發覺依其禪法而修者，竟然是前無所證標的、現無觀行應有之知見、後無應得之智慧。如是檢討確定之後，即予捨棄，自己釐清方向與知見：知道禪宗的禪法貴在教人尋自真心，見自本性，便揚棄此師所授知見；於家中歷經十九日之晝夜苦參而放棄其法之後，第十九日下午改用自己釐清之後所得知見，憑藉自己自修而得之定力，方才破參。然而彼時猶未敢自信為悟，因為此師開示曰：「**必須歷經虛空粉碎、大地落沉境界後，才是眞正的悟。**」

後因修定，欲證二禪，於一九九二年七月廿四日下午初禪定中，忽然出現虛空粉碎、大地落沉境界，方知此等皆是定境，與宗門禪之開悟都不相干，乃及時幡然省覺。證知此師確實以定為禪，非唯不曾稍知明心開悟之標的，乃至話頭功夫亦付之闕如，遑論未到地定及初禪之實證，徒然學人言語而籠罩眾生，其實正是禪定與宗門禪二門，俱無實證。送出見性報告以後，又復迥無勘驗論議之事；久之，心疑，只得自行請閱藏經求證：自己之所證究竟是何？方得印證無誤。後復再蒙　世尊召見，宣示此世某事與前一世某事之關聯，然後方始確定此世之所當行者，並非偶然。於是乃有弘法利生之行，於焉始造。

然而縱觀今時諸方老宿及參禪學子，一則未曾明心，更未眼見佛性，二則不曾體驗虛空粉碎及大地落沉二種境界，無能判別此境是定、是禪？便信此位名師「胡說八道一頓」，謂彼所說虛空粉碎、大地落沈，以為至高無上禪法，反而不信在下平實之語，只因在下當時無有絲毫名氣，又復出語太過平實，又兼未現出家相故。然而此師出道弘法以來，往往破斥他人以定為禪，眾人便不疑他亦是以定為禪；殊不知此師非唯以定為禪，並且連修定最基礎之未到地定功夫亦無，連宗門禪參究之前應先修得之看話頭功夫，一樣付之闕如，何有悟緣？

只如此位大師主張虛空粉碎、大地落沉即是開悟見性，試問：「大師曾否體驗虛空粉碎、大地落沉境界？云何著作等身而不能偶一描述之？」又復大師長年以悟者姿態而說禪悟，亦多方暗示學人，使學人認定大師已悟，試問大師還能解得雲門禪師此一遊山玩水公案否？若不能解、或解錯者，名為籠罩人，反不如諸方未悟者馳求走作好。

只如雲門文偃禪師，一日因僧問：「每天十二時辰應如何修行，才不會空無所成？」便反問此僧道：「你究竟體會到什麼？能提出這一問來？」彼僧不懂得效法此師籠罩眾人手段，便老實答道：「學人不會，請和尚開示。」雲門禪師便開示道：「拿取筆硯來！」此僧根鈍，取來筆硯，猶自懵懂，渾然不知早已錯過機鋒；雲門見他不會，乃作一頌云：「我已舉示與汝，而汝都不看取，轉眼便錯過而誤會我的意旨；你想用意識思惟來求道，要到哪一劫才能悟呢？」雲門寫此一頌訶責時，要且不曾中止說法，依舊無比老婆地廣彈絃外之音，無奈此僧依舊茫然，開口又問：「如何才是我的本來面目？」正是說者不如問者親，不懂得反求於己，總是向外索求；雲門見他鈍根，只好入水和泥向伊道：「遊山玩水！」

此位大法師每每開示道：學禪必須每日打坐數息，數到靈知心統一，再將統一的靈知心放下，或體驗虛空粉碎，方可謂之為悟。且道：雲門為何不教此僧打坐、將心統一？為何反教此僧遊山玩水去？此中可有身心、內外、時空之統一？可有虛空粉碎？可有大地落沈？勸大法師莫誤導眾生好！

古今中外多少名師錯會，每以為禪師教人遊山玩水，是教人專心遊山、攝心玩水；以此錯誤知見，印於書中教導海內外眾多禪子，以為絕妙第一義諦；殊不知如是作為，正是聚集九州精鐵，鑄成天下大錯。因此引來崇尚聲聞法及般若空之未悟學者，批評禪宗之開悟明心為執有真心之自性見者；評者與被評者，二人俱有大過；破壞大乘宗門正法，莫此為甚！睽其緣由，皆此等名師錯悟之過，此中因果不小，因何不知恐懼？

大師有日若來問取平實，平實便教端一張椅子來，兩人共坐；坐已不會，便教盛兩杯茶水，四人共喝；若猶不會，便放大師三十棒。

大師受三十棒了，若猶不會，更送一帖膏藥，請您回寺貼膏藥去！

第一三六則　雲門破相

韶州雲門山文偃禪師　開示云：「莫空遊州獵縣，只欲捉搦閑話；待老和尚口動，便問禪問道、向上向下、如何若何。大卷抄了，塞在皮袋裡卜度。到處火爐邊三個五個聚頭，口喃喃舉，更道『這個是公才語，這個是從裡道出語，這個是就事上道底語，這個是體語。』體爾屋裡老爺老娘！吃卻飯了只管說夢，便道『我會佛法了也！』將爾恁麼行腳，驢年得個休歇麼？」

雲門禪師又開示云：「汝且看他德山和尚，才見僧上來，拽拄杖，便打趁。睦州和尚才見人入門來，便云：『且放汝三十棒！』有時見人入門，卻云：『現成公案！』自餘之輩，合作麼生？若是一般掠虛漢，食人涎唾，記得一堆，一擔古董，到處呈驢唇馬嘴，誇『我解問五轉十轉語』，饒爾從朝問到夜，論劫恁麼，還曾夢見也未？什麼處是與人著力處？」

平實云：鏡清道怤禪師有時云：「諸方若不是走作，便是籠罩人。」直到千餘年後，依舊適用於今時禪門諸師身上，盡是暗裡走作、明裡籠罩人之輩，徒有大名聲、大道場、廣徒眾，復何益於自他？

雲門禪師為破學人迷執禪門法相，更不惜口舌開示云：《學人不可空自遊過一州又一州，到過一縣又一縣，到處逛禪門，都無所獲；只想聽人說東說西，等到老和尚肯開口說話時，便開口問禪、問道，問向上事、向下事，問這個如何、那個如何？更將一大卷又一大卷的禪門語言抄在腦袋中，塞在臭皮囊裡去猜測。若有閑暇時，又到處圍起烘爐，或三人或五人，把頭碰在一起，將各人到處所問所聽的禪話提出來說明、討論，更有人說道：「這個是張公秀才所說的話，這個是從眞心裡面說出來的話，這個是在事相上說的話，這個是體會禪心的話。」體會你家裡老爺、老娘！吃飽了飯只管說夢話，便敢向人誇口道：「我已經體會到眞正佛法了。」像你們這樣參方行腳，驢年到來時還能得到一個休歇處麼？》這便是責備那些到處走作聽開示，不肯死心踏地停下來參究的人；其實也是暗責那些明知自己未悟卻又示人以悟的大師們，總是抄錄許多古德言語，自己私下裡揣測禪意，用來籠罩人。

雲門禪師又開示云：《你們不妨看他德山宣鑒和尚，才見有參學僧人上前參問，他拽起拄杖來，便打人、趕人；睦州道明和尚（又名陳瘋子、陳蒲鞋、陳尊宿）才見有人進得門來，便說道：「暫且打你三十棒！」有時見人入門，卻又說：「現成的公案！」除了這兩位大和尚以外，其餘那些大禪師們，能作得了什麼呢？如果是那些到處抄襲禪門表相的掠虛漢，自以爲悟的人，都只是吃了人家的口沫、涎唾，一堆一堆地記在腦子裡，更挑著一擔古人說的話語，到處賣弄驢唇馬嘴，向人誇耀說：「我懂得問轉語，甚至可以問到第五轉、第十轉。」莫說能問五轉十轉，就算你能從早上問到晚間，每天如此問上一劫，請問你曾夢見悟在什麼處麼？你又能在什麼地方幫人開悟？》這便是訶責當代未悟示悟、或向他人暗示自己已悟的諸方大師，斥責他們以大名聲而四處籠罩學人，更提出一個極尖銳的問題——你能在什麼節骨眼上為人出力？幫人開悟？

可笑末法今時亦有名師，自知未悟，恐大妄語故不敢公然承認已悟，卻巧設方便言語及作略，向廣大徒眾暗示為證悟之人；末法眾生著於表相，信以為真，膜拜供養不遺餘力。此諸師等便將信眾資財，取來興建大道場，動輒以數十億、百餘億台幣計；睽其禪法、究其宗下，則多誤導眾生；豈唯不與第一義諦相應，亦乃不通聲聞、緣覺法教，於解脫道中說為未斷我見之凡夫，三縛結俱在。於如是大環境下，何怪大乘法中之二乘法師批評禪宗悟者為自性見？何有第一義諦之可得者？

如今還借雲門大師之語，以問禪宗諸方大師及密教中自謂已成佛之上師及活佛法王們：「還曾夢見開悟成佛時是悟個什麼嗎？懂得應在什麼處助人開悟嗎？」是故禪子應當破除表相：遠離禪宗祖師言語表相、捨棄當代大師之出家在家表相、道場大小表相、學識高低表相、著作多寡表相、徒眾多寡表相，而以三乘法教予以檢查核對，莫被表相所迷，方能值遇真善知識，方能具足第一義諦之證悟法緣。若不肯先自破除表相執著，欲求宗門證悟而生般若實相智慧，永無其門可入。

有一種學人，不向本心識取，逢著善知識時亦不問本心，但問如何是三轉語？如何是三玄三要、四料簡、四賓主？如是諸問，於解脫生死有什麼相干！於親證實相復有何干？譬如蓋房子，不打地基、不造一樓，便要蓋三樓，名為愚不可救之癡人。

古來多有此等人，不但雲門罵，慧忠、玄沙、克勤、無門、雪巖諸祖早皆罵了。無奈今時仍有此種人，假藉世法宣傳，營造為大師之表相；每日以佛法正統自居，抱著法脈傳承及佛學、禪學不放，丟下自家寶藏不顧，儘學佛菩薩及祖師言語，哀哉！

且道：德山入門便打，意在何處？睦州見人入門便云：「放汝三十棒！」意在何處？有時卻向入門學人云：「現成公案！」又是什麼意？學人須知：此向上一路，如擊石火、似閃電光，一眨眼間早蹉過也。學人莫道他二人吝嗇，須知德山是我親爺、睦州是我親娘、雲門更是老婆。且道：德山、睦州、雲門親切在什麼處？上座欲會麼？且聽平實勸：

齋堂行益去！

第一三七則　雲門打殺

韶州雲門山文偃禪師　一日上堂舉：「世尊初生下，一手指天，一手指地，周行七步，自顧四方云：『天上天下，唯我獨尊。』」師曰：「我當時若見，一棒打殺，與狗子喫卻，貴圖天下太平。」

有某老居士說禪云：《有人問雲門禪師：「佛祖一生下來，剛出娘胎，他就能一手指天，一手指地，周圍走了七步，高聲說：『天上天下，唯我獨尊。』這是什麼意思啊！你有什麼解釋呢？」雲門禪師說：「有什麼解釋啊！可惜當時我不在場，我要是在的話，一棍子把他打死餵狗，貴圖天下太平。」

這個人聽了答案，大惑不解，就問另外一個禪師：「雲門禪師是不是佛教徒啊？」「是。」「他怎麼講出這種話來呢？是不是有罪啊？」「不！雲門講這段話功德無量，只這段話就報了佛的大恩，功德都說不完，哪裡還會有罪？」

他何以如此呢？我們要知道，佛出生的使命原在教化眾生，教人們向他看齊，最好能超越他。那位**雲門禪師一棒子打死了唯我獨尊的人，豈不比唯我獨尊的人更獨尊**？釋迦牟尼佛聽了會高興。為什麼？禪門有一句話：「養兒不及父，家門一世衰。」兒子如果不比老子強，家道就會衰落了；如果兒子比老子強，老子會歡喜無量，絕不會嫉妒的。……所以雲門這句話，就報了釋迦牟尼佛的宏恩，讓釋迦牟尼佛在金剛界大大放心，而慶幸家門出了這樣一個超佛越祖的子孫，如此家業會大大興旺，不會衰敗了。》

平實云：且得勿交涉！佛出人間，固在教化眾生修學佛道以出三界；然雲門禪師此一公案，且非教導眾生超佛越祖；只恁麼被老居士解說一過，即如本來美好的一鍋好粥，卻被老鼠屎給污了一般，再也不堪見聞了，更道超越佛祖，何堪齒錄？乃竟進而載之於書！何以故？為一切真悟禪師皆知：三界一切有情無有能超越於佛者。古來多有錯悟名師，以此臆度，謂雲門禪師意在教人超佛越祖。誣陷雲門，百口莫辯。如此名師，宗門真祖每謂之為滅胡種族。碧眼胡僧（達摩大師）迢迢遠從西方而來，歷盡千辛萬苦，方能在東方震旦，建立家園（禪宗），繁衍種族（出生禪門眾多子孫），其間所經苦辛，不足為外人道也！不意歷代多有如此名師，以錯誤知見而破壞禪宗，致使胡僧種族，命如懸絲，屢欲斷絕。

須知雲門文偃禪師對此一唯我獨尊公案之開示，其中有正有偏，正偏迴互，絕非錯悟及未悟之人所知；若如此一名師之妄作情解，錯向佛子開示，便成以盲引盲，名為滅胡種族之極惡者。

雲門文偃禪師開示云：「我當時若見，一棒打殺，與狗子喫卻，貴圖天下太平。」且不是「一棒打死了唯我獨尊的人」以後，我就「比唯我獨尊的人更獨尊」；古今多少錯悟禪師，總如此位老居士一般，誤會雲門之意，一向未會雲門絃外之音，盡是耳聾目暗之輩，何曾有一絲一毫慧光？譬如第一輯中第八十四則所舉投子推胡公案；有僧問：「天上天下唯我獨尊，如何是我？」此即已曉「天上天下唯我獨尊」八字之意、非在昭告世人「佛是三界唯我獨尊之人」，乃是昭告一切眾生：各各身中皆有一個天上天下最最尊貴的不生滅我，每一有情身中的「真我」皆是各各獨立而不相混雜，是「獨尊」，而非大家共有一個真如的「共尊」；更非此位老居士所言之 釋尊唯我獨尊，要人將他打殺滅除，顯示自己比 釋尊更尊貴。老居士所言，直如三家村中老婦之言，名之為假語村言，不亦可乎！正可謂從來不懂禪者。

此僧知曉佛意，非如此位老居士一般落入事相上，分別 釋尊為尊或自我為尊？已知是指一切有情各自都有之最尊貴心、最究竟心——如來藏。唯未破參，覓不著這個三界唯我獨尊的「真我」，故向投子山大同禪師請示，投子便道：「推倒這老胡，有什麼過？」不知者每道投子大同禪師狂慢，其實投子大同從來不是狂慢之人；何以故？一者，投子大同所悟甚深，人法俱空；而其言語開示每如鐵橛子一般，簡短直示，不多費言語。二者，投子大同禪師極擅長就身打劫，一句話中偏正雙具、偏正迴互；學人苟非利根，難以得悟。而就身打劫之言語機鋒，極難體悟，是故學人每多生解，於其語意上錯會，便如此位老居士一般，同墮意識思惟所得之情境中，不離常見外道境界。只如這一句「推倒這老胡，有什麼過？」有偏有正，真悟者方知。學人及錯悟之名師，每在「有什麼過失」上作解會，徒勞心識，師徒俱誤。

雲門禪師說話，比之於投子大同禪師更為簡潔，若非老婆心發，往往一字便打發學人，時人名之為一字禪。是故　克勤圜悟大師曾評云：《雲門尋常愛說三字禪：顧、鑒、咦。又說一字禪，僧問：「殺父殺母，佛前懺悔；殺佛殺祖，向什麼處懺悔？」門曰：「露。」又問：「如何是正法眼藏？」門云：「普。」直是不用擬議。到平鋪處，又卻罵人。若下一句語，如鐵橛子相似。後出四哲：乃洞山初、智門寬、德山密、香林遠，皆為大宗師。香林遠，十八年爲侍者，雲門凡接他，只叫「遠侍者！」遠云：「諾！」門云：「是什麼？」如此十八年，一日方悟，門云：「我今後更不叫汝。」》

雲門尋常示人，從來不露三寸；獨有此一打殺公案，極為老婆；只是語中有正有偏，偏正迴互之際，眾生往往錯會，妄生情解，百思千錯，總不能與雲門相契；便道：「雲門見地甚高，超佛越祖，所以用此一句報佛深恩。」且得沒交涉！須知祖師所説「雲門一句報佛深恩」，非在超佛越祖上，實在直指逕路、示人入處上。譬如解脱經中曾説知恩與報恩；何謂知恩？信受佛語，證第一義，名為知恩；發起智慧，自度度他，盡未來際，名為報恩。祖師所謂雲門此句已報佛恩者，意謂雲門於此一句之中，有正有偏，能度有緣人，亦能篩除無緣人；既能將密意作世諦流布，亦能使緣未熟者無法悟入，二皆兼顧，名為報佛恩，功德極大故。若如此老唱道「雲門此句睥睨諸佛，超佛越祖」者，名為滅胡種族，豈唯不解佛意，更乃辜負雲門。

只如　世尊初生時，指天指地，行走七步，目顧四方而謂「天上天下，唯我獨尊」，與靈山會上拈花微笑，如出一轍。彼時正當　世尊拈花微笑時，人天罔措，獨有金色頭陀領解而微笑。不知之人每在能知能見之心上作文章，故有學人錯會，便道：「世尊拈花不語，直示安祥；迦葉破顏微笑，心領神會。」且得不相干！世尊若是示現安祥與迦葉尊者體悟，則阿難問佛法大意時，迦葉云何卻教阿難倒卻門前剎竿？從來不教伊注意保持安祥！還會麼？是故無門慧開大師於無門關公案中述說此則公案時，謂 世尊拈花微笑之舉為「掛羊頭、賣狗肉」，佛所顯示者實非安祥能知能見之心，而是甚深微妙、極難實證之第八識如來藏法身也。

雲門此語亦復如是——掛羊頭、賣狗肉。只如雲門道：「我當時若見，一棒打殺，與狗子喫卻，貴圖天下太平。」若人有智，且向這裡參詳看看。參詳不得，何妨日日參之，夜夜端詳，看雲門此語竟是何意？有朝一日，忽著得一隻眼，方知雲門老婆之所在，從此說話有別，不似昔日吳下阿蒙，接得深智眾生，報得雲門、佛、祖深恩，方是真善知識也！到此時，天下太平，再無宗門下事自擾，可以富貴過日：時時皆有勝妙智慧可以運用，法樂無窮，日日增長也。

只如雲門禪師誠懇端出之狗肉究竟在什麼處？所懸羊頭又在什麼處？

投子大同禪師亦道：「推倒這老胡，有什麼過？」投子端出之狗肉在什麼處？羊頭又掛在什麼處？若知羊頭、狗肉，便知語中偏正；上座若檢點得出，平實道上座有來由。頌曰：

一棒打殺與狗子喫　正令全提天下太平

超佛越祖滅胡種族　正法眼藏從此荼毒

且道：向上一句作麼生道？

自代云：一棒打殺！

第一三八則　長慶可惜

福州長慶慧稜禪師　俗姓孫。師與保福遊山，保福問：「古人道妙峰山頂，莫即這個便是也無？」師曰：「是即是，可惜許。」（僧問鼓山：「只如稜和尚恁麼道，意作麼生？」鼓山云：「孫公若無此語，可謂髑髏遍野，白骨連山。」）

平實云：平實出道以來，於教界多所稱歎；然而都無善意回應，各大山頭總皆以私下言語謗為不如法、邪魔、外道、法義有毒……等等。由是緣故，開始未指名道姓之**摧邪、顯正**，至今三年，或以理陳，或引法教，多所指戳；然而古今名師中，似是而非者極多，禪子稍有不察，即被誤導。今應說之，以古鑑今，俾供借鏡。古代錯悟名師，不論名氣如何響亮，一旦入滅，立即被真悟者拈提，聲譽一落千丈，當代名聞隨其死亡而滅，不復流傳廣布，其法隨即無人聞問，是故往往後代難聞其名。古時真悟之人則反之，往往當時名聲不響，然其開示語錄往往綻放智光、歷久彌堅，是故代代流傳乃至後世廣布其言，久而不衰，常被後世真悟者援引，用以開示學人；譬如雪竇重顯、楊岐方會、五祖法演等，當代名氣往往不如錯悟名師，反於後世被公認為大師，代代名聞、久而不輟。歷代禪子不知此理，總向當代大名聲、大道場之所謂「善知識」處求法，何有悟緣？

然善知識有真有假，揣摩祖師作略而籠罩人者比比皆是，暗中則往往走作不斷，覓求真悟者之著作以廣見聞，欲求有日得以實證。如是暗裡走作而明裡籠罩人者，一般學人未具參學眼目，普皆不辨。譬如近年台灣有大禪師，以開悟聖人自居，某日演講時開示云：「……我現在喝這一杯茶，和世尊拈花微笑是一樣的。」若到這裡打住，平實卻不便說他未悟，只得學長慶慧稜禪師說云：「是即是，可惜許。」這位近年崛起、開始名聞的大禪師接著又解說道：「都同樣是清清楚楚明明白白的這一念心。」狐狸尾巴便撩向天際，再也無可遮掩之處。

又譬如本輯第一二二則天然函是禪師，一日上座開示云：「今晚華首監寺為新首座普茶，特請山僧茶話。適來幾句子，且道是要諸人知？是要諸人不知？」良久，豎拂子云：「大眾！多少人在這裡作知、不知會。大眾！佛法不是這個道理；既不是這個道理，畢竟合作麼生？」以拂子左右拂，云：「珍重！」便下座。天然禪師若到這裡打住，平實雖然知他是「不死矯亂」型的禪師，卻不好說他，只得學長慶禪師云：「是即是，可惜許！」無奈天然禪師於某年除夕，大發慈悲，和盤托出，教人認取現前知寒知暖、知好知歹底覺知心，認妄為真，馬腳盡露，此亦**似是而非**之一例。

又如香港月溪法師，一日上堂開示已訖，末後則舉起拂子云：「諸人欲會麼？識取拂子！」便下座。或有禪子，縱使悟得真、具頂門眼，若仍未具備差別智及摧邪顯正智慧，要且辨不得他，便被他**似是而非**之作略所籠罩。長慶慧稜禪師當時若在，必仍舊句：「是即是，可惜許！」巖頭全豁禪師若在，必斥月溪為「迷己逐物」人。

首山省念禪師遇有僧參，每拈竹篦，劈脊便打；一日卻拈竹篦云：「喚作竹篦則觸，不喚作竹篦則背，喚作什麼？」一日又拈棒云：「若喚作棒，鬚眉墮落。」南院慧顒禪師一日拈棒云：「棒下無生忍，臨機不見師。」風穴延沼言下大悟。凡此公案，皆教人莫迷己逐物，月溪乃竟教人識取拂子。古人迷於真我如來藏，墮入意識境界中，雖仍是心，卻已遭巖頭全豁禪師斥為迷己逐物者，何況月溪教人識取無情物之拂子？是故月溪作略雖然似同真悟禪師一般無二，然睽其所悟，則又不離無念靈知之覺觀心性，既是迷己逐物，又兼自性見，教、理二門俱皆不通，矛盾之至。舉凡如此古今禪師，悉皆難逃長慶慧稜此句：「是即是，可惜許！」

保福禪師悟前，一日參禮長慶慧稜禪師時，同遊某山，到峰頂時保福便問：「古人說的妙峰山頂，是否就是這個？」長慶禪師便答道：「說這個是妙峰山，倒是不錯，只是可惜了一些！」後來有僧問：「只如長慶慧稜和尚這麼說，是什麼意思？」今時諸方老宿新秀、大小禪師，聞此僧恁麼道，何不也起個疑情，掛在心裡？他時異日忽然築著鼻孔，方知太近，豈不大快平生？如或未然，強作諸般意識知解，不免生死沉淪。

後來鼓山和尚聽到這個公案，便說道：「當時長慶慧稜禪師若不說這一句話，恐怕普天下錯悟之大小禪師，皆必死於言語做作、應對進退上（髑髏遍野，白骨連山），法身慧命都很難出生。」

只如保福當時落在什麼處？被他長慶語話？長慶既道是，為何又道「可惜了一些！」諸人欲會麼？爬完山來玩水去！

第一三九則　長慶禮拜

福州長慶慧稜禪師　師上堂，大眾集定，師乃拽出一僧，曰：「大眾禮拜此僧。」又曰：「此僧有什麼長處？便教大眾禮拜？」眾無對。

某居士開示云：《修行只須**以正念取代妄想**就可以了，如果把所有的念頭不分正邪明暗，一律停止，就偏離了中道，突出法執了。扼要地說，人應該主動地去思惟、想念，不要被動地、不自覺地跟著妄想走，不要讓妄想牽著你的鼻子走，讓你陷入「**想陰**」。》

平實云：居士所說，如古今錯悟諸師一般，總是不肯否定意識覺知心，總不肯依教、循理而觀察意識覺知心之虛妄；一向都確認意識覺知心真實不壞故，便以意識為中心，區分意識覺知心是否有妄念、無妄念，欲將意識心中之妄念滅除；又恐妄念滅除以後，墮於空無之中，或墮一念不生之境界中，以致無法生起般若智慧，難與中道智慧相應；於是進而生起正念，以取代妄念，謂如是安住意識覺知心時，即可符契中道，轉而能滅法執。

居士如是開示：「扼要地說，人應該主動地去思惟、想念，不要被動地、不自覺地跟著妄想走，不要讓妄想牽著你的鼻子走，讓你陷入『想陰』。」自謂如是修行，即能離開想陰境界。莫道如是修行不可能離開想陰境界，乃至意識我見、常見，都無法滅除絲毫。縱使如是修行，即能滅除想陰或遠離想陰，欲冀大乘宗門禪之證悟，仍將遙遙無期、永無實證之時。此謂宗門禪之修行與實證，從來不在妄念與正念之存在與否而用其心；要在親證萬法之本源，要在親證五陰未有以前之本來面目；譬如真悟禪師往往反問禪人曰：「文采未兆之時，復是何物？」即此意也！然而居士竟教人專在五陰已生之後的識陰（特別是在意識）中用心，專注於是否能滅除意識心中之妄念而保持正念，豈非欲於虛妄有生之意識心上，再作更虛妄之念頭生滅存廢之無義修行？如是於虛妄法（意識）中的更虛妄法（念頭）上用心，純屬煮沙而欲成飯，直待驢年來時，亦未有了期也！

此居士所言「以正念取代妄念」之境界，其實正是想陰！古今多少大師誤會《楞嚴經》所說想陰境界，每認為遠離語言妄想時即是已經滅除想陰；殊不知遠離語言妄想時之靈知，正是想陰，阿含俱載，今猶可稽。饒汝修得第四禪定境，捨清淨、念清淨，息脈俱斷時，依舊是想陰境界。此一無覺無觀三昧已離欲界及初禪等三天之覺觀，然卻猶在想陰之中，何況不起語言妄想之五塵境界中之靈知境界，不過是欲界定極粗住境界，焉得便離想陰？乃至進入非非想定中之無色界中極微細了知，亦不離境界受，仍不離想陰；云何言五塵中無妄想之欲界靈知能離想陰？故說居士所言豈唯乖謬，亦復違教、悖理。

若非宗教俱通又兼定慧等持之人，不能真知想陰，亦不能了知無覺無觀三昧為何不離想陰；等而下之，乃至不能了知無覺無觀三昧與未到地定之異同，何況能離想陰？若非古來迴小向大之阿羅漢菩薩乘願再來，真悟之人欲離想陰境界，尚須一段時日年月之苦修方能完成，何況未見道人及錯悟之人而能了知或遠離想陰境界？

二乘見道較為容易，大乘見道極為困難；此非今時方始如此，佛世已然如是。古時一般人若聞有善知識開示：「欲實證無餘依涅槃，必須滅卻自己——捨棄靈知之自我及一切境界受，乃至非非想定之境界受心亦須自我捨棄。」則怕落空，緊執六塵或定境中之靈知心不捨；聲聞羅漢信佛語故，認為捨棄自我靈知之後仍有無餘涅槃中之本際常住不滅，非是斷滅；亦能了知非非想定中之微細境界受之靈知心，同於常見外道之常，未離想陰境界，故能修斷對於定境中覺知心之自我執著而證涅槃，然猶不知佛說無餘涅槃中之本際；欲了知無餘涅槃之本際，須於入涅槃前證知故，無餘涅槃中已無七識心故，其中無有知者、覺者、作主者故。

緣覺以十二因緣觀之推求，了知名色之名乃是受想行識，了知識蘊及意根即是七轉識——眼耳鼻舌身意六識及意根末那識；以知五蘊以外別有能緣名色七識之識——**識**緣名色、名色緣**識**之**識**，了知此阿賴耶識因心行而入胎，了知此阿賴耶識因無明而起心行，故有入胎於人間或受生於三界之生死現象，是故斷除無明而證涅槃。以此證知涅槃本際不同於斷滅，然猶不知涅槃之本際——識緣名色之識何在？只是假藉十因緣觀而推求名等七識及色陰從何而來，推知必有一識為自己所不知不證者，此識能出生名等七識及色陰；由是推知正確無誤故，了知生死皆因名色而有，若能斷除名色即無生死痛苦；既已推知名色滅後尚有一識並非名所攝之七識心，彼心常住故非斷滅空，由是能於捨壽時無所恐懼而不再受生，滅除名色而入無餘涅槃。

此是緣覺之因緣觀所證解脫智慧，遠勝於聲聞阿羅漢們解脫智慧，但亦不能稍知此一根本識之所在，無能現觀此識，故無般若智慧。阿羅漢則是從佛聽聞而知無餘涅槃中實有此識常住不壞，以信佛語故，心無恐懼而能入無餘涅槃中，身心永滅。然而緣覺之智雖勝阿羅漢，以未實證此一本識故，無有智慧現觀此識之本來自性清淨涅槃，無智現觀涅槃中之本際，則無智觀察此識蘊含之一切種子，則不能修習唯識一切種智；亦不能如同利智菩薩一般，依大乘經典體驗聲聞涅槃之本際（緣覺乘十因緣觀中名色緣識之識，菩薩乘中真心如來藏阿賴耶識）及其所含一切種子之功能差別故。

菩薩極多劫修習智慧，慧根深利，不取涅槃，不急於斷盡一念無明之有愛住地。為修學一切種智故，為護持宗門正法常住世間故，雖然證知涅槃本際——名色緣識之識，而保留思惑中之無色界愛（欲界乃至無色界之微細了知心），方能常住三界自度度他，名為留惑潤生（非留欲界愛、色界惑及見惑）。然此留惑潤生智慧之所從來，非阿羅漢、辟支佛之所能知，彼等未證得涅槃之本際——名色緣識之識，不能體驗修學般若及一切種智故。凡執無念靈知為真心之錯悟菩薩，悉墮意識境界中，不離意識，未斷我見；亦復如是同於二乘，不能修習一切種智；設使修之，必生錯會，彼所證真心非一切種智所說之阿賴耶識故，無法印證體驗故，不免回墮眾生所執之意識我中。

未證得涅槃本際阿賴耶識者，則不能知《勝鬘經》所說「自性清淨心而有染汙種子」之理，則不知此心自性本來清淨，亦不能知此清淨心卻含藏著七識心相應的染污種子，更不能知如何清淨如來藏中之染汙種子，使其成為異熟識，最後成為無垢識，顯發佛地真如而到達究竟佛地之理。則亦不能了知中道——真如非修得、非不修得之理；真如心在因地時名為阿賴耶識，悟前本來自在，非因參禪或修定方得清淨自在；然此本來自在之自性清淨心，無始以來即已含藏著靈知心相應之染汙種子，應於三界中歷緣對境方能修除；若斷盡無色界惑而入無餘涅槃，雖離分段生死而不能淨除無始無明上煩惱等染汙種子，則不能轉成佛地真如，則不能成佛。故《華嚴經》云：「譬如眞如，非是可修，非不可修。」

是故證得真心阿賴耶識者方得名為證得中道，此非阿羅漢、辟支佛所知，亦非錯悟之凡夫菩薩所知，更非崇尚二乘「原始佛法」之凡夫大師所知；彼等不知「原始佛法」四阿含諸經中之大乘法義密意故（詳拙著《真實如來藏》），彼等否定第八識者所說之般若空及中道等法，皆名大戲論，認定一切法空故，本質無異斷滅論故，必將返墮意識境界而建立意識細心為常住不滅法故，則與斷見及常見外道合流。

如是諸人，不知緣起性空之因——真實空性涅槃本際；不知名色緣識之識——十因緣及十二因緣之根本因；錯會二乘法及般若空故，便將禪宗真悟聖者與錯悟凡夫相提並論，一概盲目的判為自性見者；渾然不知自身已因執著一切法空而淪於自性見中，亦不知自身已因一切法空而恐懼斷滅空中，再建立意識之一分細心說時，已經是標準的自性見外道了；無智自省之故，反而以之責誣證道之人，其過大焉！

昔年德山宣鑑禪師悟前，精通性相諸經，尤精般若，常講《金剛般若經》，時人號之為周金剛。周金剛每不服南方禪宗祖師言論，每責南方禪宗為魔子魔孫，思欲滅除禪宗，向諸同修誇大口云：「一毛吞海，海性無虧；纖芥投鋒，鋒利不動；學與無學，唯我知焉。」便挑著一大部自己所寫專講般若空性的《青龍疏抄》，胸懷大志、得得南來，想要尋覓禪宗祖師論辯，欲滅禪宗。不料甫至南方，路上遇著個賣點心的婆子，未見祖師之前，便已納盡敗闕，灰頭土臉；方肯收拾一些傲骨，聽從婆子指點，來到龍潭。龍潭禪師見他是條漢子，不計嫌怨，有心度他；於是留他住下，多方開示，命其參究。復於一夜弄出點燭機鋒，周金剛方得悟去！爾後禪機勃發，名聞古今，即是後來之德山宣鑒禪師。

今諸崇尚二乘法及般若空諸師，既道禪宗所悟同於自性見外道，又謗為邪魔、外道、法義有毒，何妨效法周金剛，來滅平實所弘「禪宗自性見」？若能以真實正理反駁拙著《真實如來藏》所述，而非虛言狡辯者，平實當場拜汝為師，此世從汝修學；若不能如此者，空言暗謗平實，復何益於自他？今當改爾所學，努力參究，直至平實為汝印證為悟之後，以之對照三乘經典，檢查在下所說是否真為平實之言，而後再作褒貶，猶為不遲。若不知真悟與錯悟者之異同，率爾同判為自性見，不免誤犯「誹謗法寶、僧寶」重罪。此是菩薩戒中之十重戒，若是**根本罪**、**方便罪**、**成已罪**具足者，等待捨壽後，無間地獄有分；為逞捨壽前數年之口舌一時之利，招來後世地獄七十劫長時尤重純苦，寧非愚癡？智者之所不取也。誠恐彼等諸人思不及此，特地書之以文，載之於書，藉以提點，冀免再犯，果報難思量故。

只如當年周金剛誇得大口，欲以般若空理消滅禪宗，後來究竟悟個什麼？卻肯承嗣他所欲滅的龍潭崇信等禪宗禪師、並且永世不移？諸人欲會麼？看取長慶禮拜公案：

長慶慧稜禪師，一日上禪堂開示，俟大眾聚集坐定，便下座拽出一位僧人，教大眾禮拜這位比丘。眾僧禮拜了，長慶禪師卻云：「此僧有什麼長處？便教大眾禮拜？」且道：

長慶拽出一僧，教大眾禮拜此僧，是什麼意？

此僧不會，一任長慶拉扯；平實則不然，當時正好向長慶和尚一喝，便回大寮，方好受得大眾留在禪堂禮拜。無奈此僧機遲，任由長慶按捺，虛受眾僧禮拜。

只是眾僧拜了、猶自懵懂，長慶卻收起活人劍，入鞘不用，反向眾僧問道：「只如這僧有什麼長處，便教大眾禮拜？」雲淡風輕，一語帶過。

平實則不然，待眾僧禮拜起來，正好拈起拄杖，一一打趁回寮。

只如此僧有什麼長處？便教大眾禮拜？諸人欲會麼？但看此僧被長慶拽出時便得！

第一四〇則 龍冊堂密

杭州龍冊寺道怤禪師 雪峰有時謂眾曰：「堂堂密密地。」師出問曰：「是什麼堂堂密密？」雪峰起立曰：「道什麼？」師退步而立。雪峰垂語曰：「此事得恁麼尊貴！恁麼綿密！」師對曰：「道怤自到來數年，不聞和尚恁麼示誨。」雪峰曰：「我向前雖無，如今已有，莫有所妨麼？」師對曰：「不敢！此是和尚不已而已。」雪峰曰：「致使我如此。」師從此信入，而且隨眾。

卡盧仁波切開示空性之心云：《……「心」是個被嫁禍歸罪的名詞。心所指的對象為何？它是那有著「我快樂、我不快樂、我……」等，想著種種念頭的東西，這思想者即是心。……心的重點乃在它是空性的，它沒有任何顏色或形狀。它像是虛空般的空性，而我們必須去認識這像虛空般的空性，這是最重要的。心是空性的，而且空性之心具有光明與覺知性，這三者是合一無別的；在這三者的基礎上，「我」與「他人」、執著、侵犯、猜忌、傲慢等等概念生起。心是空性的，念頭和心理的苦惱自心中生起，因此念頭和苦惱即是從空性中生起的；如果你了解此點，你便瞭解了佛法的精要所在。……證悟空性——了悟心是空性的，而一切煩惱與妄念亦是空性的，此即圓覺、究竟安樂。……因此禪修（觀想）本尊的是我們自己的心，所謂的心就是本尊，所謂的本尊就是心。……如果我們認識了心是空性的，不是真實地存在的，那麼無論我們以信心、慈悲心……而禪修、以此認知而禪修，即是智慧，沒有此種認知的禪修即是意識的。》（摘自卡盧仁波切講《心與本尊修持》慈雲雜誌二一〇期，頁廿六、廿七）

平實云：卡盧仁波切是喇嘛教弘法者，他所開示之「能思想的心、有覺知性的心、能猜忌執著的心、能覺知人我的心、能觀想本尊的心」，雖然是「如同虛空一般、沒有顏色或形狀」，但這個心卻只是意識心，非是佛法所說之空性；此心正是常見外道所說「不生不滅，恒常不壞」之真心，其實是念念變易，生滅不住；因生而有，死即斷滅。此心若無五色根作為俱有依，便不能存在；五色根若有損壞，此心即無法正常運作；五色根若毀壞，此心即告滅失；五色根若疲勞了，此心即昏昏欲眠而不得不眠熟中斷；轉入中陰境以後，此心主導中陰身入胎之後，已無中陰身之微細五色根，而來世之五色根尚未形成，於是此心即無可緣之俱有依根，便告永遠斷滅，不復餘存絲毫。來世十月滿足而出胎時，已是藉來世五色根而生之全新意識覺知心了，已非此世之意識覺知心了，是故此世意識覺知心隨於入胎之事實而滅盡不存、永無絲毫可以去至後世；由是事實，故說隔陰之迷——胎昧，是喇嘛教中一切「法王、喇嘛、活佛」等人皆無法否認者。然而卡盧仁波切竟然如是無知，不能現觀此一事實，妄言此意識覺知心是常住法，妄言即是佛經所說之空性，更言了知此心即是空性時，即是圓覺、即是究竟安樂。如是而言佛法之實修、實證，未免癡人說夢之譏也！如是事實，卡盧將永遠無法反駁及辯解，只能默然而受；縱使心中不服，其奈如何？法界實相本來如此，不可推翻故。

能觀想本尊的心，絕非本尊；本尊是能生萬法者，故能生分身、應身、化身；能觀想本尊之覺知心，既是能出生本尊影像之心，當知是能生本尊之心，怎可說能觀想本尊之覺知心即是本尊？卡盧如是自意相違之後，竟然毫無警覺，更說能觀想之心即是本尊，顯然其智愚下、智慧未開，所說尚且未能通過世間邏輯之檢驗，何況能通過三乘法義之檢驗？真正之本尊，名之為「心」，在顯宗名為如來藏，是能生名色、能生意識之第八識心；密教觀想之有影像本尊，乃由意識心觀想所成；此像虛幻，證道之人棄之唯恐不遑，喇嘛教乃竟以此方便攝心之法謂為究竟，謂能觀之心即是所觀之像，更謂能觀想之心即是本尊，顯然仍不具有解脫智，何況世出世間之大乘般若智？一切種智則更無論矣！

三乘諸解脫經多處開示：空性真心離見聞覺知，本性清淨，不能觀行，猶如明鏡隨緣應物，現諸色像而不能自觀。真心空性如來藏正如是，從來不自觀心、亦不作想。是故觀想本尊的心，只是意識妄心，必定不是本尊——絕非真心空性。若了知這能觀能想的心無形、無色、無像，猶如虛空，而作諸觀想攝心，名之為智慧者，此名世間俗智，非佛法所說之般若智慧；於《楞伽經》中，佛說之為「愚夫所行禪」，無關智慧，絕非菩薩之所修證。

顯宗、密宗所說一切法，必須符合顯教經典；密宗一切祖師、喇嘛開示乃至全部密續，都必須符合顯教三乘經典；若悖離顯教經典，即非真密之大圓滿、大手印（覺囊派之他空見，方是真實大手印、大圓滿，方是真密）。若主張其密續及上師之開示不須符合顯教經典，則彼宗教即非佛教，名之為附佛法外道。

如今密教上師自稱證悟者極多，若是真悟者，應與禪宗祖師證悟之公案完全相契；若不相契，即非證悟。今舉龍冊堂密公案，作試金石，且看密宗諸方大師還能會取否？

雪峰義存禪師一日上堂開示大眾云：「堂堂密密地（清楚分明而又密不透風）。」龍冊（鏡清）道怤禪師破參已久，只是不敢承當。忽聞雪峰和尚對眾如此說，為欲求證所悟真假，乃出座而問：「是什麼堂堂密密？」雪峰乃起立反問曰：「你說是什麼？」龍冊道怤此番眼見雪峰禪師作略，便知自己所悟是真，乃退步而立。雪峰禪師便開示道：「這物事就是這麼尊貴！這麼綿密！」龍冊道怤聞雪峰恁麼印證，卻云：「弟子道怤來到雪峰山已經數年，不曾聽聞和尚如此開示。」雪峰云：「我以前雖不曾如此開示，如今已經有開示了，莫非你有什麼妨礙？」龍冊回答：「不敢！但今天這個公案，和尚也是不得已而如此做的。」雪峰云：「這都是因為你，才致使我如此做。」龍冊道怤禪師因此而信受、承當下來，從此隨眾服侍雪峰。

且道：如何是堂堂密密地？絕不是能觀想本尊之意識覺知心。雪峰起立反問曰：「道什麼？」又是何意？龍冊聞問，退步而立，又是何意？彼此未曾說得什麼，雪峰禪師云何便為他印證？若道是清楚明白、有覺知性而能觀想之心，試問：此心入無心定時、昏迷時、眠熟時、死亡時、入涅槃時，乃至雪峰、龍冊師徒二人問答之時，還能觀想分明而作答問耶？若否，即非堂堂密密地；若是，即是意識覺知心，是所生之心，絕非能生萬法之心。敢問卡盧仁波切，正當觀想之時、問答之時，能觀想本尊之心是否依舊堂堂密密而不間斷？可知「大修行者」卡盧仁波切所說之空性心，非真空性，乃是意識；此心妄知、妄見、妄覺，由第八識入胎出生五色根以後，第八識方能藉五色根出生六塵而輾轉出生此心，當知即是生滅法；今觀卡盧仁波切錯認意識妄心為空性心，已墮常見外道境界中，未斷我見、常見。由此證知卡盧仁波切之大手印、大圓滿，其實完全錯了，根本未曾見道。

且道：龍冊道怤禪師究竟悟個什麼？便肯承嗣雪峰、終生奉為根本上師？諸方已悟之仁波切、上師、活佛、法王等可還知曉麼？

早知汝等悉皆不會，不會者便是凡夫；既是凡夫，合聞平實開示，來時合以眼聽，平實便向汝開示：唵！嘛尼叭咩吽！

第一四一則　龍冊來來

杭州龍冊寺道怤禪師　因普請鋤草次，浴頭請師浴，師不顧。如是三請，師舉钁頭作打勢，浴頭乃走，師召曰：「來！來！」浴頭回首，師曰：「向後遇作家，分明舉似。」

某老居士云：《禪的悟，在座的各位人人有份。到了悟的時候，就不再有**妄想**。頓悟以後就完成了生命的覺醒，也把捉到生命的永恆。……所以悟是可貴的。悟，並非不可能，只能說難。……也只有開悟，我們的人生才不是醉生夢死；只有開悟，才不會最可悲、最徹底的把真實的自我埋沒。》

平實云：禪是般若智慧，不是禪定，與有無妄想無關。此謂真正參究宗門禪之人，都已知自己虛妄，意識覺知心生滅不住，不必在生滅性的意識覺知心上用功，死後入胎時終歸斷滅故；是故都以虛妄生滅的覺知心自己，尋覓本來就無妄想的常住心——實相如來藏——實證無餘涅槃中的本際，現觀無餘涅槃中確實是絕對寂靜而迥無一塵、迥無自己絲毫；如是現觀已，能以涅槃寂靜法印自行印定無誤。懂得如是正理，才是已斷我見之人，真正投入宗門禪中參究。若如老居士傳授之知見，顯見老居士自身猶未斷除我見，落在無念靈知之中，何況能知自己虛妄而起心動念尋覓與自己同時存在之實相心如來藏？可謂是宗下之門外漢也！

老居士如是之「悟」，必定是靜坐時可以有時無妄想，有時有妄想，並非全然無妄想，莫道老居士尚未實證初禪，乃至未到地定亦未得故；如是，下座時不免常常有妄想，則是妄想時有時無，與真悟者所悟之真實心如來藏從本以來都無妄想，悟時亦無妄想，悟後未來無量劫中亦將永遠無妄想，二者大不相同。若是真悟之人，一旦覓著如來藏，轉依如來藏以後，現觀如來藏在靜坐時從無妄想，出定之後亦皆無妄想；如是無念境界，是定中如此、定外亦如此，也是悟前如此、悟後亦如此；不是有時起妄想，有時離妄想。非但如此，而且是：正當覺知心與人言論、營生、諍議之時，真心如來藏仍然迥無妄想，而能與覺知心配合無間。如是實相境界，乃是證悟之人，於悟前悟後始終永遠如此；如是實證者，方名真悟。

若如老居士之開示，應是悟時靈知心中無妄想，悟後亦應無妄想；則悟後若起妄想，應名非悟。則平實斷定老居士必然是時悟、時迷，老居士無法

「悟」後永遠無妄想故。若依老居士所言，則六祖與牛頭慧忠國師亦應非悟，謂六祖及慧忠國師都是靈知心常常起念故，平實亦如是故，古來真悟諸祖亦如是故。是故老居士此說實有大過，誤導眾生故；如是過失，平實已於第一輯第九十九則中詳述，請參照之，茲不贅言。理一心者乃是真實之理——真心自住之實相境界，祂本來就不打妄想——無始劫來一向不打妄想，非因開悟才不打妄想；在祂不打妄想之時，不妨靈知心忽打妄想、與人諍論，亦不妨靈知心忽然入定一心、平心靜氣，而實相心如來藏仍然自住於無念境界中。

七轉識妄心——能知能覺能作主之心，一向是與真心同時同處，是真妄二心和合運作。能知覺的妄心消失時（譬如眠熟、悶絕…等），真心如來藏依然自在；能知覺之妄心於眠熟昏迷之後成為無，次日不能自起——不能無中生有，要假無知無覺之真心方能再度現起（詳拙著《真實如來藏》詳述）。禪子不知真、妄二心同在，每以為能知覺之妄心修除妄想後就變成真心，認己為真，便成我見，牢牢捉住自我而復自稱無我。一日忽聞平實寫道：「自己能知能覺的心是假，另有離見聞覺知而不作主的心方才是眞。」不能接受平實無我之法，堅執能知覺、能作主之心為真，落入我見，便責平實云：「據汝所說，豈非人人皆有二心——一眞、一妄？」對平實作如是質疑者，可謂無獨有偶；凡此諸人皆同老居士一般，將無念靈知之「我」飾言無我，成自性見，落入常見外道知解中，無怪乎誤會般若中觀之解脫道行者每斥禪宗學人為自性見，咎在老居士等錯認無念之意識心為常住心，有以致之，不能責人也。若不信在下平實之言，且觀宗門真悟之龍册來來公案，還會得否？

龍册鏡清道怤禪師，一日因普請鋤草，揮汗鋤草將畢時，燒水僧人前來，請龍册禪師沐浴，龍册不顧，繼續鋤草。這燒水僧人連請三次，龍册乃舉起尖嘴鋤，裝模作樣似欲痛打，那燒水僧便轉身逃走，龍册卻於背後叫喚：「回來！回來！」燒水僧人回頭，不知所措，龍册向他吩咐道：「以後如果遇到個眞悟的人，你就把這件公案說給他聽吧！」

此公案中龍册老婆已極，無奈浴頭不會。君若來三請平實沐浴，平實感於盛情，必於一請後更賣力鋤草，不知上座會否？

三請三賣力之後若猶不會，平實亦舉钁頭作打勢，敢問上座會否？

上座若會，正好搶下钁頭，用心鋤草與平實觀賞；

平實不消多觀，三眼兩眼即知，正好休去沐浴。
上座若不會平實意，回身怖走，平實便隨後喚云：「回來！回來！」
上座若會，正好回來平實跟前禮拜；
平實受禮，便知上座落處，正好帶著一身酸臭，與上座攜手同往大殿禮佛，禮佛已卻好同沐無生浴。
上座回來，若不知禮拜之道理，平實便向汝道：
以後若遇到了真悟的人，請你把這件現成公案告訴他吧！

第一四二則　龍冊籠罩

杭州龍冊寺道怤禪師　僧問：「承師有言：諸方若不是走作，便是籠罩人。未審和尚如何？」師曰：「被汝致此一問，直得當門齒落。」

有大法師云：「有時候，我會遇到這樣的問題：『師父！您有沒有悟？』通常我會告訴提出問題的人：『我有沒有悟並不重要，重要的是我能幫你開悟。』」

大法師又云：「真悟的人不會告訴別人說他悟了。真正悟道的人都善於隱藏，不讓人家知道他悟了。」

大法師復云：「要判斷一個人有沒有悟，其實不難，你只要問他『你有沒有悟？』就可以了，他若說沒有悟，那就是未悟；他若說已悟，那還是未悟，因為**真悟的人不執著開悟，絕不會說他已悟**。」

大法師復云：「不要求悟，求悟就是執著。要放下，不求開悟才能開悟。」

大法師繼云：「悟，是無法以語言文字說明的，說出來的已經不是悟了，所以說自己已經開悟的人，就是還沒有悟的人。」

大法師更云：「……真悟的人絕不會說他已經開悟，他連解脫都不執著。……我只是一個凡夫，我從來不說我已經開悟。」

復有否定如來藏思想而修學般若中觀之法師云：「執著如來藏真實有，便落入自性見。須知一切法緣起緣滅、緣起性空，未有一法真實可得，禪宗執著有真心常而不滅，與阿含緣起性空之正理不符。禪宗執著有個真實不滅的心，應歸類為真常唯心系，與自性見外道類似。」

平實云：古今中外，多有如是知解宗徒，作諸謬論，附會自己知解思惟所得之邪見，用來對付禪宗證悟祖師之獅子吼，為自己打圓場，同時哄騙不知究裡之初學佛子。

維摩詰經云：「自疾未能救，焉能救他疾。」諸解脫經亦多處開示：菩薩欲度他人之前，須先能自度。故云：「自不能度而能度他，無有是處。」自己未悟，不知開悟之內容和求悟之方向與過程，如何有智慧能幫人開悟？譬如盲人，不知台北、不見台北，而誇口能引人至台北、為人導遊於台北，無有是處。

中國人崇尚謙虛，故多不標謗自己已悟。然有不少未悟之人及錯悟之人，腳浮心虛，不敢認定自己已悟；又不願被人將自己與已悟之人比較，便希望已悟之人都不要公開承認已經開悟，便故意傳播錯誤之知見——承認自己已經開悟的人就是執著開悟，就是還沒有悟。

然世間學禪之人無量百千，錯悟之人比比皆是，亦皆樂造諸書流布天下，以求名聞利養；真悟之人若不檢點正邪分際，當代及後世禪子如何不被誤導？平實弘法時，每遇佛教界名人垂諫：「你只要將正確的禪法努力弘傳就好了，何必數說別人的錯處？」或言：「你弘揚你的法，別人弘揚別人的法，井水不犯河水，大家相安無事，你何必評論別人？」此乃鄉愿之談，不符實際。何以故？憶昔初出茅蘆弘揚正法，五年以來每存善念：「寧將未悟之人認作已悟，絕不數說他人未悟。」

故若有人下問：「月溪法師悟了沒？他的書籍能不能讀？」我則言：「應該悟了吧？讀他的著作應該沒問題。」亦有人問：「某老師有沒有悟？他的著作能不能讀？」我亦如是答；凡有人問，盡作此答。

後有數位同修接觸月溪法師邪法之弘傳者，否定我所弘傳宗門正法，遂至退轉，返執常見外道法為真。此諸人等，有正面否定宗門正法者；亦有暗中婉轉否定及公然否定者，互相串聯勾結而掀起洶湧暗潮，人心惶惶，共修團體幾欲瓦解崩潰，正法似難再傳。至此方知：正邪不能兩立，我雖不摧邪，邪則必破我，皆因法道不同故，不相為謀；遂有〈批月集〉之開示，講完之後整理成書，改名為《正法眼藏—護法集》而梓行天下。假使當時不開示出版《護法集》一書摧折邪法，高舉正法眼藏之大纛，則我諸同修將有半數以上退轉失散，返墮常見外道意識境界中，豈有今日之正覺講堂及同修會住持宗門正法於台灣？

錯悟之人普天蓋地，眾口鑠金；平實若不正面回應，只須每人批判一句，千夫所指之下，縱我百般言語解釋，人亦不信，宗門正法豈能再有立足之地？為求於我生西未返之際，正法尚能於人間弘傳而計，乃改絃更張，揚棄**老好**人之作風，從此以後不將佛法作人情，遂不顧部分同修之勸諫，毅然出版《護法集》，正式面對月溪法師意識境界法之弘揚團體。此書廣寄全台灣之時，月溪法師意識境界之弘法者，勢力遍佈全台，從北到南都有道場；彼時不少同修為我安危而耽心，皆顧慮月溪法師常見法弘揚團體之大勢力，恐將不利於我。然為眾生故，為行願故，只要宗門正法得因此書而綿延不斷、不受破壞，一己安危非我所慮，是故不顧反對之聲音，繼續廣寄，欲令全台灣佛教皆知其法之謬處所在，不再沈迷難返。而今回顧，當時之決定實屬正確。故知摧邪顯正一事，雖必得罪諸方老宿新秀，人所不為，而我不得不為；無人肯作惡人故，皆存鄉愿心態故。

對於悟之一事，亦復眾說紛紜，邪正雜陳，莫衷一是，令禪子們不知所從。時至今日，已悟者實應戮力闡揚宗門正法，顯示正法之勝妙所在，幫助更多因緣具足之學人見道，立擇法眼；以免未悟之人故作謙虛狀，以虛假狡飾之言，藉以瞞人。唯有未悟之人懼怕大妄語之重罪果報，故不敢承認已悟。然未悟之人方便示悟，亦難逃**方便大妄語**重罪。

譬如某大法師常云：「眞悟的人絕不會說他已經開悟，……。」稍候又會有意無意地在開示中說：「……我只是一個凡夫，我從來不說我已經開悟。」如此前後相承，使人認為彼已證悟，正是方便大妄語，捨報將如何免得大妄語業報？如是之言，可謂一石二鳥：既誤導眾人認為他已經開悟，又誤導眾人認定真悟者為未悟者。則自己原有之名聞與利養，皆得保全，繼續廣有徒眾、名聞、利養，何樂而不為？只不知將來捨壽時欲如何自處爾！

至於執著中觀般若見、未證得如來藏而否定有如來藏第八識之人，堅執「**無如來藏常住**之緣起性空、一切法緣起緣滅、一切法空」者，其罪則遠重於此師之大妄語業。大妄語者，要不否定正法；否定如來藏者，不唯否定一切種智之所依，乃至否定三乘宗門正法之根本，令二乘無學聖人所證無餘涅槃頓成斷滅境界（詳拙著《真實如來藏》），乃是從根本處毀壞正法者，已成為極嚴重破法者；「其罪彌天」四字，猶不足以形容其過惡。

以上所述，古今中外皆有，是故龍冊道忞禪師有時感嘆云：「諸方若不是走作，便是籠罩人。」走作者，奔波求悟，不肯死心踏地下功夫體究，暗中到處參訪而不欲人知；正好被諸方有名之老宿或新秀籠罩，滅自己威風，長他人志氣；不知彼此皆是未悟白衣，或迷於僧衣表相，或聽他差遣，或捐輸身、財；欲求證悟，豈有了期？

如今此僧提此一問：「承和尚有云：『諸方若不是走作，便是籠罩人。』不知**和尚您如何呢？**」若欲承認是走作者，而自己分明已悟，不能謙稱為走作；若欲承認未悟而籠罩人者，分明自己所言，句句誠實，不能承當籠罩二字。若欲承認自己真悟，又慮他人責我執著**開悟**二字，不符開悟者已證無我法之證境；這一句問話，真教龍冊道怤禪師有口難言，只得回答：「被你致上這麼一問，簡直是教我當門齒落，有口難言。」

平實則不然，若人來覓平實，致此一問，平實便走向飲水機，倒一杯水來遞給他，再向伊道：「小心喝水！」

且道：龍冊禪師被那僧逼問時，答得此句：「被汝致此一問，直得當門齒落。」究竟是答伊所問？抑或不答伊所問？若道已答所問，且道答在何處？若道未答伊所問，明明已答，因何道是未答？

再道：龍冊禪師答那僧所問，意在何處？莫非真是「當門齒落」耶？若作此解，直是野狐之屬。

三道：龍冊答僧曰：「被汝致此一問，直得當門齒落。」有為那僧處？無為那僧處？

平實註云：若答不得以上諸問，皆屬野狐之屬；正是龍冊禪師所責之人：若非走作，即是籠罩人者。大師每於暗夜休歇之時，卻須自省，速求補救之道；否則，臘月三十日到來時，莫怨平實未曾先言。

第一四三則　長生毀譽

福州長生山皎然禪師　師嘗訪一庵主，時有人問庵主：「此事有人保任，如虎頭帶角；有人嫌棄，則不直一文錢。此事爲什麼毀譽不同？請試揀出看！」庵主曰：「此問出自偶然，爭揀得出？」師乃謂庵主曰：「汝若恁麼，此後不得爲人。」（玄覺云：一等是恁麼事，爲什麼有得有失？上座若無智眼，難辨得失。）

某老居士云：《我常說：從虛假的表層意識到真心的過程，大致可分為四個類型：一、顛倒夢想心……。二、二元對立心……。三、處胎純我心：此種心態就像在母腹中的胎兒，只有單獨的自己存在，現在心理學家叫做獨頭意識。……四、**客觀**無我心：**純客觀的無我意識就是真實原本的心態**，也就是無我之真我體現。這個無我之我，就是儒家所說的「天人合一」境界，恢復到**本來面目**的原本心態，即是參禪人**大徹大悟的圓滿境界**。到此只凸顯生命的屬性，到達絕對無執、無漏，克享真獨立、真自由、真平等的大覺圓滿。這四種心，前兩者屬表層意識，第三種是表層意識被壓制，真我尚未抬頭，尚未到「最後牢關」。第四種心才是

真我凸顯，也才是純客觀兼純主觀的真實自己，找到了真正的自己，就可以輕鬆愉快地安份守己了。》

平實云：獨頭意識乃唯識學之名詞，心理學家從來不懂此一名相，不宜援引心理學家所說來印證佛法。胎兒處胎前四個月，五根未圓，不生意識，故無知覺。彼時「名、色」中之名，唯有意根末那識一法，由此名——意根——與如來藏同住母胎中。當時之意根末那識，以五根尚未具足故，不能觸外五塵故如來藏尚未能生起內相分五塵，則無法塵可以現起，是故彼時意識尚不能生起，故老居士不能謂處胎前四個月中已有意識；意識既然尚不能生起，云何可有獨頭意識？故知老居士所言，純屬臆測之說，不符事實，即非實證者所言也。

處胎滿五個月後，五根漸具，五塵、五識少分生起，於是始有法塵，意識方能同時生起，然而彼時意識功能極劣，猶如全身麻醉病人初醒，生起不久又復沈睡，六識皆滅；是故胎兒睡時多、醒時少。眠熟時若是意識稍起而有夢境，方有獨頭意識。胎兒唯有此時方有獨頭意識，餘時或滅、或與五識俱起，不可謂處胎十個月全期皆是獨頭意識境界（詳拙著《真實如來藏》）。

故說靈知心意識須至處胎將滿五月開始方偶爾現起，至出胎前方始圓具，乃依新生之五色根而有之全新意識，已非依前世五色根而有之意識，是故不能復憶前世所經歷之種種事物；故說靈知心是此生方有，此靈知心乃至能憶處胎情境之極少分，而不能稍憶過去世種種事物（宿命通學者除外）。若此心是本有，即是從往世前來之本來面目，非依此世五根而有，則應人人不修宿命通而皆能知過去世之事物；亦應悉皆正知住胎，此心由過去世轉生而來故。然而現見一切人悉不如是。

獨頭意識者，謂意識不與五識同起；單一意識獨自現起，故名獨頭意識，唯夢中有之；已證禪定者，則唯於二禪（含）以上之等至位中有之。餘時若現意識，必與五識俱起，意識者謂有念及無念之靈知心也；禪子若知此理，則不生錯悟，不犯大妄語業——未悟謂悟。苟未知此，恐將踵隨錯悟大師後塵，同造大妄語業；一切學禪之人，於此不可不知也！

復次，居士所謂第四類型**客觀無我心**，其實非真無我，乃是有我；唯如來藏離見聞覺知，復不知自我，亦不作主，方名真無我者，方能常住涅槃。**客觀靈知**之心，有主有客，相對於六塵境而存在；六塵是客，靈知是主，不離二元對立，正是居士所說第二個類型——二元對立心，當知絕非宗門禪所悟之本來面目，而是後生流轉心，此世方有，非從前世往生來者。譬如吾人心中不打妄想，亦不入二禪以上定境，則此靈知心必同時了知五塵；設入初禪等持位安住，亦復如是了知五塵（若入初禪等至位中，仍了知五塵中之三塵）；既觸五塵，必有法塵，主客分明，正是**二元對立心**，絕非宗門禪所悟之本來面目。設入二禪以上等至位之定境中（除無想定與滅盡定），仍有非欲界覺觀之微細了知心，由此心面對定境中之法塵，仍是**二元對立心**。而居士連未到地定功夫都無，何況能離二元對立境界？如是開示，是以己所不能而要（邀）諸人，豈非奢言？

是故居士所說第四類型——純客觀的意識靈知心，同於儒家「天人合一」境界，然非本來面目，更非大徹大悟者圓滿境界，既不能突顯生命的屬性，亦不能到達絕對無執無漏（執有靈知自我即非無我執之無漏法故，此心是我見、我執之有漏法根源故），不能克享真獨立（須依如來藏、五根、末那識，方能有此靈知心故，不能如同第八識可以獨住於無餘涅槃中故），不能克享真自由（此心須秉末那之意而作業故，凡有起心動念，悉秉意根之作意而行故），不能克享真平等（不自在故，依他而起故；意根若不欲其存在，即告眠熟而斷滅故）。由如是正理，顯見居士對於自己所說諸法之過謬，皆無智慧自我檢驗，更寫在書中流通天下，主動將此等野狐事證送與天下人，不可謂有智也！

此心經由修行，可以修至不分別善惡人我，然必不離於六塵而存在，無法單獨存在；若離六塵，則此心斷滅；五根若壞（死亡或腦死）以致五塵不復現起，則此心亦滅。來世則由另生之五根為所依，而起另一全新意識靈知心，不與此生之意識靈知心連結，非是同一靈知心。故居士所云**客觀無我心**非真無我，亦非常住不壞法；雖經修行以後而能安份守己，仍在三界生死輪迴之有漏法中，仍非常住不壞之本來面目，故非真正大覺圓滿。若以證得此心作為開悟之人，名為尚未破初參、尚未見道者，遑論最後牢關？汝若以此為悟，則「此後不得爲人」，未具頂門眼，有得有失故；自己尚墮常見外道境界故，自身尚無現觀本來面目之能力故。平實為何要求居士「此後不得為人」？謂居士自身尚未證悟，何有能力而為眾人道業助一臂之力？

福州長生山皎然禪師，嘗訪一住庵僧，當時有人問彼住庵僧曰：「禪這件事情，有人悟後保任，則妙智橫生，如虎頭長角；有人悟後不肯承當，或是未經辛苦參究而探聽得來底，則寧可執取無念靈知心，棄捨無覺無觀本性清淨的眞心，別求虛妄之心以爲常住不壞之眞心，則此宗門禪之密意即不值一文錢。禪這件事情，爲什麼有人毀謗、有人讚嘆，互不相同？請你試著將此道理講出來聽聽看。」那住庵僧聽了便說：「你這個問題是臨時提出來的，我又沒時間思惟，怎麼可能答得出來？」長生禪師在一旁聽了，便不客氣的向他說：「你若是如此，從此以後不可以再爲人說禪了，也不可以作什麼開示來幫人開悟。」

且道：長生禪師在旁聞住庵僧如是答語，因什麼道理便教那僧不許再說禪？不許助人開悟？當知證悟本心一事最為平實、最為簡易，一般信力、慧力、福德不足者，若不經歷辛苦參究、自肯自諾，凡是聽聞得來者，智慧難生，必不信受而生嫌謗，則所探得之密意即不值一文錢。若是自己辛苦參究所得，則悟後必能依其信力、慧力、福德，能自己整理出法界實相之面貌，便能保任所悟本心，不讓他人所說邪知邪見影響而退轉；時日久之，漸能妙智橫生，所向披靡；如虎帶角，無有能當之者。

若是辛苦修除妄想後，將無念靈知心錯認為真心者，此名修得之法；凡是修之法，即非本有之常住法；死後即便散壞，夢中即便散亂。如是錯以無妄想之覺知心境界作為已經修得真心，以忽起妄想作為散失真心，即是有得有失之法，則非本來常住不壞之真實佛法。當知本心非從修除妄想分別而得，正當靈知心不打語言妄想分別之時，本心早已本然地同時存在而不起妄想分別；靈知心正在狂想分別時，本心依舊是與靈知心同時存在而不妄想分別。祂不因悟而無妄想，亦不因未悟而打妄想；祂是在靈知心開悟之前就已經是不打妄想分別的，悟前如是，悟後亦復如是；祂是平實現成的，既不裝模作樣，也是從來都不裝神弄鬼籠罩別人的。

或有人下問平實：「明明開悟甚難，汝亦檢點諸方老宿，難得遇見一個、半個眞實證悟者；而今又說極簡易、極平實、極現成，何故前後所說顚倒至此？」答曰：「只爲太簡易、太平實、太現成，所以難悟，轉求轉遠。」真實法即是如來藏實相心，甫入胎時尚無離念靈知心，意識尚不存在時，本心如來藏早已處於胎中，為您忙著製造來世的色身了，何曾一時半刻消失不在？竟然錯認出得娘胎以後才能自知自覺的意識生滅心？何其無智！如是分明之心，而凡、愚等人悉皆不知不證，二乘無學聖人之所不能，故說為難！

然而對於實證者來說，卻又是近在眼前，分明至極，不可謂之為難也！若論此事，難易之間皆在有無真善知識指導，並非未悟者所思之極難事也！豈不聞世人道「遠在天邊，近在眼前」？趙州古佛亦嘗云：「只爲太近，所以難會。」便是此理。

所以玄覺拈來徵之於諸方老宿云：「一等是恁麼事，爲什麼有得、有失？上座您若無智眼，難辨此中得失。」如今諸方老宿新秀，競相出道弘揚宗門禪，自稱證悟之人，幾遍全台南北；然而十之八九似此庵主，不辨此中得失、明暗，便敢住庵開山，便敢為人說禪、寫禪宣稱證悟，乃至為人印證開悟；可謂向天借膽，與佛作對。後時無常來時，小心閻王老子清算汝以盲引盲爛帳。

只如平實於此一則公案，嘮嘮叨叨說理說事，講得許多，上座還會麼？若猶不會，且看平實上座說法來！

第一四四則　龍華舒手

杭州龍華寺靈照禪師　一日上堂，良久，忽舒手，視眾曰：「乞取些子！乞取些子！」眾無對。又曰：「一人傳虛，萬人傳實。」

某大法師云：「我們對一樁事一個人的看法和評斷，往往隨著自己的主觀意識和個人心情的好壞而改變，結果發現對同一個對象在不同的時空會產生不同的感受；這表示我們所見到的世界不是真實的。如果在任何時間地方、對任何人事物都**不加入主觀的自我意識**，這就是**現成的佛法**，這就是智慧。所以當你的情緒發生波動時，你已經離開佛法了！」

平實云：莫道吾人修至**無主觀自我意識**為會佛法，饒汝回復甫出生時未受人我分別熏習之靈知（意識）、乃至修入無覺無觀三昧中之靈知（意識）不起善惡分別，依舊不會佛法。佛法之現成，乃於一切時、處、事中皆現成，與是否摻雜「主觀的自我意識」無關，亦是甫出生時即有，現今倍受污染時亦有，乃至熏習雜染一世而成為大惡人之時，仍然具足而無乏少；若如此師所說要經修行而去除雜染以後方有佛法，則其佛法即非現成之法，乃是修行而後始成之法，豈真佛法是修行之後方有者？若然，則佛法亦是生滅法，修行以後方有故，不是本有之常住法故。是耶？非耶？大法師還能就此答得一言半語否？若答不得，則是大法師所證之佛法都無靈驗，非真佛法也！

如今大法師所說者，自語相違，竟不自知，仍然印入書中梓行天下，徒留話柄於佛門之中，連絲毫自省之智慧亦無，竟敢方便示人以證悟聖僧之表相，寧無過失？所以者，大法師既言佛法是現成的，意謂佛法並非修行而後始有者；然大法師所說者，卻是要經由修行而「在任何時間地方、對任何人事物都**不加入主觀的自我意識**」，說「這就是**現成的佛法**，這就是智慧」，卻是修行以後才能達成的「佛法」，顯然不是現成的佛法。如是而言智慧，卻正是意識主觀的看法，竟然自稱是「**不加入主觀的自我意識**」，竟然自稱「這就是智慧」，同一段開示中，已經自語相違如是嚴重，邏輯上完全不通，已是自立之後隨即自破，全無正理可說，竟然還能說是正統佛法；可憐數萬徒眾聞已，都不能覺知其謬，繼續廣讚、受學，不斷深入岐途，令人悲嘆！

清淨的修行人，於處理人事物而不摻雜**主觀的自我意識**前，佛法確是**現成的**；但是世俗貪慾狂暴之人，於貪求及狂暴待人時，其**主觀的自我意識**雖極為強烈，而此時佛法亦是**現成的**。若非如此，則佛法即非恒、**遍**。恒者不斷，不論你醒著睡著、狂暴安祥、貪慾清淨、入定出定、存活死滅，佛法——真心本性——一向都是**現成的**。遍者遍三界六道，不論你生到地獄、人間，乃至無色界天，佛法——真心本性——都是**現成的**。是故，佛法之**現成**，其實與此師所說加入或不加入**主觀的自我意識**無關；若不知此，名未悟人，與其名聞四海，著作等身無關。

大法師若不信，請看龍華靈照禪師此一公案，還解得麼？龍華禪師一日上堂坐定，久不開示；忽然伸手仰掌，顧視大眾云：「給我一些！給我一些！」眾皆沉默，無有應對者。許久又曰：「一人傳虛，萬人傳實。」

此一公案，猶如現代土城和尚公案。據顏宗養老師《廣欽老和尚雲水記》載：《一九七七年參加懺雲法師在台北念佛團打佛七，懺公非常敬重老和尚，於佛七圓滿後，浩浩蕩蕩七八十人，上土城承天寺拜訪老和尚。……在老和尚的丈室裡，裡裡外外擠滿了老老少少……。

老和尚一語不發的坐在禪椅上，俟懺雲法師進來，引領大眾行過大禮後，大家就地坐定。……老和尚顯得精神愉悅，似乎非常高興。見大家默默無語，便對大眾說：「你們打佛七挖寶，既然挖到寶，應該奉獻出來；來！道一句！」……平日談天說地，講經說法頭頭是道的我們，誰也拈不出一偈、半偈來。

當大家面面相覷，默默無語，沉悶得有點兒坐立難安時，忽然一聲「南無阿彌陀佛」從一位比丘尼口中迸出來。大家猛然回頭，將注意力投射到這位中年比丘尼身上，看是何方神聖作此獅吼！瞬即將注意力又回到老和尚身上，想由老和尚身上覓個消息。只見老和尚搖搖頭，指著前面一位小孩子說：「這句，連三歲孩子也說得。」

接著又恢復寧靜死寂的狀況，只見老和尚目光炯炯，似乎在探尋：到底誰把寶藏起來不肯示人？「來！道一句！道一句！」老和尚似是身經百戰的老將，兵臨城下，在那裡叫陣。大家在老和尚凜烈眼光與堅決有力的鞭策聲下，噤若寒蟬，連呼吸都覺緊張。這才令我覺察到——這不是書生論戰，而是眞刀實槍上陣，沒有眞功夫本事，是上不了戰場的。

有位坐在前面的比丘，大概是被老和尚盯得渾身不自在；他搖動一下身子，揣摩一下，然後押寶似地擠出一偈：「過去心不可得，現在心不可得，未來心不可得。」老和尚表情淡然，轉過來面對這位比丘說：「我們關起門來說話……」老和尚指著自己身上的出家僧服說：「你不要以為這件衣服可以隨便穿的，要眞正穿得起這件衣服，可不是容易的！」》

如今平實依樣畫葫蘆，便向當代海內外諸多老宿新秀伸手道：「不論小中大乘及密乘尊者，來！來！道一句！道一句！」莫有道得者麼？何妨一見，一句道出？

這比丘尼，忒也大膽，一句「南無阿彌陀佛」也唸不好，令土城和尚多費唇舌。平實當時若在，清清晰晰地唸一句「南無阿彌陀佛」，必教土城老人無言領首。且道：此中有什麼蹊蹺？直得老人不得不差別相看？

誠如老人所言，僧伽梨不是那麼容易穿的；若不會三乘宗門密意，穿起福田衣讓人種福田，又將什麼功德消得施主布施？又將什麼法回施檀那？若是依文解義之輩，乃是知解宗徒，又將什麼住持三乘宗門正法？方知一領僧伽梨，寸寸皆如千鈞重擔，不容易穿得！

宗門證悟之難，難在談玄說妙。說得越玄，想得越妙，也就離道越遠；唯有平凡實在的參究，方能平實地證悟，般若實相智慧勃然湧發。然眾生多信玄妙之談，不信平凡實在之禪，是故轉思轉遠。豈不聞諸祖常譚「道在屎溺」？屎溺有什麼玄妙？而言道在其中？學人特須於此在意。是故唯有不求神通、不求玄妙之老實人，安份守己參究，方能與道相應。一旦悟去，卻又無一法可得，無一法相傳，皆是本自具足，只是經由師徒關係之建立而指示路途，覓得自己本具之受用物而已；如是親證本地風光已，師徒之間何嘗有一法可傳？故云一人傳虛。然而未悟之人不明此理，相率穿鑿附會，每道有法可傳；如是口耳相傳乃至人眾鉅萬，故云萬人傳實。

只如龍華禪師伸手索討：「乞取些子！乞取些子！」土城老人催逼索寶：「道一句！道一句！」正當彼時，若有個禪和子眼明手快，直下見得，正好向土城老人索討手上，印上一掌，珍重便出，不唯免得龍華禪師說話，抑且免得隨後懺公敗闕。只為大眾著他龍華及土城語言境上，以故見而不會。然龍華及土城俱有為人處，只是高峻難會，不免萬人傳實也。

如今平實長篇大論，說得精彩，上座何妨放下書來、特地為平實鼓掌三分鐘？

第一四五則　藥山忌道

潭州道吾山圓智禪師　師與雲巖侍立次，藥山曰：「智不到處，切忌道著，道著即頭角生。智頭陀怎麼生？」師便出去。雲巖問藥山曰：「智師兄為什麼不祇對和尚？」藥山曰：「我今日背痛，是他卻會，汝去問取。」雲巖即來問師曰：「師兄適來為什麼不祇對和尚？」師曰：「汝卻去問取和尚。」（僧舉此公案問雲居：『切忌道著』，意作麼生？」雲居答云：「此語最毒。」僧問云：「如何是最毒底語？」雲居答云：「一棒打殺龍蛇。」）

平實云：此一公案與藏白海黑公案（詳第一輯第二十則）無二，會者一見便知；不會者枉費唇舌，空口白話，嘮叨了半天，徒然貽人話柄，何有見地？

譬如某大法師說禪云：《馬祖的弟子當中，智藏的年紀比較大，頭髮已白，懷海的年紀比較輕，頭髮較黑。他們三人都不回答問題，使問法的人不得其門而入，看起來毫不合理，**實際上是沒什麼好回答的**。馬祖覺得此人需要點一下，因為他始終弄不清楚別人為什麼不回答他的問題。馬祖說：你問的問題就如智藏的頭是白的，懷海的頭是黑的，還有什麼好問的？一切不都是現成的？處處都是佛法，處處都是禪，樣樣東西都是道；你自己看不到，還在問東問西，等於說你自己穿著衣服還找衣服穿，飯就在眼前還在找飯吃。……》

如此名師說禪，籠罩天下人，令人感嘆！猶如「一九八二年一月，卡盧仁波切首度蒞台，初抵台中時曾赴南投水里蓮因寺拜會懺雲法師，法師向大修行者卡盧仁波切頂禮；寺中並臨時召集大專齋戒會全體學生，舉辦一次座談會，會中懺公代表全體同學，以『當今佛法衰微，如何是復興之道』為題，請仁波切開示（法露 1984.3.5－P3）。」（摘自慈雲二〇五期黃英傑著《台灣地區四十年來密宗之變遷》）卡盧仁波切以密宗證悟聖者之身分來台，造成此後密宗在台灣之興盛弘傳。然觀其所悟仍屬錯悟，猶不能向土城和尚道得一言半語，與當今海內外諸「開悟聖者」無別，錯將無念靈知心做為真心空性（詳一四〇則及慈雲二一八期五三至五七頁，二一二期七三至七四頁）而誤導佛子同陷大妄語業中。如此現象無獨有偶，古今、中外、顯密皆然，令人感嘆此界佛子福薄乃至於斯，以至隨時隨處皆被大名聲的假善知識籠罩誤導。

閑言表過，言歸正傳；且說藏白海黑一件公案，此位名師解云：「他們三人都不回答問題，使問法的人不得其門而入，……實際上是沒什麼好回答的。」然究其實，馬祖、智藏、懷海三人都已明指真心，只是彼僧猶如此位名師一般處處錯過，猶道三人不曾回答，更去尋馬祖問答，馬祖便道：「藏頭白，海頭黑。」

此一名師便以意識知解開示大眾：「就如智藏的頭是白的，懷海的頭是黑的，還有什麼好問的？一切不都是現成的？……自己看不到，還在問東問西，等於……。」殊不知馬祖最後所說「藏頭白，海頭黑」一語，乃是放過之語，較之三人機鋒益深、益細，管保彼僧不會；此位名師不知，今日猶在猜測彼僧曾悟、未悟？宜其將馬祖三人真意放過，專在「藏頭白，海頭黑」放過之語上作文章。天下禪子無量百千，總如此師與彼僧一般不知蹊蹺，盡被馬祖放過語所惑；須知「藏白海黑」一句最毒，學人切莫上他馬祖閑機境。然而若是真禪和，經歷馬大師等三人機鋒作弄之後，能在這最後一句上悟入，卻得後來居上，當得人天之師；從此廣度人天，世間無人相與比擬。

譬如藥山忌道公案：道吾圓智禪師，一日與雲巖曇成禪師侍立於藥山惟儼禪師身傍，藥山惟儼忽云：「眞心之體與性，是俗人意識智慧所不能瞭解的；千萬小心，不可用語言明說。若明說而使不應悟的人悟入，便會破壞佛法密意，違背了世尊的告誡，來生不免頭上生角。圓智頭陀啊！你對這佛法密意又如何看待呢？」道吾圓智聽了，便走出方丈室，不曾回答藥山的話。

雲巖曇成當時未悟，不懂道吾圓智之意何在，便問藥山師父云：「圓智師兄為什麼不回答您的問話呢？」藥山禪師說：「我今日背痛，你別纏著我；你圓智師兄知道我的密意，你去問他吧！」雲巖就來問道吾圓智：「師兄方才為什麼不回答師父的話？」道吾圓智卻說：「這件事，你卻應該去問師父。」此位名師若向平實垂示云：「他們二人都不回答問題，……實際上是沒什麼好回答的。」平實便拈竹篦，劈脊好與三下，這位名師或者當下會去，亦未可知。可惜無緣相唔。

後有僧舉此公案請問雲居禪師：「藥山道：『切忌明說。』他的意思又如何？」雲居答云：「這句話最毒了。」僧又問：「為什麼說這是最毒的話？」雲居答云：「這句話等於是一棒打殺天下龍蛇。」須知天下談禪說道者浩浩，到處有禪無師；盡多籠罩人者，卻又各自大顯神通；手段高者為龍，手段劣者名蛇；多非實義菩薩，云何能為彼明說？免彼破佛正法，故云切忌道著；一棒打殺龍蛇，末世正法無憂。

且道：此一公案中，藥山、道吾師徒二人，是有為人處？是無為人處？諸方開悟老宿新秀試道看！若道不得！莫盼平實明說，平實終究不敢以父母所生口道出，何以故？若以父母所生口而道，來世必如藥山禪師所言：於頭上生角也。

且道：藥山慈悲在什麼處？道吾為人在什麼處？平實老婆在什麼處？若道不得，儘管下問平實，平實卻為汝明說：「切忌道著。」大師歸寺後，百般思量，兀自不會，又來下問，平實再為汝說：「一棒打殺龍蛇。」

或有個禪和子，於此二句下會去，正好出世為人，當得人天之師！天下無人敢相比擬。且道：

這二句，既是宗門最毒之藥，因什麼道理卻能活過上上根菩薩之法身慧命？大法師還道得麼？

大法師若道得，平實道汝有來由；若道不得，平實道汝佛法無靈驗！

第一四六則　龍華兩三

杭州龍華寺靈照禪師　僧問：「『釋迦掩室於摩竭，淨名杜口於毘耶』，此意如何？」師曰：「東廊下，兩兩、三三。」

平實云：此公案，與無著禪師面見文殊時之「前三三、後三三」公案完全相同，若會前三三與後三三，便會此一公案：

《無著和尚遊五台，至中路荒僻處，文殊菩薩化一寺接他宿，遂問：「近離什麼處？」著云：「南方。」殊云：「南方佛法，如何住持？」著云：「末法比丘，少奉戒律。」殊云：「多少衆？」著云：「或三百、或五百。」無著卻問文殊：「此間如何住持？」殊云：「凡聖同居，龍蛇混雜。」著云：「多少衆？」殊云：「前三三，後三三。」卻喫茶，文殊舉起玻璃盞子云：「南方還有這個麼？」著云：「無。」殊云：「尋常將什麼喫茶？」著無語，遂辭去。文殊令均提童子送出門首，無著問童子云：「適來道『前三三，後三三』，是多少？」童子喚云：「大德！」著應諾，童子云：「是多少？」無著又問：「此是何寺？」童子指金剛神後面，著回首，化寺、童子悉隱不現，只是空谷，彼處後來謂之金剛窟。》

某名師解云：《「三三」兩個字，在此處不能用數字來定義，這句話的意思是「差不多」：前面跟後面差不多，好的跟壞的差不多，南方的佛法和北方的佛法也差不多。》平實註云：上座與無著和尚也差不多！

此名師又解云：《無著和尚跟文殊菩薩的這段對話只是個故事，但它自有涵意：有人認為文殊菩薩是在北方的五台山，因此千里迢迢不辭艱辛，從南方到北方，希望能見到文殊菩薩，能得到正法。哪知文殊菩薩卻告訴他：我們這裡跟你那裡一樣。也就是說佛法到處都一樣，你來此若心眼不開，一樣見不到佛法。》平實註云：上座如此思惟臆度，不事真參實究，即使飛到菩提迦耶，坐上當年　世尊證悟時的金剛寶座，一樣心眼不開，見不到佛法。

名師又繼續解云：《因此，文殊菩薩所說的「前三三、後三三」，對於那些到處追隨**名師**，到處去問佛法的人是當頭棒喝。若能真正了解佛法，一句兩句一直用下去，也就可以了；如果懂得很多，跑了很遠，見了很多善知識，可是沒有實踐佛法，也等於沒有出門，沒有修行。》

平實云：文殊菩薩所說「前三三、後三三」，且不是此師所說之當頭棒喝，而是入手處，只是高峻難會。然禪子們應聽受此名師之語：「不要到處追隨**名師**。」因為**名師**往往不是**明師**，總如此師一般，儘在大菩薩及諸祖師的言語文字上廣作文章，寫得許多之乎者也，講得無數禪門言語，何嘗知得宗門下事？都屬牙牙學語之輩，只是學人不知，奉為大師而隨學焉；唐費光陰，空過時日，年久自以懂得禪了，原來都只是鸚鵡學語。待得異日了知真相時，已是餘日無多，徒自負負，又能奈何？只不知這位**名師**是不是**明師**？禪子欲知伊麼？且觀平實拈提此一公案，便知分曉：

文殊問無著：「近離什麼處？」無著答道：「南方。」不曾警覺。文殊又問：「南方佛法如何住持？」無著此時猶道是寒喧，便答：「末法比丘，少奉戒律。」盡在事相著墨，何曾著得些須禪味？文殊見無著緣淺，有意為他，便下圈套，問道：「多少眾？」無著猶自答云：「或三百，或五百。」不知脖子圈套已被 文殊勒緊，卻反問云：「此間如何住持？」文殊此時仍未將圈套勒死，無著卻自己猛勒， 文殊乃云：「凡聖同居，龍蛇混雜。」無著不知 文殊真意乃是開示說：一切有情自身皆是凡聖同居、龍蛇混雜，真妄二心同處五蘊山中，猶問文殊：「有多少眾？」文殊無奈，只好點云：「前三三、後三三。」如是開示已，又怕無著不會，更舉起玻璃杯（古時玻璃杯極名貴難得）云：「南方還有這個麼？」真是石破天驚，雷震九霄，無奈無著慧眼未開，又聾又盲，卻自己上他文殊閑機境上，便道南方無玻璃杯，正是答非所問。文殊老婆至極，便又點云：「平常用什麼喫茶？」無著依舊不會，眼見如盲，耳聞如聾。大法師既敢方便妄語，道是證悟聖者，且道一句，看能合轍否？若道得合轍，平實道大法師有來由，當得證悟聖僧之名。大法師答語時，若道是用手、用渴、用玻璃杯吃茶，小心平實放汝三十劈脊棒。

無著和尚根鈍，著著錯過，不知當面即是文殊，辜負文殊無比老婆之後，更欲辭去、另覓文殊，文殊乃令均提童子送出門口；無著出於門外，復問均提菩薩云：「方才老人所說『前三三、後三三』，究竟是多少？」童子聞言，知伊不會，有心為伊，便大聲叫喚：「大德！」無著突聞大喚，當時隨即應諾，無奈仍是眼花，童子乃點他道：「是多少？」無著和尚依舊懵然，不知童子意在何處？又不知別從何處重問，乃就事相問云：「此是何寺？」童子見他不知從何處問法，確實仍與第一義無緣，便指向無著身後金剛護法後面，無著回首觀看，文殊所化寺院及童子隨即並皆隱而不見，只餘空谷。

文殊與童子二位菩薩，可謂扮盡神頭鬼臉，非唯撒土撒沙，抑且入泥入水，大是一場漏逗，無奈無著依然不會，處處錯過。如今平實老婆，句句提點之後，未審大法師還會麼？

杭州龍華寺靈照禪師，偶遇僧問：「世尊於摩竭陀國時，掩閉室門不語；維摩詰居士在毘耶離城時，示病無語。這倒底是什麼意思呢？」龍華禪師便不肯如　文殊與童子一般辛苦為人，只是答道：「東邊走廊下，有僧人兩兩、三三。」如是開示，正與　文殊「前三三、後三三」無二無別。

如此大法師，諸方老宿、新秀說禪時，總是落入諸祖之言語中，一向死於句下，悉皆翻不得身、轉不出路頭來！更道是沒什麼事，不須要問來問去；總在兩兩與三三、前前與後後、東廊與西廊、三三與三三、有事與無事等事相上用心，驢年得會去！更說得前後差不多、南北差不多、好壞差不多，如是說禪，正是鋸解秤錘，鋸到最後縱使鋸穿了秤錘，仍然是生鐵，變不成黃金；如是學禪、說禪、教禪、修禪，徒然辛苦一世，竟何所用？還能證得無餘涅槃中之本際耶？還能湧發實相般若智慧耶？正是相率學語以為禪，師徒空費米糧、虛度時光，有何實利？悲夫！

如是大法師，舉說公案已，更妄評名師並非明師，意欲暗指何人為名師？當時教禪最有名者豈非閣下耶？尚有何人是名師？更大言道：「對於那些到處追隨**名師**，到處去問佛法的人是當頭棒喝。」卻不料此語反而棒喝了自己座下鉅萬徒眾。平實於此且借大法師之言語，廣贈天下學禪者：「若能真正了解佛法，一句兩句一直用下去，也就可以了；如果懂得很多，跑了很遠，見了很多善知識，可是沒有實踐佛法，也等於沒有出門，沒有修行。」事實確是如此，今時禪門大眾悉應聽受大法師此語。如今平實便依大法師之訓示，且提古德一句、兩句，教大眾「一直用下去，也就可以了」，有朝一日，突然悟得，方知原來太近。如今便教大法師及其廣大徒眾一句、兩句：「前三三、後三三。」將此話頭掛在心上，每日單看這話頭，逕直參去，他時異日庶有悟緣；萬勿如同大法師一般專在語言文字上用心，此是鋸解秤錘之法，鋸到最後只能見得生鐵，絕無黃金可得；不如專在此一句上看住，久後自有因緣看出端倪來，豈不省事？

若道此句太短，看來看去總是嫌它無味，不然就換個話頭亦可：「東廊下，三三兩兩。」若還嫌太短，無妨再加上一句作對子：「西山上，一一二二。」或有個禪和子不喜繁冗話頭，喜愛簡潔，是亦無妨，平實便教爾只看一個字：「三！」但能日日逕直看去，久年之後看得熟了，直待有朝一日遇個因緣時，屆時不假思索，「三」字不覺從自己口吻中出時，方是法身慧命出生之時，那時再看平實曾否如同大法師一般誤了您？彼時方知平實慈悲為人處也！從此以後，禪門機鋒盡由大德使，再也無一機鋒能使得大德也！

只如平實將此二公案又拈又提，無比老婆，未審諸方宣稱已悟之老宿、新秀們，如今作麼生說個「東廊下兩兩、三三」之道理？君若來覓平實，莫道不會。

若是存心懺悔，卻須公眾前作，要須天下人皆知，方得懺罪；彼時再來下問，道個不會，平實便為上座開個縫，大家瞧瞧：「大殿裡，兩兩三三。」上座且莫撞進大殿去，好在大殿門口遠遠看著！

第一四七則　保福剗絕

漳州保福院從展禪師　師上堂舉《盤山云：「光境俱亡，復是何物？」洞山云：「光境未亡，復是何物？」》師曰：「據此二尊者商量，猶未得剗絕。」乃問長慶：「如今作麼生道得剗絕？」長慶良久。師曰：「情知和尚向山鬼窟裡作活計。」長慶卻問：「作麼生？」師曰：「兩手扶犁水過膝。」

泰錫度仁波切開示《心經》云：《當觀自在菩薩說「色即是空」的時候，說明了我們所見到某個形相物的本質，但這只是從主體來看客體時所了解的其中一個面向，這當然仍是不夠完全的；因此觀自在菩薩接著又說「空即是色」，以說明另一個積極的面向。……「空即是色」便在說明，這一切形相之所以存在，是因為空的關係，沒有空（間）的容受萬物，一切的東西就沒有辦法存在。因為空性（依前三句意旨，應知此空性二字意指空間之體性），所以使一切的可能存在，使一切的名稱、我們所使用的一切都成為可能。》

平實云：佛法所說之空或空性，非指空無、空間、虛空、或緣起性空。若言空無是佛法之空，則佛法同於斷滅論議；若言空間或虛空能容受萬物即是佛法空性，然虛空非情非心，非吾人所能熏修，永不改易，是即無關有情心性，則佛為虛空空間能容受萬物之理而出人間示導此理，乃是愚癡人，不得名為一切智人；若道緣起性空是佛說空性正理，此亦不然，已墮**有緣無因**邪論中故。當知二乘緣起性空之理，若離萬有之本體——因——如來藏，則一切緣起性空之理皆名戲論，只緣現象法界而遺漏實相法界涅槃本際——十因緣、十二因緣之因——名色所緣本識之第八阿賴耶識，則成**有緣無因**之法，則二乘法同於斷滅，同於外道**無因唯緣論**。若離十因緣、十二因緣之因——第八識如來藏，則大乘般若空即同於**無因有緣**之緣起性空，形同外道斷滅見；如是主張者，不論如何遮遣，終是大戲論。

是故般若空之精華——《心經》，其所說空或空性，乃是有情各自本具之真實心——第八識如來藏，不得以空間或虛空而闡釋之；否則即名錯悟，名未見道者；所說之法即非第一義諦，概屬俗諦無常之理。泰錫度仁波切以此知見，尚不能知禪宗破初參之智慧，何況能知大菩薩之無生法忍？如是未斷我見之凡夫，尚不能知聲聞初果解脫智慧，何況能知阿羅漢所無法臆測之保福剿絕公案？

有一般**狂密**宗徒，排斥老實修行之真密行者，每誇大其辭，自謂已成就究竟佛果。設使諸多**真密**行者能知保福剿絕公案，亦僅得菩薩無生忍之類智爾，後得無分別智尚未具足觀得，諸地無生法忍悉皆未得，佛地一切種智更未修學圓滿，云何名為活佛？云何名為即身成佛？何況未證如來藏、未覓得真心之人，見道智慧且無，尚無根本無分別智，設或偶遇初明心之第七住位菩薩，尚自恐懼而不能出言論法，竟自謂其證德高於釋迦文佛者，此諸未見道之「活佛、法王」，名之為**狂密宗徒**，不亦宜乎！以從未稍知佛門密法故。苟或不信余言，且舉保福剿絕公案，看汝等法王、活佛等人，還能會得麼？若會不得，尚非大乘見道菩薩，何況能知真密妙法？

漳州保福院從展禪師，一日上堂提示一個公案云：《盤山禪師云：「五塵光影及法塵境界全部都消失以後，剩下唯一的東西是什麼？」洞山禪師卻云：「五塵光影及法塵境界都不消失時，那個同時存在的東西又是什麼？」》這個當代公案，輾轉傳到保福禪師耳裡，保福禪師聽了便開示道：

「依據此二位尊者之對答，尚未完全捨棄葛藤、直指本心。」乃問其師兄長慶慧稜禪師：「如今應該怎麼說，才能一語道盡？」長慶禪師苦思良久而不能答，保福禪師便說：「我就知道你在黑山鬼窟裡盤算著。」長慶禪師卻反問：「那你又怎麼說？」保福從展禪師就回答云：「兩手扶犁水過膝！」

平實每云：「禪子最忌生慢，慢能障道。」譬如保福從展禪師悟前，曾與長慶慧稜遊山，當時被長慶道個可惜；然而保福慧力遠勝長慶，必已多劫修慧而來；只因隔陰之迷，又復此世晚生晚學，實非吳下阿蒙，只是暫且未能相應爾。後來得悟，智慧高超，自非長慶所能望其項背也，是故長慶於此一公案之下，終究結舌難言。

且道：盤山與洞山二尊宿語，因什麼道理猶未剿絕？保福一句「兩手扶犁水過膝」為什麼便得剿絕？

若不知此語中之偏正者，皆名未悟之人，云何自稱活佛而受天下人供養？乃至受人妻女色身供養？且莫自高自慢，還思臨壽終時，果報可畏乎？

第一四八則　保福佛殿

漳州保福院從展禪師　一日上堂，大眾雲集，師曰：「有人從佛殿後過，見是張三、李四；從佛殿前過，爲什麼不見？且道佛法利害在什麼處？」僧曰：「爲有一分粗境，所以不見。」師乃叱之。復自代曰：「若是佛殿即不見。」僧問：「不是佛殿，還可見否？」師曰：「不是佛殿，見什麼？」

有某居士云：《……耳根與聲塵相對所產生的記錄慣性，一生一世記錄下來，到了下一世就成為檔案資料，**保存在藏識裡**；一旦成佛，這藏識就轉為如來藏。……》

平實云：藏識就是如來藏，成佛後改名佛地真如，又名無垢識，不是改名為如來藏。如來藏者一心多名：在凡夫地及三乘無學位之前統名阿賴耶識，阿羅漢、辟支佛及八地以上菩薩位，統名異熟識。於未成佛之前，不論任何階位，此一真心皆可統名如來藏，修至佛地時，此第八識真心已不名如來藏，改名佛地真如——無垢識；謂如來藏之異熟種子流注生滅已盡，不再有生滅現象，故不得再名之為異熟識；彼時大圓鏡智現前，故名佛地真如。

未至佛地之前，此心含藏成佛之功能，故名如來藏；既已具足顯出成佛時之功德，即不得再名為藏，佛地果德悉已生顯故。（詳拙著《正法眼藏—護法集》）不論是法師、居士或密宗上師，於弘法前必須先貫通名相教理，方可弘揚佛法。不知者應老實答云不知，切莫臆想猜測而誤導佛子。

只如真心本性人人本具，因何個個錯將靈知妄心認作如來藏真心？藏密中人更是如此，錯將種種外道法認作佛法，移植到佛門中來，妄言是更勝於顯教之法，一向崇密抑顯，乃至貶抑佛陀證境，妄謗為化身佛之低下層次，妄推自身凡夫地之外道法，以為至高無上之報身佛境界；公然而且極力滲透於佛門之中，漸次取代顯教之法，亟欲重演古天竺「密教興而佛教亡」之故事。而諸顯教大法師，都不曾稍知密教之事實真相，率眾極力擁護之，競相供養藏密「活佛、法王」等凡夫徒眾，豈不是宗門祖師所責之「這一隊漢」？只是迷於藏密誇大不實之言語表相，何曾真知藏密之內幕？

如今居士尚知藏識之粗理，何妨為汝言之。藏識者名如來藏，阿含中說為識、入胎而住之識、名色之所從來之識、名色所緣之識、無餘涅槃中之本際，亦是般若諸經所言之心、無住心、無念心、非心心、無心相心、空性，即是《心經》所說「無智亦無得」之心；正是第三轉法輪諸唯識經中所說之阿賴耶識、異熟識、無垢識、所知依、如來藏、心，正是出生名色之實相心，正是父母未生我人名色之前的本來面目；若有人證得此心，現觀此心所住之境界，即知無餘涅槃中之本際，是名實證本地風光之賢聖也！

一切善業、惡業種子，無記業種子，一切七識心之種子，五色根之一切種子，六塵之種子，山河大地之種子，清淨無漏之成佛種子，八識心王相應之一切無漏有為法種子，……等，悉皆執藏於此心中，具足證知此心蘊藏之一切種子者，名為證得一切種智之人，即是究竟佛。分證如是種子者，生起無生法忍智慧，名為道種智，即是諸地菩薩。尚未證得此心中之一切種子，但已能多方觀察此心之本來性、自性性、清淨性、涅槃性，具足後得無分別智，則是即將圓滿三賢位般若智慧功德之菩薩；初證此心而擁有根本無分別智，即是大乘真見道之初見道人，名為已入賢位之位不退菩薩。禪宗多數證悟祖師初悟時之公案所說概多屬此。由是緣故，知此心如來藏，正是萬法之根源，正是一切有情之本來面目。如是一心，即是宗門禪求悟之人亟應早日實證者，即是諸菩薩都應深入現觀者，更是諸地極力實修欲求成佛之所憑藉者；若無此心，二乘菩提頓成斷滅見；若無此心，一切菩薩修行悉皆唐費其功，無佛可成。復觀教下所說，全皆從宗出教而敘述此心：二乘涅槃悉由此心之常住而成就，大乘般若悉屬詮釋此心之自性；大乘唯識悉依此心而詮釋成佛之道及其內容。由是觀之，即知此心之重要，故說宗門禪之實修者，皆當全心戮力求證此心；證此心者，即入賢聖位中，真入般若內門中現觀一切法緣起性空，現觀此心成就萬法，方能生起般若實相智慧；若未證此心，而言已證般若實相智慧者，悉屬空言。言歸正傳，且觀保福佛殿公案，方能有助於禪子實證此心，得入宗門之中而通教下文句，自能轉經而不被經轉：

保福從展禪師一日上堂時，大眾雲集，乃開示云：「有人從佛殿後過，看見是張三、李四；若人從佛殿前過，為什麼卻看不見他？諸位請說說看：佛法利害在什麼地方？」當時有一僧出來回答說：「因為有一分粗顯境，所以看不見。」平實則不然，便答道：「為無粗顯境，所以不見。」保福若問是什麼道理，平實便云：「入滅去！」此僧不會，起顛倒想，是故保福叱之，留下一件未了底公案。

此一問答，一眾不會，保福乃自己代答云：「若是佛殿，就不能看見。」當時有僧問云：「不是佛殿的時候，還能不能看得見？」保福斥云：「不是佛殿的時候，你見個什麼？」此一公案多少大善知識錯會，轉思轉遠。

且道：汝喚什麼作佛殿？

欲會麼？回寺取香皂洗佛殿去！

第一四九則　保福淋頭

漳州保福院從展禪師　梁貞明四年，漳州刺史王公，欽承道譽，創保福禪院，迎請居之。開堂日，王公禮跪三請，躬自扶腋升堂。師曰：「須起個笑端作麼？然雖如此，再三不容推免；諸仁者還識麼？若識得，便與古佛齊肩。」時有僧出，方禮拜，師曰：「晴乾不肯去，要待雨淋頭。」

有居士云：《心裡清清楚楚、明明白白，沒有昏沉，也不掉舉，只有一片空虛，並沒想任何事物。別人講話我們**聽得清清楚楚、明明白白**，但**除了聽以外，根本沒有用想**，這就是**離執禪定**。得到這種禪定、保持這種心態的人，在逛人潮洶湧的西門町時，好像是在曠野荒郊一樣，入千萬人中無一人相似。如你能加深並保持下去，那就如同古德所講「成天穿衣，沒有掛著一根紗；成天吃飯，未曾嚼到一粒米」了。》

平實云：此類功夫要且未能離執，不過是欲界中之制心一處的專心罷了，與禪定的實證無關，更無關宗門禪所悟之般若；譬如學生在學校中聽課時，覺知心專注一境而學習世間法；亦如修行人學習出世間法知見時，專心聽講而無雜念，都只是專心於一境而不散亂罷了！如是境界，尚談不上欲界定，何況未到地定與初禪之定？竟然倡言已得離執禪定！譬如欲界定生起，自有持身法，令色身不動不搖而得安住於定中，方是欲界定；今此居士所說之定，連欲界定都不是，何況未到地定與初禪？莫說此居士未得欲界定等，縱使能得世間禪定之最高境界——非想非非想定——亦仍無力離執，何況居士所說者尚非欲界定，焉得便能離執？

此謂：離執者，與禪定之實證無關，要在離執。然而離執與否之界定，非在定境與定力之取證，而在智慧之是否出生也！譬如離開惡見之執著，應在觀行蘊處界我虛妄，觀行蘊處界我之一一我皆是緣生之法，無一法是可以久安不壞者；如是觀行確定之後，即得離開意識我、離念靈知我常住不壞之惡見，即得離開惡見時，五利使俱斷，名是斷三縛結之初果人，即是初步之離執，與禪定之實證無關。居士不應言禪定能令人離執也。

又如三果人之離執，亦是由智慧而得；譬如二果人之貪瞋癡已薄，欲取三果解脫，於是深入觀行，現觀欲界五塵諸法悉皆虛妄不實，亦能令人沈淪生死而無有了期，於是下定決心斷除欲界愛；經由如是欲界法之觀行而生厭心，樂離欲界境界，於是以其未到地定之制心一處功夫，自然發起初禪而得遠離欲界貪愛，於是五下分結斷，成三果人。又如三果人之取證四果，亦是藉由觀行而得之解脱道智慧，於覺知心之所有了知境界悉觀虛妄，復於覺知心之最微細存在已能現觀，證實覺知心自己之最微細部分亦是虛妄，乃至亦知覺知心欲於壽盡時棄捨自己之捨心若存在時，即無可能取無餘涅槃，由是而斷五上分結，成阿羅漢。如是觀行，悉非由修定而成就者；縱使三果之取證亦必須有初禪之實證，然其初禪之實證亦並非由修定而來，仍然是由其觀行三界法虛妄而自然出生者，並非經由修定而成功者。如是正知見，居士悉無，竟倡言修習禪定可以離執。審如是，則古時一切外道已得禪定者皆得離執，云何世尊一一親歷外道之所有證境乃至非非想定之後，悉皆一一加以破斥，謂非實證涅槃？是故居士以為禪定之實修可以離執者，是知見錯誤，尚無解脱道之正知見，何況能有佛菩提道之正知見？如是為人説禪，即是誤導眾生，殘害眾生之法身慧命，其業非輕，居士宜知也。

居士之所墮者，乃是清清楚楚明明白白而空靈地見、空靈地知、空靈地聽、空靈地受，要且尚未得斷我見等五利使，惡見俱在，無一能斷，二乘小法解脱之道尚未能知，何況菩薩證悟大乘菩提之道？今觀居士所說，尚未能離欲界執，何況能離我執？設使居士已發起初禪而離欲界執，要且未離初禪覺觀執。設使證入二、三禪，要且未離淨念執。設使證入四禪捨、念清淨定，要且未離無念微細想執（想陰之想），謂居士尚無法否定意識之想陰故，正是嚴重執著意識覺知功能者故。設使居士有朝一日懂得禪定之法，終於能捨棄靈知，作涅槃想而入無想定，要且未離色界身執。設使已能捨棄色界身執而證入四空定，要且未離四空定之無念微細想及境界受執，何況清清楚楚明明白白、一片空靈之心，不離欲界六塵覺觀，而可謂之離執禪定？今觀居士於禪定、於解脱道之離執、於宗門禪之般若等修習，皆無正知見，將禪定與解脱道，將解脱道與佛菩提道，完全混同為一，其間分際完全不知而出世為人說禪，自己尚不能知其分際，何況能證？更云何能教人以實證之法？如是而言禪，豈非戲論？何益於當代學人與自己？

古德所云「每天穿衣不曾掛著一根紗，每日吃飯不曾咬著一粒米」，乃說真心不曾穿著衣服，不曾吃到飯，非謂清楚明白而空靈的靈知妄心也。此無念或有念之靈知心乃是身有即有，身壞即滅者；以是緣故，於睡眠、昏迷、入無心定中則斷，藉等無間緣而與睡眠、昏迷、入定前之靈知心連接，因五根及末那識而現行及運作，並非本來自在，亦非本來面目，乃是六識心，攝歸生滅性的識陰之中。真心必須是常住者，乃是無餘涅槃中之本際，阿羅漢入涅槃中獨存此心；真心即是般若智慧之主體，大品、小品…等所有般若經所說者，悉皆依此真心而說其本來自性清淨涅槃，而說其無始以來即已常處中道之事實；真心是三界及萬法之根本，三界及萬法都從真心中直接、間接、輾轉而生故，是故華嚴中說「三界唯心、萬法唯識」也！今觀居士之所墮，不離意識境界；如是離念之靈知心，能否夜夜眠熟時繼續常住？能否住胎製造您的色身？能否與共業有情之真心共同成就山河大地？能否進入無十八界法的無餘涅槃中獨住？能否出生其餘七識而共同成就萬法？顯然俱皆不能，云何可說為真實不壞心？既非常住不壞心，云何認為真實法而寶愛之？謂之為宗門禪證悟之標的？豈非愚人說食數寶之舉？

真心非唯恆具常住之體性，亦且恆離見聞覺知、無覺無觀，末學已於多處闡釋，茲不重述。然而居士既引祖言，自謂「每天穿衣不曾掛著一根紗，每日吃飯不曾咬著一粒米」，則居士之所證，便應檢點；居士所「悟」者，乃是專心聽、看、知之離念覺知心；此心於每天穿衣時，分明覺知自己穿衣整齊，然後始願出門見諸世人；究竟此專心離念之覺知心，已穿衣否？有智之人思之即知，不待平實贅言也！離念靈知心每日吃飯時，能知眾味而生喜厭之心，能知肚腹已飽而停食；未食之頃則能知肚餓，起念欲食，雖然其時心中並無語言文字生起，然欲食之念早已動也！不可謂無念也！特因居士定力極差，是故不知已經念動也！如是離念靈知心，每日與著衣之法、飲食之法相應，焉得謂為「不曾掛著一根紗，不曾咬著一粒米」之本來面目？祖師所示之真心，則是恆離見聞覺知者，從來不了知六塵之美醜善惡故無一切境界受；正當離念靈知心著衣、吃飯時，真心如來藏從來不加以了知，如是之心方可言為「不曾掛著一根紗，不曾咬著一粒米」之本來面目也！居士此生學禪以來，不此之圖，每取意識專心一境之時，作為宗門禪之所悟，不離意識境界，正是佛門中之常見外道，何有絲毫禪味？乃竟出世教人修證宗門禪？不是祖師所謂知慚愧底人。

大乘菩薩必須證得真心如來藏，方能確定**能知能覺清楚明白而能作主的自己**是妄有，方能離執，方證無我。居士所得之離念境界終究不離意識境界，至今修成非非想定，仍然是三界生死之法，不離常見外道境界，於解脫之道、於宗門禪所修佛道之入門，何有所益？君若不信，且觀保福淋頭公案，看其中密意還能會得否：

梁朝漳州刺史王公，創建保福禪院，迎請從展禪師前來住持，時人遂稱之為保福從展禪師。開堂日，刺史親自禮跪三請，躬自攙扶保福禪師上堂。保福從展上堂坐定，便開示曰：「何須如此鄭重其事、讓人拿來說笑作什麼？如果識得祂，便可以與古佛併肩而行。」當時有一僧出來禮拜。方才禮拜，尚未問得一句半句，保福禪師便道：「天晴地乾不肯去，偏要等到大雨淋頭時才肯去！」當時眾人都不會。

若是平實則不然，待見刺史扶掖保福上堂時，正好上前扶掖刺史，卻不理會保福禪師；保福若問，便向伊道：「與佛同行！」保福上座甫坐定，平實正好大喝一聲，與保福一同回寮，各自安歇。未審諸方「開悟聖者」，識得平實落處麼？若也識得，不妨駕臨正覺講堂，平實供養半杯麥茶。若解喝，受平實一拜！若不解喝，劈脊三棒！

且道：此僧出來禮拜，尚未問著一句、半句，保福為何便道「晴乾不肯去，要待雨淋頭」？須知此事如擊石火星，如閃電光亮，正當眼見之時，剎那之間便須會得；待後尋思，已落第二頭也，悉皆不離意識境界。

亦如平實設言：正當刺史扶掖保福上堂時，平實卻自扶掖刺史同上，意在何處？居士於此，不得草草；若更胡言，莫怪平實送上三棒！

亦如保福甫坐定，正待開示時，平實為何竟與一喝、便相隨回寮？

如是設言以進居士，居士還會得否？

居士若猶不會，且俟平實進堂剎那，莫貶眼，急著眼看。

兩重公案，早蹉過也！

第一五〇則　保福侍者

漳州保福院從展禪師　師一日令侍者屈隆壽長老云：「但獨自來，莫將侍者來。」隆壽云：「不許將來，爭解離得？」師曰：「大殺恩愛。」隆壽無對。師自代曰：「更謝和尚上足傳示。」

平實云：多年來，每有密宗行者來求第一義，而不肯護我正法，以盜法心態、以求玄求妙心態，欲藉我力而證密宗大手印、大圓滿之法，任我宗門正法篳路藍縷、掙扎圖存，而不肯拔其九牛之一毛，略加援手，而不肯以正法為依歸，仍以其密教錯悟上師為絕對依歸；欲求盡得我法，難可得也，未能完全信受我語故。

耕雲老居士說得極好：《古人參禪，十年二十年如一日，禪門典籍上事實俱在。這些人一見祖師，三言兩語便開悟了，就好像熟透了的蘋果，一碰即落。他們並非天生的聖人，都是歷經長時的修習，如青原、南嶽……皆是修養深厚，深入經藏，然後於祖師啓發之下桶底脫落。所以若是沒有崇高的興趣，缺乏集中的心意，便沒辦法學禪。》

此等密宗行者，對於我所授禪法、定法及一切種智妙法「沒有崇高的興趣」，他們最大興趣還是密宗裡的明點、寶瓶氣、父續母續雙身觀想及實踐之法，不知此諸法門本屬外道之世間法，經由印度教等外道法中移入天竺佛教而成為密乘「佛教」，與正統佛法無關，都與佛教三乘菩提無關。世尊不曾教導佛子修學明點、瓶氣、空行佛母等觀想法，也不曾教男上師與女徒弟真刀實槍實踐雙身歡喜修法，此諸法門乃天竺少數祖師為適應印度教等外道勢力，而不得不移入佛法中方便攝化，最終仍須導入第一義佛法——明心、見性，實證第一義諦。

密宗之道，所有行法皆屬世間法，與佛法全然無關。譬如中脈與明點之觀想，譬如閉氣而修寶瓶氣，謂可實證禪定；譬如父續以男人為中心而修雙身法，譬如母續以女人為中心而修雙身法，譬如二續合併而兼顧男方、女方而合修雙身法，美其名為佛教禪定，其實都與禪定無關，並且是與禪定之實證背道而馳；更與佛法之解脫及般若等智慧無關，而美其名為佛菩提道之實修；更高抬自家之外道法，謂必須實證顯教菩提以後方可實證密法。如同八歲小兒宣稱：必須懂得微積分以後，方可修學他所教導的加減乘除四則運算之法。無知至此，無人可比。

然而事實顯非如此，謂親證解脫果者，必能了知密教所言、所授、所習、所證者，皆與二乘解脫之道背道而馳，非唯不能令人解脫生死，兼能令人沈淪欲界法中，三大無數劫後仍在流轉，只能於捨壽後墮入欲界貪淫夜叉眾中，尚不能再得人身，何況能得解脫？若證得雙身法之四喜已，自稱已成報身佛果，則必下墮地獄而受種種無間純苦，何有絲毫可樂之處？

若是親證佛菩提之見道者，了知一切法皆虛妄，了知雙身法中之四喜境界都屬於真心如來藏所生之相分，本無外法，亦是生滅法，何有實相之可得？何有常住之可言？若執四喜境界以為報身佛之果報者，徒增欲界流轉之勢力，墮於我所法之中，亦皆屬於蘊處界等世間法所攝，何有實相般若之可得？墮於其中者，尚不知如來藏之所在，則不能現觀如來藏所蘊含之一切種子？何有種智之可生？而言為成佛之道？世人之愚所不能及，何有佛法之可言？而倡言高於顯教之正法，豈非猶如貧童倡言富過殷實之家？

以此緣故，說藏密諸師自謂其法高勝，然諸密宗祖師於第一義佛法之修證大多錯悟，真悟者極少；唯有篤補巴、多羅那他……等覺囊派祖師，方有實悟，餘則無論矣！藏密諸祖設有所證，多屬神通等有為法，無能突破「觀行即佛」階段，故皆不能進入禪宗證悟「相似即佛、分證即佛」階段。彼等所謂「密續」，亦有第一代受法時即錯會真心如來藏、而將能觀想之心誤認為真心如來藏者，或將所觀想之明點錯認為如來藏阿賴耶識者，皆以臆想所得取代佛法中實證之種種法。而藏密祖師所謂有大神通者，全屬死後方有之吹噓言語，從無一人是生前即有大神通者，故說皆屬誇大其詞之籠罩言語。於禪定及神通之修證事實言之，亦必證知藏密諸師絕無一人可得禪定與神通，謂禪定與神通之修習與實證，都必須斷除雙身法所追求之四喜欲樂境界覺受之貪心，否則二法皆不可能成就。然而密宗反其道而行，自稱已有或將證禪定與神通，悉屬愚人無知之言，不足取信於有智之人。

密宗各派所依據之第一代密續，在真如本體及因地如來藏本體方面之描述，多以偈頌描述，語意含糊籠統，未見有親證如來藏之明顯證據。後由密宗歷代法王、活佛、仁波切、金剛上師詳細解釋之，便一一顯示彼等之錯悟敗闕，竟敢誇言即身成佛，蔑視禪宗證悟之人；所謂貧如范丹、氣如項羽，敢與國王豪貴競勢爭富；密宗許多祖師及現代之活佛、法王、仁波切、金剛上師亦復如是：見道尚無，竟敢誹謗禪宗證悟者修證淺薄，而妄自尊稱、或互相標榜為活佛、法王、金剛上師、報身佛？如此歷代相傳，師徒標榜，自謂即身成佛，謂之狂密行者，允為正評。

密宗諸多活佛及金剛上師若覓平實，以能觀想之心謂為大手印、大圓滿之證悟者，吾今請問此一公案，頗有能解者否：

漳州保福禪師，一日令侍者往邀隆壽長老茶敘，但是附有一個條件：「只許獨自來，不許帶侍者來。」隆壽長老來到保福禪院，向保福云：「我若不帶侍者，怎能離開我住的寺院？」隆壽貴為長老，不解保福意旨，辛苦來到保福禪院說此一句；平實則不然，於保福侍者來邀時，正好遞一張空白稿紙與他，教他回話與保福：「未攜侍者，隆壽來到！」也免得保福嫌隆壽對侍者太過恩愛。

無奈隆壽不解保福之意，帶著「侍者」來到保福禪院，猶自辯解：不帶「侍者」即不能來赴約。保福乃云：「你對侍者太過於恩愛了。」隆壽長老不解保福之意，不能下語，沉默無言。保福乃自己代答：「我更在這裡感謝和尚的徒弟來傳話示現。」

諸活佛、仁波切們且道：隆壽長老又不曾帶侍者來，為什麼來到保福禪院時卻說：「不帶侍者，怎能離開我住的寺院？」來到保福禪院後，才說得這麼一句，因何保福便嫌他對侍者太過恩愛？嫌他處處帶著侍者？隆壽既未曾帶著侍者與徒弟來，保福因什麼道理說「我更在這裡感謝和尚的徒弟來傳話示現」？

莫道當代諸活佛、法王及仁波切等人十之八九不能解得，設使密宗大祖師龍欽巴尊者再來，亦猶不解。若不肯依耕雲老居士吩咐，以**崇高的興趣**和**集中的心意**，棄捨密宗練氣和觀想之法，否定意識覺知心，欲解平實真意而學一切種智，終不可得。

且道：汝喚什麼作侍者？汝又喚什麼作上足？

「汝」又何在？因什麼與汝侍者恩愛不離？

次道：侍者與上足，相去多少？「汝」與彼二又相去多少？

欲會麼？吃茶去！

第一五一則　南院百會

洛京南院和尚　有儒士博覽古今，時人呼爲張百會。一日來謁師，師曰：「莫是張百會麼？」曰：「不敢！」師以手於空畫一畫曰：「會麼？」曰：「不會！」師曰：「一尚不會，什麼處得百會來？」張百會無對。

耕雲老居士云：《祖師禪的話很難懂，有些人越看不懂越想看，看了一輩子還是不懂。為什麼看不懂？因為他沒有把禪人格化和性格化。那些祖師開言吐氣、一言一語都是法的人格化：他把佛法變成了全生命、全人格、全理智，然後由大圓覺海鎔鑄成一個嶄新的生命，這也即是作曲家所說的主題重現。若把禪當學問知識去理解，你當然不會懂他說的是什麼。》

平實云：老居士此語乃誠實語，教平實不得不讚嘆！祖師禪之言語作略確實難懂，多少大善知識在自認開悟之後、或被印證為開悟之後，依然讀不懂宗門禪師言語中之意涵；越讀不懂就越喜歡讀，往往至臨老、臨死時仍捨不得放棄。

有法師於數年前偕其出家弟子，往投某老師學禪，後覺不契而離去，改投我法中習禪。其比丘尼弟子則向法師告長假，仍隨某老師習禪而獲印證為悟。法師改習我法後，於禪三中見道而覓得本心，從此於諸大乘了義經漸漸通達，亦能檢擇祖師著作之淆訛；於我所作公案拈提第一輯亦能了知，遂請購數本致贈其已離去之比丘尼弟子。法師嗣後再詢其已被某老師印證為悟之比丘尼弟子：「看懂不懂？」答云：「不懂，但是很喜歡讀。」

此事自古已然，非獨今日。若非真悟，無法將禪生活化、人格化。禪之生活化與人格化，乃是悟後自然會將人格與生活禪化；一舉一動、一言一語莫非佛法，出詞吐氣不離世俗而不同世俗；此中密意唯有真悟之人方知，是故真悟之人不唯不排斥公案拈提，反而認為公案禪才是真正的祖師禪，也是真正的佛法；唯有真悟實證者方能讀懂公案，方能解釋公案，方能將諸公案中之要義舉示與拈提，方能助益宗門學人。

若非真參實修，將禪法當作學問知識去研究，饒汝修得佛學禪學之碩士博士學位，乃至成為禪學博士班之指導教授，依舊名為知解宗徒、博地凡夫；豈唯不會公案密意，於諸了義經典亦必觸處凝滯、不能通流、死於句下；只好假借考證之名，誣指諸多大乘了義解脫經為偽經，如是行為實已成就破法重罪。是故耕雲老居士云：「若把禪當學問知識去理解，你當然不會懂他說的是什麼？」此語雖然尖銳，卻是一針見血之言，所言誠諦而無虛誑。如今台灣許多佛學研究所中，專門研究祖師禪法之大德們，於耕雲居士此語之下，宜當惺覺，莫再皓首窮經、研究禪法，可免「說食數寶、到老一場空」之感嘆！諸多研究禪學之大德們，若猶不信老居士此語，不久老衰之後，方欲追悔，只恐時日已遲，補救無門也！若有不信余言而妄以為悟者，何妨看此一則公案，還能會否？

有儒學大家，博覽古今儒釋道三家典籍，學養甚豐，一聞百會，時人尊稱他為「張百會」。一日，張百會來晉謁洛京南院和尚，南院慧顒和尚問云：「你莫非就是張百會麼？」張答曰：「不敢！正是末學。」南院禪師乃於空中以手畫一畫，問道：「會嗎？」張百會答云：「不會。」南院便云：「連一都不會，你倒底是什麼緣故而名爲百會？」張百會默而不能應答。

只如洛京南院和尚，以手指在空中畫一畫，究竟是什麼道理？有道南院和尚這一畫是故弄玄虛者，有道南院這一畫是殺張百會銳氣者，有道南院這一畫是指鹿為馬者，有道南院這一畫是不說而說者，有道南院這一畫是黃葉止啼者，有道南院這一畫在顯示語默動靜皆是禪者，……。如是說得一堆，皆是門外語，與宗門下事有什麼巴鼻？儘是宗門分外事。

莫道汝禪學研究著作等身，饒汝研究經論十萬遍，講經說法感得天花亂墜，依然名為知解宗徒、異生凡夫，何嘗真會佛法來？何如放下禪法、經、論研究，真參實修去？務要會取本來面目，探得真心所在而現前觀察之，方得生起實相般若智慧也！但只直心參去，契而不捨，終生不易者；若忽然會得南院在空中寫的一，便能知二、知三，乃至百法俱通，貫穿十二部經中佛說三乘密意。

須知三乘菩提、一切佛法，盡在南院和尚一指頭上。且道：南院和尚以手指在空中畫個一，竟是什麼道理？

若有會得底人，何妨相見？

待平實供養一瓶優酪乳，大家共說喝乳的無生語。

如或不然，且請禮佛去！莫覓平實說禪。

第一五二則　南嶽看月

南嶽金輪可觀禪師　大眾夜參後下堂，師忽召曰：「大眾！」眾迴首，師曰：「看月！」大眾看月，師曰：「月似彎弓，少雨多風。」眾無對。

某老居士云：《唐末宋初盛行公案禪，黃蘗禪師說：「既是丈夫漢，應看個公案。」……參公案即是看別人是怎麼開悟的？循此捷徑認真參去。

靈雲見桃花悟了（按：靈雲是後來方悟，見桃花時其實仍然錯悟。詳見一一七則拈提），香巖整地，石頭打到竹子上出聲，悟了；長慶把簾子捲起，悟了；……參公案就是參他怎麼悟的？參透了，你就知道他悟了個什麼？

公案禪也很好，有典型的事例可循；但日久弊生，有些人不肯老實的去參，硬要研究公案是什麼意思？祖師西來意？庭前柏樹子？一輩子找道理，去分別是這麼！是那麼！古人說這叫做「鋸解秤錘」。》

平實云：參公案求悟，確實極難。以之作為悟後驗證則可，極親切故；以之參究求悟則難，壁立千仞故，極難下手。故平實於歷次禪三中，多用自己所施設之機鋒助學人悟入，鮮少令學人參公案，然而此諸施設之機鋒，於學人悟後，便成現代公案。雖然各種機鋒之施設可以千變萬化，然萬變不離其宗，著著指向真如與佛性，以外無他施設。

此外，公案禪之難悟，另有四因：一者某些公案為體悟真如心之公案，某些為體悟佛性之公案，某些為體悟牢關之公案；其中，第二關眼見佛性之參究公案則與第一、三關真如心參究之公案，其方向相反，若無三關皆通之真善知識指導，極難全部體悟。又兼古來開悟公案中，有不少為錯悟或勘驗疏漏者（詳見一一二、一一七、一九六至二〇〇則），若以此諸公案參究，必致錯悟，則於真悟公案不能相契，此其二也。

三者公案對答，每多俗語俚語，若未精通古時俚語，往往錯會，此第三難也。四者禪意不在語言上，參公案者每落語言文字窠臼，將來作禪、考證語意、分析思惟、以情解會，卻將更重要之意涵錯過，每每視而不見、轉思轉遠，是故公案禪難參，此其四也。

以此四緣，平實於禪三中，每夜必拈公案二至四則開示，教學人解知真如與佛性參究之差異，提示祖師之閑機境何在？又指出其中關竅：如何是放過語？如何是下手處？如何是關鍵處？學人每因釐清知見及方向，再於末學所設機鋒中悟入。

自古至今，多有大師教人專在禪師之末後放過語上廣作文章，總以情解思惟所得底知見，與諸禪者共同打混，以為最上勝妙禪，如是以盲引盲籠罩人去；學人不知，便隨大師語句，專在放過語上作情解會，更道祖師作略不合常情常理，目的是打斷禪人妄想之洪流，杜絕言語思惟而得一念不生，謂此離念境界即是悟境，便道祖師答語不合常理即是禪法。亦有名師教人以一語一默、一動一靜中之靈知心為真，以說反話及舉止狂狷為宗門禪；有人入門，便裝模作樣籠罩人，似此師徒，驢年得悟去？

譬如南嶽金輪可觀禪師，於大眾夜參完畢後，大眾正下法堂時，忽然高聲叫喚：「大眾！」眾人聞得和尚呼喚，俱皆回首，卻不省南嶽禪師之意，已然錯過；南嶽禪師見大眾不會，乃又云：「看月！」眾僧依言抬頭看月，猶自朦朧，南嶽金輪可觀禪師眼見大眾悟緣未具，乃放過云：「月似彎弓，少雨多風。」留下這件公案世諦流布至今。古來多少名師在此一句放過語上作情解，講得一堆言語之後，轉說轉遠，令諸徒眾更無入處；似此這般師徒之輩，驢年方得悟去，千劫以後依舊無緣，何況當時。不料今時依舊有此類師徒，共話無生時，悉皆墮在放過語上，早已錯過了也。

當時若有伶俐底漢，於南嶽禪師呼喚大眾時，一回首時便該認祂，至死不渝；正好走向南嶽面前珍重禮拜，禮拜起來正好向南嶽輕鼓一掌，大家回寮休歇，從此天下太平，大事底定。

如或錯過這一著子，待南嶽吩咐看月時，舉頭望月，又何妨認取？然此已較適來難會，多落南嶽看月閑機境上；若有利根禪和子，抬頭看月時一念相應，卻向南嶽面前，捧月遞與南嶽；南嶽若受，正好禮拜，天下太平；南嶽若接了拋向背後，正好與他一喝，各自回寮，省得南嶽次日又復扮諸神頭鬼臉，豈不甚妙？亦不辜負南嶽老人苦心孤詣為眾。無奈古今多少名師總似野狐一般，豈唯一再錯過南嶽，末後更專在他放過語上發揮，說得許多葛藤，綁死自他法身慧命，何等可笑！

那南嶽何等老婆！說得一晚禪法知見之後，大眾散去時，南嶽卻突然召喚大眾，正是有心為人，方才如此老婆。然而上上根人，正當南嶽搬弄口舌之時，早該會取，何待南嶽末後再作呼喚？

南嶽呼喚大眾後，見眾人一齊回首顧視南嶽時悉皆不會，復又秉於佛誡不許明言，只好令大眾看月，已是分外老婆也。無奈眾人悟緣未熟，依舊不會，只好說得此句雲淡風輕底語：「月似彎弓，少雨多風。」終結此件公案。

只如南嶽召喚大眾，意在何處？

教眾僧看月，又是何意？

若人不會，且請中秋看月去。

賞得月圓、來望平實，若猶不會，且聽平實一句：

抬頭賞月方知秋！

此句之中有偏有正，若檢點得出，道上座有來由。

何故呢？謂上座此時亦自能知南嶽放過語中，亦有為人處故。

只如南嶽放過語中，甚麼處是他為人處？

上座若自悟得，足為人天之師。

第一五三則　佛日冤家

杭州佛日和尚　師在雲居道膺座下悟後，往參夾山。夾山問曰：「闍黎舉什麼人為同行？」師曰：「木上座。」夾山曰：「他何不來相看？」師曰：「和尚看它有份。」夾山曰：「在什麼處？」師曰：「在堂中。」夾山便共師下到堂中，師去取得拄杖，擲于夾山面前。夾山曰：「莫從天台得來否？」師曰：「非五嶽所生。」夾山曰：「莫從須彌山得來否？」師曰：「月宮亦不逢。」夾山曰：「恁麼即從他人得也。」師曰：「自己尚是冤家！從人得，堪作什麼？」

有老居士云：《內捨六根，外捨六塵，一切皆捨；捨到最後把「我」也捨掉，把「法」也捨掉，二執斷、二障除，徹底清淨、安祥。捨得徹底，才是無餘涅槃，人有肉體，修行就不是圓滿。老子說：「我有大患，為我有身。」這話極有道理，修行人可以仔細玩味。》

平實云：居士言之有理，修行人欲證無餘涅槃，當捨內六根、外六塵，「我」亦須捨，我者謂六識離念靈知也。然而法不須捨，無餘涅槃唯須捨我

——捨五蘊即得。法執唯菩薩能漸斷而亦不捨法故，如是次第邁向佛地；聲聞涅槃之實證，只須斷我執即得，不須斷法執故；聲聞聖人不能明心、故皆不能斷法執故。此諸正理，居士應知。

何謂捨「我」而證無餘涅槃？亦應探討，以免誤會涅槃而成大妄語。我者謂五蘊、十八界也；由有外六塵故，真心如來藏出生六根、內六塵及六識，合為十八界；「界」者侷限之意，眼識侷限於見色塵，不聞聲乃至不知法，即是眼識之界限，故名眼識界；界者亦名功能差別，具有了別性故。六識者：眼耳鼻舌身五識，能了別色聲香味觸；第六意識者吾人之靈知心也，能了別及安住一念不生時之定境及紛亂擾攘之世間一切法中；此有念或無念時之靈知意識心，若於無覺無觀定中及夢中單獨現起，不與五識同時俱起時，即名獨頭意識；若清醒位時則與五塵同在，名為五俱意識。然不論為獨頭意識或五俱意識，意識從來都須依五色根及意根為俱有依，從來都須六塵為俱有依，方得現起；謂使入定或眠夢之中，至少亦須有意根與法塵相觸，意識方得現起；由是緣故，佛於四阿含諸經中常開示曰：「意根、法塵相觸爲緣生意識。」或言：「意、法緣，生意識。」故說意識一界雖是參禪人最執著、最放不下而堅持為常住真心者，其實仍是緣生之法，並非常住法。如是意識覺知心，正是所有錯悟參禪人之所墮，誤將此心認作本來面目；由此錯悟故，便只能隨著意識相應六塵之特性，輾轉生執而隨於六塵流轉，其執著輕微者，堅持意識覺知心離念時即是常住真心；其執著嚴重者，則如藏密諸師轉墮意識相應之欲愛觸塵境界中，日日思求他人妻室或女兒，冀能常修雙身法而貪著其中初喜至第四喜之淫愛境界。如斯等人，俱名認賊為子之愚人，錯認意識子為常住之本來人，然後隨於此賊日日搬出法財，日日搬進生死流轉種子，招來永劫生死流轉；正是經中所說認賊為子之愚人，日日喪失法財而不自知，猶向佛教界炫耀已得「報身」佛之實證。世人之愚，唯此為最。

世人總認意識覺知心為常住之我，為真實不壞之我；此是學禪、學佛、學羅漢者，第一應仔細認清之事實；若不知此，而言解脫之道、佛菩提道，悉名戲論，同於外道無異。至於錯認色身之弊病，學禪、學佛人則少之；謂若能認清身我與心我俱皆不實，則名色之執著方可確實斷除；若不知身我與心我俱皆虛妄，則必認賊為子，日日大量流失法財，何有解脫智、佛菩提智之可得者？如是，色身謂「身我」，此靈知心謂「心我」；若人有智，能觀其無常故無我，我執即斷；捨壽之時，此二我俱捨，則意根隨之而捨，即成無餘涅槃，方能成就解脫之道，出離三界分段生死。

意根者，處處作主、時時作主、秒秒作主之末那識也。靈知能覺之「意識我」及作主之「末那我」俱捨，則入無餘涅槃。若此二者有一不能棄捨，認定覺知心無念之時即是真實常住不壞之心，而謂已證無餘涅槃者，名大妄語——妄認已證聲聞四果。此事不可含糊籠統，以免自障道業。

餘五根者，眼耳鼻舌身等五色根也。五根各分扶塵根與勝義根。五扶塵根者：眼如葡萄、耳如荷葉、鼻如懸膽、舌如半月、身如肉桶行廁。五勝義根者：眼耳鼻舌身之全部神經纖維及頭腦，頭腦者乃五勝義根之集合體，藉由五扶塵根及神經而接觸外五塵。意根雖無形無色，但可藉真心如來藏之功能，經由頭腦而接觸五塵中之法塵，思欲了知故，便現起第六意識及前五識。若意根末那識不欲了知五塵及諸法塵，則前六識必然間斷而不現起，名為入無心定或眠熟。

今者多有佛子，於無心定及無覺無觀三昧之差別有所不知，於無心定及涅槃之差別有所不知，於無想定及無心定之差別有所不知，於無想定及想陰滅之差別有所不知，……乃至等而下之：於意根及意識二心有所不知，動輒以覺知心住於無妄想境界中以為涅槃，此名外道五現見涅槃之初——以欲界中之無念靈知心為涅槃心，佛說此為外道誤計涅槃。乃至有以四禪中之微細色界覺知心為涅槃，此即五現見涅槃之末——第五種外道現見涅槃，皆是外道誤計涅槃。

若人於欲界靈知心不捨，乃至於色界、無色界靈知心不能棄捨者，皆名執我——不執身我而執心我也，可悲者是禪門之中，如今早已如是同墮意識心我之中，具足成就我見。入無餘涅槃者前七識斷，不復於三界中受生也。前七識斷而不復受生，即無心起，則無有知者、無有作主者，方名真實寂滅，方符**涅槃寂靜**法印。若認無念靈知乃至四禪中之色界無念微細了知為涅槃心者，皆名佛門常見外道；亦名自性見者，同墮意識等識陰六識之功能性故；如是等人，皆不得涅槃寂靜，不免三界輪迴。若以修成無念靈知心作為實證真心、作為已證涅槃，欲於後日捨報時以此靈知心入住無餘涅槃者，名顛倒見，名大妄語，地獄業成就；一切佛子——特指參禪人——於此不可不慎！

以免求升反墮，招得未來無量後世悽慘苦痛！

若非真悟者，不能了知以上所說正理，則不能捨心我，只在知見上承認心我虛妄，仍不能捨心我，唯能捨身我；仍須輪迴於欲界六天，須盡七有人天往返之後，方能捨心我而取無餘涅槃，只成聲聞涅槃。若於此世不知此理而妄言已證四果涅槃，則成大妄語業；非唯不能出三界，反將於捨報後入地獄受無量苦；彼時聲聞初果已斷身見之功德亦失，退回凡夫異生位中；再度斷身見而預入聲聞初果之中，已是多劫以後之事了。凡我佛子，務須戒慎明辨，方免無窮後患。

然而如是實證初果乃至四果已，亦只是粗知涅槃，於涅槃之實質仍無深入了知，謂此四果人仍無法了知涅槃之本質實依真心如來藏而施設故；由此緣故，聲聞羅漢不能了知大乘別教中初悟真心如來藏之菩薩所得根本無分別智，然初悟真心之菩薩，則能依其所悟真心如來藏，現觀無餘涅槃中之本際——真心如來藏獨住無侶之自住境界——迴無六根、六塵、六識之絕對寂靜境界，非聲聞四果聖者所能知之，何況聲聞初果而得知之？由是緣故，菩薩智慧不可為喻，何況諸地乃至諸佛？諸阿羅漢之所以敬重菩薩者，其故在此。而諸自謂已悟之老宿、新秀，於此悉無所知；藏密中諸弘法者，乃至連我見之內容亦皆錯會，何況能知於此？竟妄稱已證報身佛果，大膽貶抑顯教已悟之賢聖，故說其愚世人難及。若有妄言其智深妙者，暫且不論其智高下，但觀宗門之內初悟者之心行，還能知否？

譬如佛日冤家公案，一悟便知自己——能知之心——是冤家。杭州佛日和尚，在雲居山道膺禪師座下證悟後，一日往參夾山善會禪師。夾山問曰：「法師和什麼人同行同修？」佛日曰：「我與木上座同行同修。」夾山問云：「他爲什麼不來看我？」佛日答云：「和尚您看他有分，如何教他來看您？」夾山便問：「他在什麼地方？」佛日答：「他在參堂中。」夾山為欲勘他，便與佛日同到參堂中；佛日進得參堂，卻取夾山平日所用拄杖，擲於夾山面前地上。夾山勘云：「這個莫非是從天台山得來否？」佛日答云：「這個物事不是從天台山等五嶽所生。」夾山復勘云：「莫非是從須彌山得來否？」佛日答云：「即使到月宮去，也找不到祂。」夾山三勘曰：「如此，即是從別人那裡得到囉！」佛日答云：「我自己尚且是冤家，恨不得捨了自己；若是從他人處得到的，在佛法解脫上，能作得了什麼？」

且道：如何是自己？莫道是身我；人盡皆知身我無常，非是真實不壞之自己。莫道是能打妄想思惟之心，佛子皆知此心念念變易，本是無常。所謂自己者，無念靈知之心也。能悟、能修、能思者皆此心也，無念靈知心因開悟證得非見聞覺知之真心後，已證知自己是假、從緣而生、間斷變易，由不知自己虛妄故，世世認取自己為真，世世種下如是我見種子之後，世世即以如是種子流注而不斷執著自我；智者現見異生凡夫如是妄見，導致生死流轉不斷，故說此覺知心意識正是生死之根本，故欲捨棄自己，視同冤家。乃竟如今海內外諸方顯教大師名師、諸方密教活佛法王們，同皆錯以此一無念靈知心為真，而廣為徒眾引導印證，同於常見外道之五現見涅槃心，是名誤導佛子同犯大妄語業，師徒俱墮，令人悲憫。

只如佛日禪師以木上座為同行同修，又進參堂取拄杖擲於夾山禪師面前，莫非木上座即是拄杖麼？然而拄杖本是無情物，且道：因何能是佛日之同修？莫錯會！

夾山禪師又勘問：「他何不來相看？」佛日因何卻道：「他不來看和尚，和尚看他有份。」因什麼他不來看夾山？反倒要夾山看他？須知他乃「天上天下唯我獨尊」，理當吾人看他，不當他來看吾人；又且他離見聞覺知，云何教他看望夾山？諸方老宿、新秀們，於此應知！

三如佛日進入參堂，便去取得夾山禪師平日所用拄杖，擲於夾山面前地上；多有海內外名師，教人在拄杖上會取，巖頭禪師斥之為「迷己逐物」是也。須知拄杖是閑機境，莫著他佛日禪師閑機境上，轉會轉遠，永無悟期。且道：佛日擲杖又是何意？

若知平實上來三問，方能會得佛日所云「非從天台五嶽得來，非從須彌山得來，設使上至月宮，亦覓不著他」之意旨，只因他鎮日與我行住相隨，坐臥眠熟亦不稍離；設使處處作主的靈知心自己死滅，他亦依舊本來涅槃寂靜而常自在，永不變易。且道：

阿哪個是他？欲會麼？

為我取拄杖來！

第一五四則　鼓山不跨

福州長慶慧稜禪師　師問僧：「什麼處來？」僧曰：「鼓山來。」師曰：「鼓山有『不跨石門』底句，有人借問，汝作麼生道？」僧曰：「昨夜報慈宿。」師曰：「拍脊棒，汝又作麼生？」僧曰：「和尚若行此棒，不虛受人天供養。」師曰：「幾放過。」

藏密中某仁波切說悟云：《我們如果把心自然地放著，那就像牛奶般；如果你精煉它，藏於其中的精髓—奶油，也就是空性便跑出來；如果你從未嘗試尋找自心，便永遠不知空性。……如果有人打你的頭，當時你的感覺會是什麼？當時那個**直覺念頭非善非惡！這一刹那即是心的本性**。但你如果想想心的本性，然後說找不到心，這已是妄念。……如果你（對心性）真正有了很好的了解時，你會了知在空性之外，一切都依舊活動著，這就是初地。也就是說在甚深禪定之中，心是完全空性的。但在此之外，一切仍照常活動著，我們仍舊吃飯、睡覺、走路、得到證悟禪修；能使這一切不離空性，就是初地。》

平實云：密教之中頗多狂密，全屬未悟謂悟，未證言證；同以凡夫之心而自視為初地，乃至狂言已成究竟佛而標榜即身成佛，俱名大妄語者。若從實質以觀，其證德猶不如顯宗別教初悟之七住位菩薩，根本無分別智亦無，便敢以別教佛地自居，此非狂密而謂為何？

此位仁波切認為**直覺之一剎那心即是無分別心**，實乃誤會；此一剎那之直覺固然不分善惡，然能了別五塵境，非是無分別心。設使仁波切有智慧能往前推尋此直覺心之第一剎那——率爾初心，亦將證實此時之直覺心仍非無分別心，能分別境界變易之故，此心於第三剎那即能分別故。

又此直覺心既然有覺，則落覺觀之中；能覺能觀者，即是意識覺知心也，本是生滅法，意法為緣生故，「仁波切」名為尊貴的有情，非屬凡夫之類，云何連此聖教及法界現前可以證實之理，悉皆無知？可言為仁波切乎？實與異生凡夫從無絲毫差異。前心察查名覺，後心分別名觀；粗心查察名覺，細心分別名觀。既然有覺，即是轉識妄心，云何名為真心之體性？由此緣故，或遇突然有物襲來，不經語言文字思惟，即已閃避完成；如是知覺快速分別完成，方能使身根閃避完成，故此直覺仍屬有分別之妄心也，並非佛法中所說之空性也。仁波切說此直覺即是真實空性心，然而真實空性心卻是離六塵覺觀之第八識如來藏心，從來都無分別，二者顯然相違不等，可徵仁波切所說之直覺，絕非實相空性常住真心。平實此前已引述甚多了義經教為證，復以諸多正理而作說明，茲不贅述。

今此仁波切以證得直覺心認作顯教宗門之開悟，實乃錯誤，則其證德仍尚不及顯宗別教七住賢位菩薩，云何自視為初地菩薩？又復寫在書中流通，欲邀眾人恭敬供養，實非有智之人。慧門證德如是，定門亦復錯會，顯知其定門證德亦極粗淺，仍未實證，茲引彼開示為證：

《有個故事說：當某大菩薩入於甚深禪定中時，有蛇來咬了他一口，他的整個身體都中毒了卻未死去，因為他正在禪定中——無心可言，對外境毫無感覺。但是如果他一出定，便會立刻死亡，因為他的感覺又回來了。》

須知菩薩入於甚深禪定中而遇蛇螫不死，非因感覺消失所致，乃因息脈俱斷，致使蛇毒不能擴散至心臟及大腦中樞神經，故不死亡，非關感覺之有無。亦非不出定就必定不死，若此菩薩轉入三禪、二禪中，仍無身體觸覺感覺，然而息脈已經俱起，蛇毒必定擴散，則能毀損心臟及大腦中樞神經，則不免死亡；故知此時住於定中，仍然不免一死，仁波切所言俱皆不實。

一旦死亡，四禪八定境界俱失，無覺無知，須俟中陰現起，方能重新進入四禪八定境界中。故知菩薩為毒蛇所螫而不死者，非關感覺之有無，實繫於息脈之有無而決定生與亡。此仁波切之慧門、定門證德如此，顯極粗淺無知，竟以初地自居，冒𧸖賢聖，應名狂密宗徒；如是與達賴「法王」近年之謙稱未至初地，不可同日而語。（編案：後來達賴喇嘛自稱是觀世音菩薩化身，又作種種自高之言行，其實同屬大妄語之輩。）

然大乘宗門之證悟，不論在顯宗、密宗皆極困難，尤以密宗行者最為困難，所修法門多屬有相之觀行法故，難與實相無相法門相應。故密宗古來祖師錯會大圓滿、大手印者極多，數不勝數；每將觀行即佛之凡夫境界誤會為究竟即佛，猶未是禪宗真悟祖師之相似即佛、分證即佛，便向徒眾誇言已至究竟佛地；倡言必須已經實證顯教究竟佛位以後，方能實修密教之法；如是等人，皆是道業未成，地獄先辦，名為「可憐憫者」。

然禪宗之真實證悟，古來已極為困難；真密行者中，真參實修之祖師、上師、仁波切等，每多感嘆「難望禪宗祖師項背」，是故諾那「活佛」金剛上師說：「禪宗是大密教。」良有以也。諸那上師縱有大名聲，密教當代中人難有能過其上者，而亦自知難以臆測禪宗祖師之證量，何況餘諸密教上師皆是等而下之者，云何反而輕蔑禪宗之證悟者？自稱己境超勝於禪宗證悟者，大言不慚，無慚無愧，豈是佛法中真有實證之人？

如今仁波切既錯認**直覺**之一剎那心為無分別心、為真實心，且道：此**直覺**之一剎那心過後，又復何在？若言其後**直覺**已經不在，即成忽現忽滅之生滅心，非常住心；若言如今猶在，且道當前之**直覺**現在何處？若此直覺是時有時無，則是有間斷心，絕非常住之真心也。當知真實無分別心永不間斷，隨時隨處，分分秒秒、剎那剎那，皆可分明體驗，非如直覺之一剎那率爾心，僅能於直覺初起之時體驗。若非真實證得大圓滿、大手印，皆屬於密教自設之大手印、大圓滿，至終只是外道法，與佛法之實證全然無關，終不能知禪宗真悟祖師意旨，則非真密行者。君若自謂已證大手印、大圓滿者，證境當更超勝，方可謂為究竟成佛也！且觀此一公案，還解得否？

有僧來參，長慶禪師便問：「什麼處來？」此僧答道：「從鼓山來。」

長慶又問：「鼓山和尚有『不跨石門』底一句話，若有人向你借問：『不跨石門是什麼意旨？』你要怎麼回答？」此僧極為伶俐，便答云：「昨夜住宿於報慈。」此是正答，並無差池；然長慶閱人已多，恐此僧亦是學人言語，非是真悟，不敢立即為之印證，遂又勘云：「然祖師往往一見學人入門，拈起棒來、劈脊便打，你看他究竟是什麼道理？」此僧到此，無可模仿，乃以自己所會而答：「和尚您若以此棒接引學人，則不虛受人天供養。」長慶一聞，知他未悟，便說道：「差點兒就放你過關了，還好如今沒放你過關。」

且道：此僧恁麼答，有何過失？招惹長慶不放過關？

次道：鼓山「不跨石門」一句，作麼生道？若不會者，平實訴與汝知：

鼓山行來士林宿。

三道：拍脊棒，汝又作麼生會？

料定仁波切會不得，平實且自代云：

跨石門去！

第一五五則　木平轉泥

袁州木平山　善道禪師　凡有新到僧，未許參禮，先令運土三擔。示偈曰：

南山路仄東山低，新到莫辭三轉泥；
嗟汝在途經日久，明明不曉卻成迷。

有大禪師開示云：「我百次禪七之中，不曾失念。」因此出道弘法以後，每逢主持禪七，皆教徒眾摒除妄想，保持正念不失；若得妄想不起，正念分明，便印證為開悟。然而此乃錯會宗門禪，不明祖師意。如今末法，四處皆是此輩名師，禪門宗旨早已淹沒不存，何有禪味之可言者？

多數禪子不知禪宗之禪乃是般若之見道，總誤以為是禪定，不知宗門禪與般若之關聯，不知宗門禪與世間禪定之迥異，便欲修除妄想，使靈知心保持在正念分明之無妄想狀態，便道此定境中之覺知心意識是真實常住之不壞法。殊不知有情之真心，乃是第八識如來藏，從來不是指第六意識覺知心；不論第六意識靈知心打妄想或不打妄想時，真心如來藏都是一直與妄心同時存在，並行運作不斷；不因妄心意識打妄想時祂就消失，亦不因覺知心無妄想時才現前存在，祂是與意識靈知心同時並存的；乃至意識靈知心因昏迷眠熟而消失時，真心如來藏依舊自己存在而運作不輟，從來不曾剎那間斷過，從來都是與意識妄心並行運作而不中斷。禪子不知此理，每欲將靈知妄心修除妄想變成真心，成為欲將妄心第六意識修行清淨而轉變成第八識如來藏真心，本質是欲將第六意識變成第八藏識，本屬凡夫所知所見之妄想，本非有智之人所應遵行之妄想法；然而當代諸多海內外顯密大師，見不及此，個個皆墮於凡夫妄想之中，悉皆欲將第六識變成第八識，悉皆不知第六識與第八識本來並存而各自運作之理，更不能知此二心互動之狀況。由此無知故，便欲將第六識修行變成第八識，不可謂為有智之人，何況能稱為大師？

雖然如此，平實亦教人修除妄想，代以憶佛及看話頭之正念；然目的非在修除妄想或轉變靈知心為真心；乃是藉此使學人專心一意參禪，使學人之靈知妄心轉為深細，觀察力轉變敏銳而較易體會行相微細之第八識真心，並為將來福德成熟時之眼見佛性而作準備，非欲將靈知妄心變為真心；如是法道迥異諸方，是故難免招來意識境界之諸方大師輕蔑及誣謗；所謂「道不同，不相爲謀」故。

然而平實如是之法，方是禪門正宗；與第六識覺知心之有念抑或離念，全不相干，只以契證第八識如來藏為宗門見道之取足。譬如《六祖壇經》載：「臥輪有伎倆，能斷百思想；對境心不起，菩提日日長。」六祖甫聞，便知臥輪禪師未悟，乃是以定為禪之凡夫；如此修去，百劫亦不能悟，無從發起大乘無生忍；於是便作一偈云：「慧能無伎倆，不斷百思想；對境心數起，菩提恁麼長。」

就譬如第一三五則雲門玩水公案中之僧人一般，雲門明明已為他提示真心之所在，然而彼僧竟不看顧，一心只欲在靈知心上用功，欲求十二時中念念分明而不空過；雲門文偃禪師乃作頌訶云：「舉不顧，即差互；擬思量，何劫悟？」真心如來藏明明就在眼前，不去究取無上大法，偏要向靈知妄心上去撿拾聲聞小法；縱使十二時辰中皆得不失念，畢竟還是臥輪伎倆，於生死分上，終究無得力處。

是故雲門文偃禪師有時訶云：「更有一般底人，才聞人説個休歇處，便向陰界裡閉目合眼，老鼠洞裡作活計；黑山下坐，鬼趣裡體當，便道：得個入頭路。夢見麼？似這般底人，殺一萬個，有什麼罪過？喚作打底。不遇作家，至竟只是個掠虛漢！」

雲門禪師如是不教人以定為禪，袁州木平山的善道禪師，亦復如是不教人以定為禪，從來都不在有念或離念上用功夫；凡有新來到的僧人參訪，木平禪師總不許便上來禮拜、參學，一律先教放下行囊，從某處挑三擔土來。三擔挑已，卻示偈云：「南山路仄東山低，新到莫辭三轉泥；嗟汝在途經日久，明明不曉卻成迷。」時人謂之「三轉泥」。

學人當知，禪心不在禪師處，總在各人身上。黃蘗希運禪師曾云：「大唐國裡無禪師。」有人問云：「大唐國中，到處有人說禪、教禪，總是弘揚禪宗，為何卻道無禪師？」黃蘗答道：「不道無禪，只是無師。」到處都有禪，只是學人不會；到處都有禪師說禪，只是總墮野狐境界中，難得覓著一位真禪師，由是緣故，說大唐國中有禪而無禪師；無真禪師故，宗門遂便寂寥。如是宗門之禪，極難會取，古來已經難倒多少大小座主、活佛法王，悉不解義；直至如今，依然如是。

南山路，彎彎曲曲裡有禪；東山路，高高低低中有禪；行過南山路仄與東山高低之後，若猶不知，來到木平山時，萬勿推辭挑這三擔泥。這三擔泥中大有文章，木平禪師三轉泥現成公案，皆為感嘆學人奔波路途已久、明明不曉卻成迷而施設。此乃木平善道禪師苦心孤詣為人，學人縱使走得南山路彎彎曲曲，即使跋得東山路高高低低，亦莫辭辛苦，千萬記得再挑三擔泥，雖於佛門正殿築基少得小補，然於自身佛殿卻有大益，萬勿推辭才好。以是緣故，平實乃唱和云：

木平山道真善途，本地風光現端倪；
無奈學人逐光影，遂教新到三轉泥。

上座自謂百次禪七中不曾失念，以此為悟，且道：木平山道之本地風光在什麼處？大師還會麼？木平禪師總教新到僧三轉泥，意旨又在什麼處？還夢見也未？若真夢見時，方知平實不懷好意在什麼處：原來總要教大師們死去活來才算數。

第一五六則　羅漢豎帚

漳州羅漢院桂琛禪師　一日見僧來，便舉拂子，其僧讚嘆禮拜。師曰：「見我豎拂子，便禮拜讚嘆；他那裡豎起掃帚，爲什麼不讚嘆？」

有老居士云：《怎麼管帶？就像在火車站管束你五六歲大的孩子一樣，一刻都不能疏忽的「**管**」好你的表面意識，不要讓他作怪，**不要它胡思亂想**。它一胡思亂想，就立刻給他剎車。「**帶**」什麼？就像帶著小孩逛西門町一樣的**帶著安祥**，片刻不離。不管走到哪裡，都要帶著它，千萬不可讓它溜掉。乃至上課、看戲、工作、生活都要帶著安祥。帶著安祥工作，不但不會有壞影響，效率反而會提高，領悟力也會加深，只有好處，沒有壞處。》

平實云：禪宗正法之所以常被誤解，常被他人作不實之批判，乃由於批判者不解真悟者之修證所致，此為其一；最大之原因，實因歷代皆有許多錯悟之人妄說佛法，妄解禪門公案中之術語所致。是故錯悟之人或未悟之人，不自量力而妄解祖師術語者，其弊大焉！

管帶者，非謂管帶表層意識或深層意識，俱是同一意識故，俱是生滅法故；管帶者，乃是悟前照顧話頭，時時分明不失；或悟後於面對已悟之大善知識勘驗之機鋒時，時時刻刻、一言一語、一舉一動之中，皆能不離真心而作應對，如是方為**會管帶**之人。非謂管帶表層、深層意識妄心也，老居士之註解全然不實，與宗門禪相違，將來恐更引生專修解脫道之凡夫對此加以妄評，其咎則在老居士，而非妄評者。

譬如第九十八則、巖頭**活人劍**之公案；夾山會下僧到石霜，入門便道「不審」，石霜禪師答云：「**不必闍黎！**」夾山善會禪師便道石霜禪師只有殺人刀，而無活人劍。此僧又到巖頭道「不審」，巖頭且不殺他，只伸食指豎於嘴前道個「噓！」此僧已知巖頭是個緇衣，即便告辭：「恁麼即珍重。」方迴步，巖頭便讚道：「**雖是後生，亦能管帶**。」謂此僧真悟，非學祖師裝模作樣套招，自始至終皆能管帶真心——本來面目——第八識如來藏，一言、一語、一舉、一動中，皆能清楚分明地將真心顯示與巖頭見證，故巖頭讚他「**雖是後生**，亦能管帶。」

此管帶者，非管帶安祥心，安祥心是意識心故，既是**意法為緣所生**之生滅心，死後終歸壞滅，不能去至後世，辛苦管帶祂作什麼？真心從來不在靈知覺觀之中運作，從來離六塵分別，永遠都無善惡人我之分別，亦無智愚、染淨之分別，云何而有安祥或紛亂之可管帶？安祥之心必定不離靈知覺觀，始終是意識生滅境界，非祖師與世尊所說之真心也，當知絕非真悟禪師所言應予管帶之心也。未悟之人，若解管帶之意，則於迴身舉步時，但聞巖頭一句「雖是後生，且能管帶」，言下便當悟去。若是後來思索方得悟去，只堪自度，已不堪為人天之師矣！是故夾山禪師讚嘆巖頭不唯有殺人刀，亦且有活人劍，一句管帶，便能使上上根人當下悟入故。若非真悟，便不知應對之中，究竟該管帶個什麼？更道是應管帶生滅性之意識覺知心，更道應保持意識覺知心之安祥心態，悉墮有為生滅之意識境界中，何異常見外道？

然證悟甚難，不論古今悉皆如是，非聰明伶俐之思惟所能入故；由此緣故，致使聰明伶俐之人思之再三卻往往**失之毫釐**、**差之千里**；所「悟」看似無別，其實大不相同。譬如漳州羅漢院桂琛禪師，一日見僧來，便舉拂子，彼僧便讚歎禮拜羅漢桂琛禪師，羅漢禪師便云：「你看見我在這裡豎起拂子，便禮拜讚歎我；那邊有人掃地時也豎起掃帚，你爲什麼卻不禮拜讚歎？」上座莫道羅漢禪師是以安祥心豎起拂子、名為會管帶；莫道那邊他人掃地豎起掃帚是不以安祥心而豎、名為不會管帶。若作此說，豈唯不懂管帶，亦且捨本逐末——棄捨黃金滿山，撿拾黃銅少許。且道：

豎起拂子與豎起掃帚，是同？是異？

若道是異，羅漢桂琛禪師因什麼卻責彼僧？

若道是同，彼僧為什麼卻不肯禮拜讚歎豎帚？

且道佛法利、害在什麼處？

又此公案，與前來所拈一五五則公案是同？是異？若道是同，平實何須再拈此則？若道是異，祖師明明道：「千七百則公案只是一則。」且道：豎拂與豎帚，究竟同抑不同？佛法利、害在什麼處？

若會不得，膽敢妄稱已悟祖師禪，膽敢為人師而賣弄口舌籠罩人者，須知羅漢桂琛禪師早已有語在先：「若論殺盜淫罪，雖重猶輕，尚有歇時。此個謗般若，瞎卻眾生眼，入阿鼻地獄吞鐵丸，莫將爲等閑；所以古人道：『過在化主，不干汝事』。」

若有度化眾生之座主，以有念或無念之靈知妄心將人印證為悟者，其所印證之人亦必仍以此一妄心為人印證，相率違犯未證謂證之大妄語戒；之所以能致此等過失者，皆在化主，不在學人。今時一干化主，切宜注心於此；若仍然如同以往漫不經心而隨意為人印證離念、安祥境界，以為實證本地風光者，是故陷學人於大妄語業中，則此化主之罪，遠過於學人也！未審各化一方之諸方化主，頗能於此生起些須慚愧心否？

羅漢桂琛禪師既言：「過在化主，不干汝事。」則一切學人當可置諸化主，暫不加以理會；既然吾人未證謂證之大妄語業，過在未明道眼之化主，與我等參學人無干，便好放下心來直參去，且勿遭大妄語業所擾；若猶掛心，自生遮障，即難破參也。

如是，依平實所言，時時刻刻將個疑情掛在心中：

豎起拂子與豎起掃帚，有什麼蹊蹺？值得羅漢禪師提出來作文章？

如是直直參去，經年累月都不去心；有朝一日，必有入處。如或數年力參，依舊苦參不透，且撿個無人時來，平實為汝說。

第一五七則　龍華說義

杭州龍華寺彥球禪師　有時上堂云：「好時好日，速道！速道！」又曰：「大眾　近前來，聽老漢說第一義。」大眾近前，師便打趁。

有老居士云：《指月錄上有個瑞巖師彥和尚，常常自言自語：「主人公！」自答：「有！」「惺惺著！他時後日，莫受人謾。」惺惺著——即是提起精神，保持清醒。意思是說：主人公自己要當家作主，要保持清醒，「他時後日莫受人謾」，是說以後莫受人愚弄。謾即是愚弄，什麼是愚弄？打你一棒是愚弄。「不要動著舌頭，把父母未生前本來面目說一句看！」這也是愚弄你。……修行人最主要的就是要頭腦常常保持清醒、常常保持警覺，不要迷糊。聖經上也說：「不要睡覺！不要做夢！」》

平實云：瑞巖師彥和尚這個主人公禪，是他悟前修習禪宗的一段糗事，宗門中傳為笑譚，末學已於一一二則中拈提，詳閱可知。如今此大居士亦同一一二則中之瑞巖師彥禪師悟前盲修瞎練一般，教人要提起精神、保持清醒，甚至引用外道之「聖經」，將欲界凡夫所說之語，用以教人：「不要睡覺，不要作夢。」凡此所說，正是靈知心之「我」，以此清醒警覺之覺知心以為真實不滅之我，欲冀無常來時可以繼續保持此心之清醒而不昏沈、不受人謾，豈知今日清醒未眠、尚未死時，已先被自己把自己謾了，何待他人？

須知清醒警覺之心正是生死輪迴根本，此心不滅，永遠不能證無餘涅槃；此心若不推翻、否定，永遠無法斷我見；不知此心虛妄，永遠無法實證本地風光，見不得自己的本來面目。當知自己乃是冤家，阿含中說為五蘊毒蛇，日日螫刺吾人之法身慧命，令亡不生，焉可認作常住不壞之法身？此離念清醒之覺知心，生來本是夜夜斷滅、有時悶絕不在之無常法，乃是妄有、假藉因緣而有，幻化而有者；身死即無，要待中陰五根生起時方有，入胎後即告永滅，不復示現於來世，云何老居士竟教人妄執覺知心自己為真，以求無餘涅槃？

聲聞阿羅漢，以信佛語故，以現觀意法為緣生故，悉知此覺知心是假，斷除自我執著，故於死時捨棄自我而取無餘涅槃。菩薩以證涅槃本際——無色、無相、無覺、無知本來涅槃之真心，證實無餘涅槃中即是真心如來藏，由此而真實了知自己之虛幻暫有，故自知涅槃本際之空性真實，不墮於斷見中；如是以真實了知涅槃本際而證本來自性清淨涅槃，復以大悲之心、慈攝眾生，是故盡未來際不取無餘涅槃，世世常與眾生同事、利行。老居士渾不知此覺知心之虛妄，猶教人保持此心之清醒，欲保持心常在而不昏昧，何異外道常見？正墮瑞巖師彥禪師悟前之情境中，絲毫無關禪旨。

老居士更言：「什麼是愚弄？打你一棒是愚弄。『不要動著舌頭，把父母未生前本來面目說一句看！』這也是愚弄你。」此言正是唯恐大眾不信，便將自己所不知之禪門公案舉來否定之，欲令學人都不信如是禪宗公案，只信老居士所說之安祥與清醒；如是導致座下諸人大妄語者，悉皆過在化主——過在老居士一人——學人皆無過也！唯除讀此拈提之後繼續自謂為悟者。舉凡有知、有覺、有觀之心，皆名有我，違背無我聖教；執其體性不捨而生諸見者，皆名自性見，宜其受般若中觀學者批判為「中國的野狐禪」而不能置辯。老居士若欲使諸徒眾不墮於野狐禪中，當須自省己過，速離瑞巖師彥禪師悟前之過失，別起爐灶、從頭再來，參究禪宗公案，速覓自他之如來藏所在。如是而行，非唯可免己過，亦可助益座下學人回歸正道，師徒同利，何樂不為？

當知禪師打你一棒，可能是愚弄，也可能是出於大慈悲：若是未悟示悟之假善知識，雖然名聞四海、徒眾廣大，他打你一棒，乃是愚弄籠罩你。真悟之師是真善知識，雖然無有名聲、少有徒眾，然欲求他打你一棒，往往極難可得；須起大慈大悲之心，方打得下手故。

真悟之禪師有時云：「不要動著舌頭，把父母未生前本來面目說一句看！」這絕不是愚弄你，確實可以不必用語言文字便清楚地表達本來面目，示現本地風光；所以往往在弟子悟後方始進入方丈室門，禪師一看便知已悟。若現場尚有未悟人在，便不得以語文明說；為欲立即作簡單的勘驗，便令弟子不用語文說明所悟內容，以免洩露密意，故此一問絕非愚弄；唯除未悟謂悟之野狐禪師。

若以靈知心為真，則不能不用語文說明，於此時節卻道不得，便以為禪師此一句話是愚弄人。證悟之人固然因智慧現起而常常觀照非見聞覺知之真心，使得般若智慧隨時隨地現起、體驗轉深，而導致靈知心之清醒警覺，但是卻永遠認定清醒警覺的靈知心自己是妄心，遂於過牢關後，於「自己是否已出三界、實證涅槃？」已能自知、自作證。於未入無餘依涅槃前，已經了知涅槃之本際，亦是自知、自作證。便向真心體性安住——遠離見聞覺知，不住於清醒明白之中，亦遠離昏沉與暗昧，勤斷靈知心對自己之執著而實證涅槃。如此方名為真悟者。

若執靈知自心為不生不滅之真我，錯認清醒靈知之境界為本地風光，必於自心起執，成就我見、惡見；若離五塵而保持定境中之覺知心自我，即成執著色界自我，亦是我見、惡見；若離色法而證得四空定，保持四空定中之覺知心為常住不壞我，名為無色界心之執著，亦墮我見、惡見中。如是類人，由錯悟故，便欲時時保持清醒，希望死亡時依然可以保持靈知心之繼續不斷；所以勸人**不要睡覺**、**不要做夢**，凡此皆屬意識知解，非真證悟。以錯悟之故，不解禪師言語及作略，便道禪師之善意開示是愚弄人。

譬如杭州龍華寺彥球禪師，有時上堂云：「好時好日，速道！速道！」見眾僧無有道得者，便吩咐曰：「大眾近前來，聽老漢開示第一義。」大眾方才近前，龍華禪師便以拄杖又打又趕。大德且道：龍華禪師是作弄人否？且莫壓良為賤好。

只如龍華禪師明明叫人近前來，欲說第一義；及至大眾近前，未曾說得一語、聽得一句，為什麼便取拄杖打散一群人？可中若是有個棒打不逃底漢，伸手搶過拄杖，丟向龍華禪師面前，拍拍雙手，正好回寮「長伸兩腳臥，憎愛不關心」，好好睡他個三天三夜迷糊覺，龍華禪師亦不奈汝何。

若是上上根人，於龍華吩咐近前時，走上前去，一把搶過拄杖，正好學他鐵拐李，一瘸一拐地拄回寮房，睡大頭覺去，何堪再受他龍華打趁？

且道：龍華明明不曾說得一言半語第一義諦，為什麼便取拄杖打散一群人？若道他不曾說，卻又如雷貫耳，震天價響。

且道：佛法利、害在什麼處？

若真會得，便見公案二重。

欲會麼？平實為汝說：

近前來！近前來！

第一五八則　章敬三撥

京兆府章敬寺懷暉禪師　僧問：「祖師傳心地法門，為是眞如心？妄想心？非眞、非妄心？為是三乘教外別立心？」師曰：「汝見目前虛空麼？」僧曰：「信知常在目前，人自不見。」師曰：「汝莫認影像。」僧曰：「和尚作麼生？」師以手撥空三下，僧曰：「作麼生即是？」師曰：「汝向後會去在。」

有某居士云：《禪是什麼？不懂禪的人覺得禪很神秘，鑽也鑽不進去，古人講的話也看不懂。自己參了兩天，覺得淡而無味，就不去參了。觀心呢？觀來觀去也觀不住，這個心很難觀，就不觀了。》

平實云：居士所說這個心，其實不難觀，只是意識心罷了！依居士所說，欲知古來宗門中人說話，難可得曉也！謂居士所知悉屬意識覺知心境界，與宗門禪之開悟無關；如是說得一堆禪話，其實都只是牙牙學語之輩，何曾有絲毫禪意？如居士一般以意識有念或無念境界，作為修禪之用功方向者，莫道今時無法解得禪門古人講話；饒汝再修三十劫，仍亦未能知曉古人說話；

何況能觀真實心之本來清淨自性？從來只能觀以前不淨而現在有時清淨之意識心自己罷了！何曾進得宗門？何能會得宗門古人說話？是故居士如今仍對宗門古人所說覺得神祕。由神祕故，便覺得古人說話頗有禪味；然而若從真悟之人以觀，古人說話都是明來明去，分明無比，何有禪味可說？如是心中迥無絲毫禪味以後，有所言說時，一切未悟之人儘皆深覺伊所說話禪味極濃，難以知解。即如平實心中都無禪味，然而聞余說禪者，卻都深覺禪味極濃——濃得化不開。

悟與未悟者之間，差異如是；之所以致此者，皆因悟抑未悟而有不同。是故，禪與定之分際，必須分明了知；建立正確知見以後，方知宗門禪之正修，應如何下手，久後方有悟處。

禪，不是禪定，而是般若慧；修學宗門禪之目的，意在發起實相般若智慧，不在求覓禪定境界，是故不在意識覺知心上用功或把握。禪定則必須觀心，使靈知心意識制於一處而不流散，專注於一境，正是制心一處之禪定法門，是故禪定修行多用觀心法門。宗門禪是般若，是覓心法門，是明知覺知心自己虛妄，起心尋覓另一個自己從未知曉的非見聞覺知之實相心、從來寂靜之涅槃，故非觀心法門。觀心法門所觀之心，必定是已知的靈知心，必定是覺知心自己，才能觀之；若非此心，而是自己從來所不知之另一真如心，何能觀之？所觀既是已知的靈知心自己，依佛示祖語，可知覺知心自己正是妄心，何須視若至寶而觀照之、保任之？只須以自己為修行工具即可也。居士既不知此，即有未證謂證、未悟言悟之虞。

居士又云：《什麼叫「自觀自在」？觀心！即是觀自己，觀熟了即是觀察自己；保任亦是觀自己。》

平實云：如祖師悟後所云：「自己尚是冤家。」觀自己者，必定須觀靈知心意識，當知靈知心自己即是心猿意馬之妄心，猶如《西遊記》中之孫悟空，此刻在台灣，下一刻到長城，再下一刻可能已在美國、歐洲。真實心如來藏雖有大功能，但在因地時，祂猶如《西遊記》中的唐三藏，看來如癡似呆，但孫悟空——靈知心——離了祂便不能自己存在，什麼把戲都逞不得。唯有如癡似呆、不見不聞的唐三藏——真心如來藏——方是本來自在，並能以祂的無量種子功德，支援龍馬色身、沙悟淨意根、孫悟空意識、豬八戒五識及貪心所，使得一切有情得以正常存活於欲界中；參禪之目的，要在證知如是法界中本有之事實；證悟如是法界事實之後，孫悟空則能具有實相智慧，生起般若而乖乖地轉依看似如愚如魯的唐三藏，然後便能約束龍馬色身不再到處貪玩，亦能滅除豬八戒等五識的貪心所，漸漸能使沙悟淨意根不再時時執著行囊中的一切財產，於是才能使意識孫悟空不再落入悟前的**心猿意馬**境界中，肯將自己攝歸唐三藏——如來藏——的廣大功德中，於是漸漸修行而將唐三藏中之種種功德顯發出來，成就無垢識功德，圓滿地顯發佛地真如之一切廣大功德；到此地步，西天取經的功德即是圓滿了，可以回到震旦——娑婆世界——廣度眾生了。《西遊記》作者，本意似在諷刺佛教僧人愚魯而不辨是非；然而無意之中，卻將八識心王及色身等法寫成寓言，令實證者不免莞爾相契。

如是實證已，現觀自己本有此心，非從外得、非從修得，乃是未修以前本自有之，特因悟前不知，是故被意識靈知心之伶俐分別自性所誤，引導意根處處執取萬法，由是錯誤認知自己是常住本心，是故常以自己為中心而生起種種貪瞋等心所法，被貪瞋所驅故，常令色身四處奔走追逐五欲諸法，由是我見、我執、貪著欲界乃至無色界法，不能自止，遂致輪轉十方三界，生死無窮難可出離。凡此，皆因常執覺知心自我為真實法，有以致之。是故，若能了知自我虛妄，而以妄心自我觀察此本來自在之真心如來藏者，方得名為觀自在之菩薩：能觀者是自己，所觀者是自己本有之另一實相心如來藏。若究其實，此真心如來藏不必觀之，即已自己存在著；不論你觀不觀祂，祂無始劫來一直都在，不曾有一剎那斷滅過。是故末學於一九九一年為家中佛堂白衣觀音畫像題了一聯，請張正圓老師代筆而裱之；上聯為「眞心清淨不觀自在」，下聯為「慈航倒駕常觀世音」；理、事，真、妄，一聯道盡。

某居士又云：《笛卡兒說：「我思故我在。」稍嫌粗了一些。再細一些就是自觀自在，亦即「我覺故我在。」》

平實云：「我思故我在」，乃是有妄想之靈知心；「我覺故我在」，乃是無妄想及有妄想之靈知心；此二者，要皆不離覺觀。有覺有觀之心即是前六識，佛於四阿含及大乘諸解脫經中已有明示，皆屬意根、法塵為緣始能出生之生滅法，絕非常住心，學人不可認假作真。

此居士又云：《當你觀心保任，明白認知了自己的心以後，最初若不守一個階段，讓「生處變熟、熟處變生」，它仍然會迷失的。……所以守本真心——

守著你那真實原本的真心；真實的心是你本來的心、沒受污染的心、沒有蒙塵的聖主，你要守住它，它就不會再迷失。如有一念生心外求，這叫「捨父逃走，懷寶迷邦」。》

平實云：真心如來藏一向不曾迷失，因祂如愚如魯，無覺無觀，從不攀緣外六塵，從來一直都是本性清淨的，不須「守著祂、讓熟處變生、生處變熟」，祂是從來真實、常住不變、清涼無熱、自己存在而不依眾緣、不生不滅、不來不去、不斷不常的，其清淨自性從來如是，不因悟抑未悟而有所改變，是故不需將祂變熟、變生。唯有靈知妄心，才須如牧牛一般執杖觀之，不讓它犯人苗稼。所以守本真心，不是守住靈知妄心；而是教人將靈知妄心，去效法及安住於真心不向外攀緣、無覺無觀之無所攀緣境界，成就無貪而於一切法皆無所執。若不曾覓得無覺無觀而不攀緣六塵的真心，誤將靈知妄心認作真心，即名捨父（捨真心）逃走，懷寶（懷著真心）迷邦。

古今中外，多有禪師錯認無念靈知心為真，非獨居士一人；如今放眼天下，少有真悟者，是故此一公案拈提，非專為居士一人而作，居士毋須獨自傷神，何妨與平實共探章敬三撥公案，看是個什麼道理？若能會得章敬禪師三撥之道理，便解得宗門說話，不再牙牙學語而令人發噱也。

有僧請問京兆府章敬寺懷暉禪師云：「祖師傳心地法門，究竟是傳眞如心？妄想心？非眞非妄心？或是三乘教外另行建立的心？」章敬禪師反問說：「汝看見眼前的虛空麼？」那僧一記回馬槍，答道：「我很清楚地知道虛空常在眼前，只是有人自己看不見。」章敬禪師好心說道：「汝不可錯認影像——錯將有生之法誤認爲常住法。」那僧反問云：「和尚您又悟到個什麼？」章敬禪師趕忙舉起手來，在空中左右來回撥了三下。彼僧不解，敗闕已露，便問云：「到底什麼才是？」章敬禪師便不再為他入泥入水了，於是說道：「你以後自然就能體會到。」

且道：章敬禪師又不曾說得什麼？教彼僧日後如何體悟？譬如有一行脚僧來到章敬禪師面前，右繞三匝之後振錫而立。章敬卻只說道：「是！是！」便無其他言語開示，一任那僧緣自因緣。其僧後來又到南泉，亦繞南泉普願禪師三匝，振錫而立。南泉卻云：「不是！不是！此是風力所轉，始終成壞。」

其僧抗聲云：「章敬道是，和尚爲什麼道不是？」南泉云：「章敬即是，是汝不是。」後來雲居錫禪師聞此公案，便云：「章敬未必道是，南泉未必道不是。」末後又加個註腳云：「這僧當初但持錫出去恰好。」

諸位看官且道：佛法只有一般，真心唯有一種，不曾有許多種類，因什麼道理有如許淆訛？章敬既然道是，究竟是個什麼？南泉既然道不是，究竟為什麼不是？

當知古今中外，多有禪狐學得他人應對進退，便道是禪。若是心地率直之初出道禪師，往往被矇；南泉是個老狐狸，善知野狐嘴臉，便道不是。若是平實，便教密室中看茶，教此僧口說手呈，免得出去外面誣攀平實所悟同他一樣——俱是應對進退中的無念靈知心，或誣平實只是懂得應對進退。所以南泉云：「章敬即是，是汝不是。」此僧非真悟得根本，死在此一句下，沒做手腳處，惹來雲居一番話。且道：那僧明明不是真悟，章敬禪師為何卻向伊道「是！是！」還知章敬心行麼？若有知者，何妨下顧平實茶話？平實要知上座虛實。正當章敬道是之時，於章敬自身即是，從來不曾分外於禪宗；且道：章敬道是之時，章敬是有為人處？是無為人處？真悟之人，於此不許不知；否則不免野狐之譏，於般若分上有何所悟？

那僧不知，得得來到南泉處，復又如法炮製一番，便於南泉普願禪師前面繞三匝，又復振錫而立；南泉早知伊是學得表面功夫，懂得應對進退。當面便斥云：「不是！不是！」那僧只知其然，不知其所以然，便抗聲道：「章敬道是，和尚爲何卻道不是？」不料南泉卻云：「於章敬分上，如此即是；於汝學僧分上，如此卻不是。」且道：一等是繞三匝、振錫而立，為何章敬道是，南泉卻道不是？此中淆訛在什麼處？上座若知，許汝獨具隻眼，斷得我見、惡見，成就大乘真見道功德，無奈只是一隻獨眼龍，尚不能得階通達位也！上座若不知其中蹊蹺，隻眼亦無，只是瞎眼龍，能濟得什麼事？生死來時，只能由著生死鬼處置也！

且道：章敬道是，是有為伊處？是無為伊處？還道得麼？

上座若實不會，來覓平實；平實看汝遠來辛苦，不妨為上座權開一線，便向上座大喝一聲：

出去！

第一五九則　清涼不知

昇州清涼院文益禪師　師結侶，擬之湖外；既行，值天雨忽作，溪流暴漲，暫寓城西地藏院，因參桂琛和尚。琛問曰：「上座何往？」師曰：「迤邐行腳去。」琛曰：「行腳事作麼生？」師曰：「不知。」琛曰：「不知最親切。」師豁然開悟。

有居士開示「真心被埋沒、失落的原因」時云：《真心被埋沒，真心給失落，真心被迷失，真心被六塵所覆蓋，主要由於我們沒有認知它、肯定它、珍惜它，其錯誤原因有八：為形所役，與世浮沉，積業成障，逐相而迷，隨想入陰，作繭自縛，瞞心昧己，言多必失。》

平實云：真心從來不曾被埋沒，無始劫來亦不曾失落過；《法華經》中明明說寶珠在窮子衣中，歷五十年不曾離身，何曾**失落**過一次？真心雖被七識相應的煩惱所纏，是故世世出生五陰而不能常住於無餘涅槃中，然而每日皆剎那剎那剎那為吾人分明示現，何曾被**埋沒**？是故曹山本寂偈云：「頭角混泥塵，分明露此身；綠楊芳草岸，何處不稱尊？」真心處在牛身之時，尚且未曾被埋沒，仍然是**分明露此身**，何況處在萬物之靈的人身中？是故居士所說不符理證，實證真實理者絕對不作此說。

居士說真心**為形所役**，致使真心不明顯；然而法界真相中卻是**真心役形**而從來不**為形所役**。真心雖因所執藏之七識相應種子不淨，以致世世在纏而不斷出生五陰，輪轉生死不斷，真心便隨著五陰在世間輪轉；雖然隨著世世所生的五陰輪轉三界六道中，而真心卻是隨處自在，從來不**與世浮沉**；真心雖然累積諸業種子，但業種卻是妄心七識所造，是故真心從來不積造諸業，何曾**積業成障**？真心如鏡映照六塵而變現內相分六塵，由七識心所貪逐；但真心從來不隨逐六塵法相，亦不迷六塵相，都不領受之，只是如鏡映現而已，故真心從來不為六塵所覆蓋，從不**逐相而迷**；真心顯現有陰界入存在而自己不墮於陰界入中，故從來不會**隨想入陰**；真心雖因靈知妄心所造業種而不斷出生世世五陰，以致隨於世世五陰輪轉於三界六道中，然而真心自身卻是隨處自在而永不斷滅，故亦無生，名為本來自性清淨涅槃，故祂從來都不會**作繭自縛**；一向都是意識靈知妄心作繭縛祂，使祂不能不在五陰死後又再出生下一世之五陰，以致使祂不能出於三界輪迴；真心從來離於覺觀、從來不了別六塵故離諸分別、本性清淨，從來都不曾追逐五欲，故亦不會**瞞心昧己**；真心自從無量劫來不曾打過一次妄想，無始以來不曾在夢中受過苦樂，無始以來不曾分別人我，亦從來不曾使用過語言，故不會有**言多必失**之過。

此諸正理，熟讀大乘解脫經者皆能信受，不讀經者則不能知真心體性，欲求實斷我見無有是處；我見不斷者必墮意識靈知心中，欲求避開意識境界者，無有是處。由此二種緣故而未斷我見、不知真心本來清淨而離諸覺觀之自性者，參究宗門禪而求證悟般若者，便致錯悟。若以妄心推逐者，不知自己虛假，不知運用自己作為參禪工具而求覓真心者，求悟無期。若不知斷除意識我見之理，亦不知所應求覓之真心是與自己同在之另一心（第八識如來藏）者，大膽出世教人以宗門禪證悟之道，則其弘法之全部過程中，難免**言多必失**，久後難免被人檢點。一旦被人檢點之後，終究無法如理作意回應他人之檢點，只得顧左右而言他，或者無所能為以致抑鬱而終，豈不傷悲？今者居士未悟謂悟，說得許多宗門禪語，然皆是分外話，徒然學語而無所益於人；原因實出於未斷我見，此其一也！復因未解真心即是如來藏，亦未先探知真心之本來清淨自性、本來離諸覺觀之自性、本來能生萬法之自性、本來不生不滅之涅槃自性，是故錯將妄心意識自己錯認為真心。然又現見意識覺知心常常不淨而有雜染，便認定意識為妄心；卻又覓不著另一真心如來藏，亦不知應覓如來藏為真心，便以臆測思惟而思索：意識覺知心若將染污性修除淨盡，即可變成真心。居士若能理解妄心與真心同時存在並行運作之理，不墮於妄心中，方能捨得自說八過，求悟有門，否則終無悟期。

然而意識永遠都是意識，不論修至如何清淨，皆無可能轉變為能生五陰、能生意識之真心如來藏。居士意欲將意識修行清淨而轉變成真心意識，實屬妄想；如是妄想之所由，皆因不曾探知宗門禪諸多真悟祖師所悟者皆是第八識如來藏所致；若已知宗門諸多真悟祖師所悟者，悉屬同一類心如來藏者，即不可能以妄心意識修行清淨以後冀望可以變成真心。今觀居士所言，卻是欲將妄心意識轉變成真心意識；豈不曾憶四阿含諸經中，及與大乘諸唯識方廣經中，都開示「意根、法塵爲緣，生意識」耶？意識覺知心既然時生時滅，是故夜夜眠熟即告斷滅，次晨方得再次生起，顯非真實常住之心，既是生滅不住之心，即使將此意識自己修行清淨之後，仍將是意識生滅心，焉得說為常住不壞之真心？是故居士所說，理、教二門俱不契合。

宗門禪中真悟祖師所說全不如是，譬如本則清涼不知公案，昇州清涼院文益禪師，與紹修禪師等四人，擬往湖外行腳、參訪善知識；半途中忽遇大雨，溪流暴漲，乃暫時借住城西地藏院，因此而參禮地藏院住持桂琛禪師。初借住時，但見羅漢院規模平常，並非聞名於當代之大道場，故未料到羅漢桂琛禪師是大悟之人。直至夜晚茶會時，羅漢桂琛禪師問曰：「你們要去什麼地方？」清涼文益禪師答曰：「隨路宛轉曲折四處行腳去，不一定參訪什麼地方。」羅漢桂琛禪師問曰：「你知道應該如何行腳嗎？」當知羅漢禪師這一問，意有所指；當然清涼文益卻未曾知悉，率然答曰：「不知道。」不料那羅漢桂琛禪師卻開口指示道：「不知道的最親切！」此時清涼文益禪師聞言，觸著心中所疑者，於是言下豁然開悟，方知廟不在大，有神則靈——有證悟菩薩住持者方是大道場，於是當場歸在羅漢桂琛門下，終生奉以為師，終不改易，即是後來聞名諸方的清涼大法眼，至今猶自如雷貫耳。

如今海內外多有不肯捨離常見外道法之活佛法王、大小禪師，每教弟子眾等認取無妄想之靈知心，落入意識境界中；都不知此心攀緣六塵、五欲，更加堅執清楚明白、處處作主之自己為真實不壞心，導致一干徒眾隨著自己繼續生死輪迴，卻又自以為已度生死苦海。亦有人欲藉修定觀心之法，使自己清淨而變成真心如來藏，妄想以此無念靈知心而入住無餘依涅槃中；殊不知此心從來是妄，從來不與涅槃境界相應。唯有離見聞覺知之另一真心如來藏，方與涅槃寂靜相應，方能常住無餘涅槃中；若究其實，如來藏真心本來即已住於涅槃中，何須凡夫再取另一妄心意識來住入涅槃中？

真心如來藏與靈知心意識同時存在，無量劫來不會六塵，不與人諍，隨緣應物而不執著六塵、諸物，雖能支援五陰七識追逐五欲六塵，祂自身於五欲中卻從來不受苦樂，不隨靈知妄心而起貪求或厭離心。清涼文益禪師雖於行腳參究過程中，已經體會到此心之存在；然而由於不知此即真心，不敢認取；如今於羅漢桂琛禪師一言之下驚醒，方才恍然大悟；由往世積累之福德與智慧種子故，乃能直下承當；從此以後妙慧橫生，漸漸天下聞名。若不經辛苦參究者，不能體驗到此一真心之存在與運作，則於羅漢禪師此一句下便不能相應；為伊說上一百遍，亦無用處。

如今學人已聞平實如此長篇累牘述說真心之本來自性以後，應自深思體會，復於其後抱定一句話頭苦參不捨；若能二六時中不捨話頭及疑情者，三五年內必有悟處，何須三十年、三十劫方敢言悟？

然有一種瞎眼阿師，聞道「不知最親切」，便教人修離念法，教諸徒眾常處於昏暗一無所知之中，謂進入未到地定之深定，無覺無知於六塵，便道是實證離見聞覺知之如來藏了，此是一盲引眾盲。依舊是欲將意識妄心變成真心如來藏，豈可得悟？謂如是之「悟」，乃是時「悟」時迷之法，一旦出定之後便又與有覺有知之六塵境界相應，何得謂之為悟？當知真悟之人，正當伊以語言文字弘法時，或為弘法而籌謀諸事時，無妨覺知心中繼續有無量之語言現起，然而卻是同時有另一真心如來藏依舊不起語言妄想，繼續配合妄心意識共同運作不斷著。如是之不知，方能與羅漢禪師所說不知一句相應。

須知清涼文益禪師因羅漢此語而悟入之前，早疑著不知二字了，只是無人提示故不敢承當；及聞羅漢桂琛一句「不知最親切」時，觸著癢處，方能豁然開悟；須知應有一段參究體驗之過程，絕非僅此一句話下便能悟去。

如今上座欲會「不知最親切」之意旨麼？平實為汝道：

但莫思量，迤邐行腳去！

第一六〇則　清涼眞實

昇州清涼院文益禪師　僧問：「六處不知音時如何？」師曰：「汝家眷屬一群子。」師又云：「作麼生會？莫道恁麼來問，便是不得。汝道六處不知音：眼處不知音？耳處不知音？若也，根本是有，爭解無得？古人道：『離聲色、著聲色，離名字、著名字。』所以無想天修得，經八萬大劫（平實註：應爲五百大劫），一朝退墮，諸事儼然，蓋爲不知根本眞實。」

平實云：有一種癡狂佛子，於平實助他悟得本心之後，信根、慧力未具，不能信受，反而嫌謗我所傳法，轉而執取定中能知能見之自己為真心，此名**有我**，與三乘**無我法**正理不相應。其邪見為我所破之後，便改認定中不觸五塵之靈知心為真，復為我所破；又改認打坐至無覺無知之境界時為悟，謂之為能所雙亡；然而此乃未到地定過暗，是故不覺不知六塵，亦是定境分段入出之法，佛曾於《楞伽經》中斥為「境界分段計著生」，名為外道意識境界；余於《正法眼藏—護法集》之附錄中，及《真實如來藏》第三十三章中已有破斥，讀者閱之可知，此勿重述。

此種誤解，非獨末法現今，古已有之。譬如有僧問：「六處不知音時如何？」意謂：有人修學禪坐之法，進入定中無覺無知時，不接觸六塵消息，是否如此名爲開悟？昇州清涼院文益禪師答云：「你家眷屬一群子。」意謂入定而不觸六塵之心，其實仍是意識，常有五識及六塵諸法相隨，並非獨住無侶之唯我獨尊者；覺知心入定時雖然可以不知六塵消息，然而出定後便又攀緣執取六塵，六識伴隨六塵俱現，故被清涼禪師責云：「汝家眷屬一群子。」此僧聞已仍然不會，清涼禪師便垂開示：

「你要如何體會眞心呢？可別教人這樣來問佛法，這麼問是沒辦法悟得禪法的。你說眼耳鼻舌身意六處都已經不知六塵消息；請問是眼睛、眼識不知消息？還是耳根、耳識不知消息？如果像你所說的六處不知六塵消息的心，根本就是三界中的有所得法，若是以此爲眞，怎麼可能懂得無所得法？古人曾經說過：『想要離開音聲色塵的心，難免會執著音聲色塵；想要遠離名相語言的心，難免會執著名相語言。』所以即使修得四禪中的無想天境界，死後生到無想天中，經八萬大劫（應爲五百大劫）之後，有一天忽然生起一念，便又退墮欲界之中，色聲香味觸法等六塵事相又復清清楚楚明明白白的現前，六識覺知心又復清清楚楚明明白白地生起。推究其退墮之原因，都是因爲不知道根本眞實的如來藏心，誤會了，才會如此啊！」

有一種不開眼的善知識，總教人修禪時要離聲色、離妄想，要離念無念、要修無心之法，不知此法正是禪定之修法；卻又大力排斥四禪八定，教徒弟們不許解說定相、定名、定境；殊不知自己所修、所教之法，正是聲聞通世間的禪定之法，與祖師禪一向無關；譬如捧著水銀當白銀，卻又反罵水銀無用，不許人解說水銀之用處。如是既無禪定功夫，又無宗門禪實證之智慧，焉得示人以證悟聖僧表相，豈非欺世盜名之行耶？

無念無心之境界，不是祖師禪、不是般若禪，而是修定之法；縱使真實證得無念無心境界，亦只是禪定境界，與宗門禪所悟之般若智慧無關；更何況四禪八定境界，皆是有心境界，亦皆有粗細不等之念頭；雖已無語言妄想，卻仍有微細程度不等之各類細念不斷，並非真實無念；由此可知此師所說，其實錯誤連篇，證明此師非唯未悟宗門禪，亦未曾證得四禪八定中之任何一種定境。縱使此師已經實證禪定已，率同徒眾欲以修定之法求悟宗門禪，即同此僧「便是不得」；如此修去，縱使修得無想定，生到無想天中五百大劫後，依舊退墮，**從前再為螻蟻，依前復為蚊虻**；五百大劫中之意識悉滅而不存，往生無想天之前則是常常住於無意識境界中，所餘意根則仍如是生前生後皆依原始無記之性而住；意識滅已，則缺少觀行所得之智慧；生天之前縱使意識生起之時，亦皆不與智慧相應；是故此類人於無想天中捨壽之後，大多難以復生為人，依舊不離輪迴。凡此過失，皆為不曾證知根本真實之如來藏真心所致。

參禪人不可將意識修入「六處不知音」境界，謂如是境界只是二禪或以上禪定之等至位離五塵境界，仍處於意識境界中，非是宗門禪證悟般若實相之智慧境界；反須於修成定力——看話頭功夫——之後，將這具有定力功德的意識覺知心，不入定境中住，投入聲色一切六塵境中，尋覓與靈知意識同時存在的「六處不知音」之真心；萬勿將能知六塵之妄心意識遠離五塵而住，誤以為悟。只如「六處不知音」之真心何在？且攜慧眼來覓平實，平實大聲為汝說道：

六處不知音！

第一六一則　清涼毫釐

昇州清涼院文益禪師　師問修山主：「『毫釐有差，天地懸隔』，兄作麼生會？」修曰：「毫釐有差，天地懸隔。」師曰：「恁麼會，又爭得？」修曰：「和尚如何？」師曰：「毫釐有差，天地懸隔。」修便禮拜。（東禪齊拈云：修山主恁麼祇對，清涼為何不肯？及乎再請益，清涼亦只恁麼道，且道疑訛在什麼處？若看得透，道上座有來由。）

有居士云：《「什麼是祖師西來意？」答：「現在太忙，等沒有人的時候，我再悄悄跟你說。」這個徒弟就開始緊迫盯人了。有一天老和尚一個人在散步，他就盯上了：「師父啊！現在沒有人，你跟我講吧！」那位老和尚悠然地說：「你看！那叢竹子怎麼那麼長，這叢竹子又怎麼這麼短？」這是答案嗎？確實是答案。》（參見第八十則〈翠微竹短〉）

平實云：老居士腳跟猶未點地也。所以者何？翠微禪師指竹道：「這竿得恁麼長，那竿得恁麼短。」這二句話，根本不是宗門禪所悟之答案，答案根本不在嘴上語句上。

大凡善知識舉示公案為人說禪，皆須先悟得根本真實心，方能識得真悟祖師語中偏正；若不識祖師語中偏正，將彼祖師偏語取來作文章揣測，不免上他祖師閑機境，便將緊要處放過，專在閑機境上著墨；如是說得許多言語、寫得無量之乎者也，兼又梓行天下，貽誤諸方學人，妄說宗門正法之因果，未來多世都須自己承擔，無人替得。今者老居士將翠微竹短公案之關鍵處放棄，專檢其中偏語，以翠微禪師所示之閑機境，用以開示學人，即非本色宗匠之所應為，亦非通達宗門之師所願為。老居士說此臆測之想，自認懂禪，則於清涼毫釐公案必透不過，不免死於句下。如或不信，何妨一觀：

昇州清涼院文益禪師，一日提問紹修山主：「古人說：『毫釐有差，天地懸隔。』這一句話，請問老兄你如何體會？」紹修山主不知這話深淺，以為一般，遂爽快回答云：「毫釐有差，天地懸隔。」清涼法眼禪師責云：「你這麼體會，又如何能知道這一句話的眞正意旨呢？」紹修山主於是便問：「那麼和尚您又怎麼說呢？」清涼文益禪師隨即答云：「毫釐有差，天地懸隔。」紹修山主聽了，便立即納頭禮拜；清涼文益亦不避身，生受這一拜。

後來東禪齊禪師聽到這一段公案，便拈向諸方老宿問云：「紹修山主這樣應答，清涼禪師爲何不肯？後來紹修山主重新請問時，清涼禪師也只是同樣地應答，一字都沒有改變，諸方老宿請說說看：這其中的疑問差別在什麼地方？如果看得透，我說上座您眞的是有來頭底人。」如今天下說禪浩浩，名師大師紛紛擾擾，盡皆聚眾說禪、開化學人，還有知曉清涼、紹修二師之意者否？若能知得，平實道上座確實大有來頭；若無能了知，或錯會者，皆只是依草附木精靈，尚是未知真主之人，即是白衣，受他信施之時，當思何以圖報；否則來日閻王老子不怕爾能言善辯，且要計較一生受施之功過也。

且道：清涼大法眼與修山主有無高下？

若道無高下，修山主為什麼竟禮拜清涼大法眼？

若道有高下，爭奈他二人答話無二無別，何可謂有高下？

若會得此中意，便會東禪齊問話，此一公案中之滿天疑雲一時星散。

此件公案，譬如翠微竹短公案一般，學人千萬記住：莫在語句上覓，須知翠微竹短公案之密意，從來不在嘴皮上。然諸禪子若欲會取清涼毫釐公案，卻須向他嘴皮上覓；直待有日覓著之後，方知同樣不在嘴皮上。

平實此語豈但淆訛？直是一棒打殺龍蛇。
只如今，天下大小禪師、活佛法王，莫有透得平實此一段語者麼？
若真透得過，便見清涼、紹修、東禪等三大禪師如在目前。
若會不得，便是上座實未破得初參，從來不會祖師禪，至今不曾見道。
上座若猶百思不解，來覓平實，平實便向汝道：
毫釐有差！天地懸隔！

第一六二則　玄則求火

金陵報恩院玄則禪師　師初參青峰，問云：「如何是佛？」青峰曰：「丙丁童子來求火。」師得此語，藏之於心。及謁淨慧（清涼文益禪師）詰其旨，師對曰：「丙丁是火，而更求火，亦似玄則將佛問佛。」淨慧曰：「幾放過，元來錯會。」師雖蒙開發，頗懷猶豫。退思，既殆，莫曉玄理，乃投誠請益。淨慧曰：「汝再問，我與汝道。」師乃問：「如何是佛？」淨慧曰：「丙丁童子來求火。」師豁然知歸。

有居士云：《參話頭的目的，是把多頭意識變成獨頭意識；然後經過一個冷不防的震撼，或當頭棒喝，**把獨頭意識粉碎了，原來的真心就會呈現**；原來沒有的東西揚棄了，原本有的自然就顯出來了。》

平實云：此居士言，可謂胡言亂語也！若曾自稱已悟，即是大妄語，來日有殃在；諸方大師、學人應引以為鑑。參話頭是一門功夫，若不會看話頭，自言正在參話頭，更出世為人指導參話頭，無非自欺欺人之輩，於佛法何有哉！參話頭之目的，不在於變五俱意識為獨頭意識。謂祖師之證悟，多在五俱意識情況中悟，於獨頭意識中悟入者極少、極少。唯有參至見山不是山——靜坐參究之中五識已滅而不觸五塵時——方是已至獨頭意識境界，此乃平實破參前常常帶著話頭靜坐求悟所經歷之過程；然悟後深知坐中參究者，歧路極多，欲悟甚難，故常訶止諸同修，禁止坐中參究。

若非坐中參究之見山不是山境界，必是五俱意識，五識同時現起接觸五塵，然意識多分在話頭上用心，極少分在五塵上用心，故常忽略五塵境，仍非無五識與意識俱起，故仍屬五俱意識。宗門禪之行者若具備看話頭功夫，並已真實證悟者，都已經歷參禪過程，便知此理；便知參話頭之目的，非欲變五俱意識為獨頭意識。何以故？謂參禪者參究話頭之目的，是為親證原來所不曾知之第八識如來藏所在，而能現觀如來藏之本來中道性、本來涅槃性，如是而證得解脫、生起實相般若智慧。是故居士所言：參話頭之目的，是應將五俱意識轉變成獨頭意識，完全違背宗門禪之實修與理論，顯見居士尚未能知看話頭、參話頭功夫，亦未曾悟得真心如來藏之所在。

又：學人無論是在獨頭意識或五俱意識之狀況下，若因善知識之棒喝而悟得真心時，其獨頭意識絕無可能繼續存在，必定轉成五俱意識，方能與善知識之棒喝相應；故說善知識棒喝時，若能證悟，則彼學人之五俱意識必與真心同時並存；尚不能離於五俱意識，何況能將獨頭意識粉碎？顯見居士連自己所說之棒喝情境，都尚未體驗清楚，何況能知真心如來藏所在？如是而言禪宗，未免說笑之譏也！

又，妄心意識從來不曾掩蓋真心；不論已悟、未悟，真心皆與靈知意識同時並存，非將靈知意識粉碎消失而後始得現前。若道「獨頭意識粉碎後，眞心方得現前」，請問：開悟時意識既然已經粉碎，應已消失，則應無有能知能覺者；既無知覺，是誰開悟？誰知開悟？不可謂真心開悟自己，亦不可謂真心能知開悟境界；真心如來藏從來無知、無覺、無觀，心性寂滅故，不於六塵中顯現證自證分故。

若道「意識粉碎後，眞心方得現前」，則應一切悟者於開悟之時、便入無餘依涅槃，則應世間從無開悟聖者住世，亦無佛住世；意識若滅，則前五識亦不能獨存故，唯餘真心無覺無觀、涅槃寂滅故。審如居士所說者，則一切悟後皆應不能再住持正法於人間，應皆始悟之時即已滅除意識，當時已入無餘涅槃中，則世尊施設證悟菩薩諸多位階，即成無義。未審居士認為然乎？

否乎？還能出一言解釋否？

縱觀居士所言，細探之後即知居士所墮：以有妄想之覺知心為五俱意識，以無語言妄想之覺知心為獨頭意識；以有妄念之覺知心為妄心，以無妄念之覺知心為真心。由如是邪見所崇故，方有錯謬之言開示大眾，處處違背宗門禪之參究行門與所悟內容。

是故，參話頭之目的，非如居士所說欲變多頭（五俱）意識為獨頭意識，然後加以粉碎；意識粉碎之後即無意識存在，斯時無覺無知，何能證悟？是故宗門參話頭者，乃是先鍛鍊看話頭功夫，令其話頭功夫細緻以後，觀察力隨之轉為細緻敏銳，再藉看話頭功夫而逐漸激起疑情，然後於四威儀中尋覓一直與我們同在一起的真心，如是覓得從本已來已經存在之如來藏以後，方可名之為悟，般若實相智慧已經生起故。非是居士所說，藉突然棒喝產生震驚之效果，使妄想、妄念突然不能生起，將此妄想、妄念消除後之靈知心改稱為真心，此心非常故、夜夜眠熟即中斷故（詳拙著《真實如來藏》說明）。

依居士所說文字中之粉碎字眼，應是將意識中斷，則無可能證悟般若，亦無可能生實相般若智慧；然而居士文字後半段所說之意涵，卻是意識仍然存在，而非已經粉碎；故說居士所言義理，前後自相背反，並非真實說。若執「意識粉碎後，眞心方得現前」者，則又與居士示意旨相違，顯示居士欲告知學人之意思。是故，倡言「意識粉碎後，眞心方得現前」者，皆名未破初參，仍是凡夫之人，則必不能會得玄則求火公案。居士若不信者，何妨與平實同觀玄則求火公案：

金陵報恩院玄則禪師悟前行腳，初參青峰禪師時問云：「如何是佛？」佛者真如本際也，即是一切有情、諸佛之法身也。青峰禪師答云：「丙丁童子來求火。」玄則禪師當時聞得此語已，思惟之後自以為悟，乃藏之於心，牢記不忘。繼續行腳之後，又來晉謁清涼文益禪師請法，清涼禪師便垂問玄則：「於此一句之下，悟個什麼？」玄則回道：「丙丁屬火，故丙丁童子自身即是火；以火求火，就如我玄則本來是佛，而更來此求佛。」

清涼大法眼聞彼恁麼道，便云：「差點兒放你過關了，原來你會錯意了。」玄則自以為悟，為此而與清涼大法眼往復論辯，不承認自己未悟；清涼卻始終都不肯伊，玄則禪師氣不過，忿而離去。清涼文益卻對大眾云：「此僧若回，猶可救得；若去而不回，救不得也。」玄則離去途中，對於清涼禪師的種種開示啓發，雖然百般思索，仍懷猶豫而未肯全信。後來復思：「他是五百人大善知識，豈會賺我？必是我所悟不眞。」乃迴，投誠之後再度請益；清涼禪師見伊回來，知伊有救，便曰：「你再問一遍，我就告訴你。」玄則乃問：「如何是佛？」清涼禪師答云：「丙丁童子來求火。」玄則言下豁然了悟，無復猶豫，豈止俊俏！

報恩寺玄則禪師悟得此語，亦是玄之又玄。前參青峰禪師，後參清涼禪師，二處所得皆同；前後問答，一字不易，因何前問錯會？後問得悟？皆在青峰與清涼二人有心或無心助悟所致也。

而今諸方老宿說禪音聲處處震耳欲聾，個個皆自道是悟，講得禪來悉皆理直氣壯；試問此個公案，還解得麼？

學人或有欲會此事者，須先學報恩玄則投誠清涼大法眼之故事，平實便有為汝處。屆時上座亦如是問，平實亦如是答，上座亦得似報恩玄則豁然知歸。且道：

平實如何得見淨慧大師學此善巧方便來？還會麼？

第一六三則　清涼香匙

昇州清涼院文益禪師　師與悟空禪師向火，拈起香匙問悟空云：「不得喚作香匙，兄喚作什麼？」悟空云：「香匙。」師不肯，悟空卻後二十餘日，方明此語。（東禪齊拈云：叢林中總道「悟空好語，法眼需有此語」，若恁麼會，還夢見也未？除此外，作麼生會法眼意？上座！既不喚作香匙，喚作什麼？別下一轉子看，要知上座平生眼。）

有居士云：《其次是如來禪，如其本來，做自覺的工夫，就是觀心。觀心的起點是每個念頭來了，自己要知道；思惟一件事，要能自主，不許念頭操縱自己；因此要常注意自己的心態，念頭來了自己都知道，這就是觀心。觀心成熟了以後，沒有念頭了，就坐在那裡保持心的自覺……把自覺反過來就是覺自——自己覺自己。古德有句話說得好：「如珠吐光，還照珠體。」……我們的自覺工夫要領就是如此。能夠這樣去自覺，比參話頭還要安全，還要快。》

平實云：古德所說「如珠吐光，還照珠體」，是說真心離見聞覺知、無分別性，不能自照自觀，須藉真心所生的妄心來觀照自己，如同明珠以所出之光明來照耀自己。佛子當知：修除妄想妄念之後的靈知明覺心，永無可能變為真心；一是第六意識，另一是第八識如來藏故；二心是同時存在而並行運作故，非是前後異時存在故——並非其中一心滅後，另一心方才現起故。居士所倡觀心之法，從來不離意識心之靈知明覺，是欲將意識心滅除後，令真心隨後生起，則是以一心取代另一心，與聖教及實證之理俱皆相違。意識心者即是妄心，連同意根及前五識，皆合名為妄心；真心則是第八識如來藏，是出生五色根及妄心七識之根本識。人間法界中之實相，舉凡清醒位中，都是真心與妄心並行運作而不中輟的；並非如居士所說**妄心滅已、真心方才顯現出來**。由此可知，居士向來落在妄心境界中，連粗知真心第八識的正知正見都尚未建立，何論明得真心所在之智慧耶？竟能教人以親證真心之宗門禪，未之有也。

又真心不在意識之靈知明覺中，亦不在靈知明覺之前頭，而是恒與意識併存，意識斷時無知無覺，彼真心如來藏依然自在無礙，然不能觀照自己，已無自己所生之光明——意識妄心——來照耀自己故；須藉醒後再起的靈知心（意識）在六塵中之覺照功能（五遍行及五別境心所法）之運作，方能由意識（光明）觀照自己；如是說為**如珠吐光，還照珠體**。

宗門禪之一切學人，若欲會取真心，必須參究古時公案或現代公案——真善知識方便施設之機鋒。或者參究話頭——於四威儀中尋覓。不可排除妄想妄念、保持一念不生，便以為悟；當知妄心正打妄想時，真心亦如前繼續分明存在及運作；妄心突受驚嚇而使妄想念流頓時停住時，真心仍然是不動心的繼續運作不斷，如如不動其心。若意識覺知心一念不生時即是開悟，則睡著無夢時，因什麼不見一念不生之覺照？豈非清醒時開悟，而眠熟後即變成未悟者？如是之「悟」還可說為真實法耶？當知一念不生之境界，古來祖師常所斥責，每喚此境為「冷水泡石頭」、「黑山鬼窟裡作活計」，往往喚作「認賊為子，劫自家財」。

譬如清涼文益禪師與悟空禪師，二人一日於寒冬坐向烘爐取暖時，清涼禪師忽然無風起浪，故意拈起舀香粉之香匙，便問悟空法師云：「這個物事，不許喚作香匙，老兄欲喚它作什麼？」清涼大法眼正是無風起浪，忽然拈出這個現成公案，要勘驗悟空禪師之開悟究竟真實與否；悟空禪師不明究裡，更道是香匙，換來清涼一陣搖頭不肯。只因清涼禪師舉起香匙時，明明道不許喚作香匙了，悟空偏答是香匙，當然清涼禪師不肯他所說。此事過後二十餘日，悟空禪師方始明得法眼之意，終於悟入了，總算沒有辜負清涼大法眼辛苦一場。

如今不須平實再加拈提，古時自有東禪齊禪師拈出來請問諸方老宿云：「十方禪林總是說道：『悟空這一句香匙答得好；法眼也必需在這種場合問他這一句話。』如果是這樣體會的話，恐怕連作夢都不曾悟呢。除此之外，大家要如何體會法眼的意旨？上座！既然不能叫作香匙，要叫作什麼？請您另外說一句轉語看看，大家都想知道您的平生眼目呢。」

上座會否？若猶不會，且觀平實開一線道：譬如第六十四則西院非棒公案：「若喚作棒，眉鬚墮落。」又如首山省念禪師拈竹篦云：「喚作竹篦則觸，不喚作竹篦則背，喚作什麼？」

如是公案如出一轍；清涼大法眼拈起香匙設問，悟空當時落在清涼大法眼的閑機境上，當然不會；後來苦參二十餘日，方才會去，也算不笨。至於此一居士，則自始至終皆是以妄心意識用來觀察妄心意識自己，欲將妄心自己修行定功而離妄想、妄念時，認作是能出生自己的堂上二老，豈非忘恩負義之輩？莫怨將來弟子眾等悉皆如是效法，俱成同類。

悟空當時錯過清涼文益禪師機鋒，著伊閑機境上，是故用心於文句上，轉會轉遠；若非力參二十餘日，豈有悟時？

平實則不然，當時若在，更不與答話，但拈香匙舀些香粉向烘爐內撒，大眾一時俱聞也罷！大眾不聞也罷！且不理會，只管望清涼大法眼面前丟卻香匙，便好回寮睡大頭覺去，被窩裡可暖和著呢！還要學悟空留下來說話、夢個什麼？然雖如是，平實未免也太老婆。

且道：什麼處是平實太老婆？

次道：恁麼老婆作麼？

自代云：醉翁之意不在酒，開口不在舌頭上。

第一六四則　清涼得失

昇州清涼院文益禪師　因僧齋前上參，師以手指簾，時有二僧同去捲簾。師曰：「一得一失。」（東禪齊拈云：「上座且作麼生會？有人云：『為伊不明旨，便去捲簾。』亦有云：『指者即會，不指而去者即失。』且道：恁麼會，還可不可？既不許恁麼會，且問上座：阿哪個得？阿哪個失？」）

卡盧仁波切開示心的本性云：《有許多方法可以幫助我們瞭知自心本性，它們分別包含在小乘、大乘和金剛乘中，其中蘊含了八萬四千種不同法門，這一切法門都為了瞭知自心的本性。為此，其中究竟的法，我們稱為大手印或大圓滿；這種境界可以清晰地顯現出心性的實況，……什麼是我們所謂的心呢？啓發我們種種不同想法，使我們經驗種種不同情緒，如「我是」、「我有一個心」等想法，這就是心。……心性自身的本體就是空性，我們所說的心並沒有形狀顏色，從任何一方面來說都如此——沒有任何東西，他的自性是空。但他並不是簡單的空而已，他還有明的一面。什麼是明呢？認識宇宙萬物的能力就是明。出現在空和明之中並沒有任何東西，所有的是永不斷的覺知。什麼是永不斷的覺知？他是客體的定義，如知道這是天空、那是大地、那是太陽，那是月亮、那是海洋、那是山等等，這是覺知。因此，**空**、**明**、和**無礙的覺知**，一起構成了我們所說的心。

心的本質是空，所以它是永恆的。我們無法了知這個心是在過去的哪一個特定時間開始活動的。現在我們也無法拿出一個實際存在的東西、說這就是心。也不能說在未來特定的時間，心識將停頓；它永遠在有如空間的狀況中，永遠不會被摧毀；心的本體是空。只要不了悟上述的心，人便處於輪迴之中。透過瞭解，體悟自心的本性，人便可達佛果。》（摘自慈雲月刊二一二期七二、七三頁）

平實云：仁波切所說之心，乃是空、明、覺知之心，正是意識心，與佛所說之**心性**不同。佛所說之真心是如來藏，恆離見聞覺知，不曾起過一剎那六塵中的覺知，何況「**無礙的覺知**」正是遍緣六塵諸法的貪染心。仁波切所說之「真心」不離見聞覺知，故能「知道這是天空、那是大地、……那是山等等」，並強調「這是**覺知**。因此，**空**、**明**、和**無礙的覺知**，一起構成了我們所說的心」，以此妄心意識之無形無色而說為空性。緣於無有智慧故，誤認此心為無始以來從不間斷之常住心；而實此心日日間斷，身死則滅（詳拙著《真實如來藏》詳述），此乃妄心意識，乃是有生之法，是故佛說「意、法緣，生意識」，當知絕非了義經所述之真實心。

卡盧仁波切又復強調：「瞭解體悟此自心的本性，人便可達佛果。」此即是密宗紅教大修行者卡盧仁波切所開示之大手印、大圓滿教法所說之真實空性心；若以仁波切此言為證，則仁波切顯然意謂自己已經成佛了；既然有人在 彌勒菩薩下生成佛以前便已成佛，吾人當然必須加以探究，一驗虛實，方能證明密宗是否已經將末法時期轉變回到正法時期也。

今觀卡盧仁波切弘揚的密宗至高無上佛法，自謂顯教之法無可與之比擬者，故皆不能成佛，而卡盧仁波切是已成之佛；然以禪宗破參者之證量、淨土宗少數祖師之證量、及法相唯識宗見道者之證量而言，仁波切所說之心乃是意識靈知心，並非真實空性心，絕無可能通過大乘了義經及二乘法之檢驗，尚在常見外道位中，不入聲聞僧數，更不入大乘菩薩僧數；可知密宗此派大手印、大圓滿教法之即身成佛，不過是六即佛之觀行即佛爾；猶未得大乘見道之相似即佛、分證即佛位，乃至連聲聞初果斷除我見、除三縛結之功德亦無，焉得謂為究竟成佛？竟然空口薄舌大譚空話，自稱成佛，早知卡盧等人來日有殃在，只恐屆時閻王老子面前分辯不得。

當知佛乃一切智者，無有一法不知。今者仁波切認為對「空、明、覺知心」之體悟與瞭解足夠了，「便可達佛果」，暫勿舉說一切種智，單說聲聞聖人所入無餘涅槃中之境界，仁波切還知否？早料知仁波切從來不知也！再降格以問：聲聞初果為何否定仁波切堅持為常住不壞心之意識心？佛於初轉法輪時期之四阿含諸經中，又為何公開否定意識之實我性，而說為無常故無我、無常故苦、無常故空的無我法？仁波切竟然違背佛說而倡說意識是常住不壞法？還能以理證證明意識之常住性否？還能以聖教證明意識是常住性否？若俱皆不能，則仁波切所說意識覺知心能對六塵「無礙的覺知」，即是常住不壞之空性心，未免顢頇也！今觀仁波切連證悟如來藏之禪宗明心功德亦無，竟敢暗示已經成佛，試觀清涼得失公案，還解得否？若解不得，名為大乘法中未見道之凡夫，云何名為成佛？

清涼文益禪師，一日因僧眾齋前上參，清涼禪師以手指簾，有二僧同去捲簾，清涼禪師便云：「一得、一失。」後來東禪齊禪師聽得此一當代公案，便又拈向諸方老宿問云：「您究竟要如何體會？有人說：『因爲那僧不明白清涼禪師之意旨，所以去捲簾。』也有人說：『指的人就是會的人，是得；

不指而去捲簾的人就是失。』諸方老宿倒說說看：如此體會是可以？還是不可以？既不可以這麼體會，且問您：阿哪個得？阿哪個失？」

幾百年後，無門慧開禪師作《無門關》拈曰：「且道是誰得、誰失？若向這裡著得一隻眼，便知清涼國師敗闕處。然雖如是，切忌向得失裡商量。」無門慧開禪師為此一公案，又作了一首頌作為註腳：

卷起明明徹太空　太空猶未合吾宗
爭似從空都放下　綿綿密密不通風

平實今以清涼得失公案，請問諸方活佛、法王、仁波切、金剛上師：汝等若謂已證大手印、大圓滿而成佛者，可還解得清涼、東禪齊、無門大師之意否？若會不得，莫將「大手印」到處亂印；如此錯會，一點兒都不圓滿，何來「大圓滿」？如是初悟明心之公案尚且不會，遑論成佛！故說密教諸多法王、活佛、喇嘛、仁波切，皆名大妄語者，來日有殃在！那時莫怪平實未曾先言。

然東禪齊與無門大師俱無好意，故意問云：「誰得、誰失？」須知清涼一句「一得、一失」不是好意，東禪齊與無門大師復又為虎作倀，難倒古時一切錯悟之名師；時至千年後之今日，自稱成佛之密教一切人，亦復全都必須汗顏。

或有諸方「活佛、法王」來問平實云：「阿哪個得？阿哪個失？」平實便打個手印，印向虛空，顯示諸佛法身，爾等還會這個大手印麼？

自從有此公案以來，普天下大師、名師悉皆不會清涼意旨；須是大悟一番，不落片段始得。爾等諸方「活佛、法王」欲求大乘見道者，切莫往得失中思量，但觀清涼手指竹簾便得。若會得真，便由著汝道：一得一失、二得二失、同得同失、不得不失。且道：清涼指簾，意作麼生？

第一六五則　五雲問著

杭州五雲山志逢大師　僧問：「如何是如來藏？」師曰：「恰問著！」

上堂曰：「古德爲法行腳，實不憚勤勞。如雪峰和尚，三回到投子，九度上洞山；盤桓往返，尚求個入路不得。看汝近世參學人，才跨門來，便待老僧接引、指掌説禪。且汝欲造玄極之道，豈同等閑？況此事，悟亦有時，躁求焉得？」

平實云：此一公案極似雲門屎橛公案。有僧問：「如何是佛？」雲門答云：「乾屎橛。」直是壁立千仞，教人無從下手；會者直下便會，擬議便差。若作情解會，皆是野狐；説得長篇累牘，搏得人間大名聲，於解脱生死及實相般若智慧，竟有什麼相干！

曾有某大法師就此雲門屎橛公案妄作情解：《雲門禪師在回答這個問題時，也許正好在野外看到一塊人糞或狗屎，就隨口說佛是那個東西。一般人可無法接受這種指示或觀念，但禪修者心中有很多疑問，想立刻得到答案，如果禪師當下**答非所問**，並且給予非常強烈的印象，發問者會**非常震撼，從驚訝中產生智**

慧的火花，或可因此而開悟。這是方法上的運用和手段上的便利，可以讓人的觀念產生一百八十度的轉變，從受人尊敬、應受崇拜的佛，一下子成為受人鄙棄的乾屎橛，在他心中會產生非常大的革命，他的生命可能從此得到新的開始。……》

平實云：此師如是長篇大論，正是情解；座上座下、說者聞者，一般是悶葫蘆，何嘗會得雲門屎橛密意？當知禪師若是真悟者，便如水上葫蘆，東撥西轉，左壓右浮；隨手拈來，著著指向真心；只是太親切，使得依言生解者轉而難會，猶如此大法師於乾屎橛上思惟，卒摸索不著。

今時阿師們，總是意識心之有念、無念上面廣作文章，總認為意識妄心若是被驚嚇，以致太過震撼而無法應對，暫時不能生起語言思想時，便已轉變成為真心。如是阿師們，究竟是曾讀或未曾讀四阿含諸經？若是未曾讀四阿含，本是佛教的門外漢，何有智慧能言大乘見道之宗門禪？若自道曾讀，顯然打誑語；謂四阿含諸經中，有極多處載明佛語聖教，都說意識覺知心是生滅法：「意、法緣，生意識。」「意根、法塵觸，生意識。」甚至於不論是有念或無念之意識，皆一概否定之：「諸所有意識，彼一切皆意法爲緣生。」如是處處宣示意識是生滅法，說意識攝屬識陰；並且說識陰六識全都是生滅法，皆是要藉二法為緣，方能出生之有生法。四阿含諸經明文俱載，今猶可稽，非是平實一家之說；云何此等大法師、大居士、大法王，悉皆眼見如盲、視而不睹？竟敢自道懂得阿含？

如是，意識確屬生滅法，非唯佛法中如是言，醫學上亦復如是認知：意識斷滅不在，名為悶絕，或名眠熟。現象界中可以明見之理，而諸大法師、大居士、大法王自稱證量深妙高超，乃竟不如凡夫位之醫師？竟敢大聲倡言「意識是不生滅法」？究竟居心何在，頗令人尋味。由於對基本佛法之聲聞解脫道正知正見都付之闕如，是故敢在書中公然倡言意識境界為實相境界，豈非欲證明實相境界是生滅境界乎！如是而言弘法，是弘何法？如是而言利生，頗能度諸眾生得脫生死而言利生乎？名聞四海之大法師尚且如是，等而下之，其餘諸師自可知矣！

五雲志逢大師亦復如是；有僧來問：「如何是我身中如來藏本心？」五雲志逢大師答云：「恰好被你問到。」五雲此語，猶較雲門屎橛老婆些子，無奈此僧依舊迷惘，辜負五雲禪師老婆心腸。

以往諸方禪德來覓平實者，多有顧慮世俗身分名聲者：來此欲求真悟，又恐日後他人知彼係因平實而悟。此等執著自我之小德，難登大德之列，焉有悟緣？是故平實雖然多方開發，為彼等建立正知正見；彼等只得猶豫而去，平實終不能為執我之輩頓施機鋒，痛下殺手，從來不用殺人刀，更不用活人劍。

亦有名師欲以電話相談，不肯屈駕下顧；以此自高之心態，具足意識心行，焉有悟緣？誠如南泉普願大師所云：「漿水價且置，草鞋錢叫阿誰還？」古人為求了義法，尋訪明師，千里跋涉，不辭勞苦；路上喝掉多少漿水錢？穿破多少草鞋？猶未能得個入處。豈況今人有車、有飛機，三、五小時輕鬆便到，然竟自矜於世俗身分名聲者，教平實云何為他？以是之故，一切名師欲以電話相談者，悉皆婉拒，非為慢故；若有肯枉駕者，莫道三個時辰，三天三夜相陪！

末法時期工業社會，急功近利每求速成；時人來覓平實者，或希冀一年半載見性、或希冀一、二月中便得見性，或期初會便得明心隨即見性，不肯安下心來為法輸誠：不肯如我發願度人，不肯下心傾聽知見，不肯死心踏地做功夫，不肯悟後為法付出；只求有得，不肯為正法血脈存亡而奮鬥。

如是來人，因緣總不具足；咱家雖有九牛，只拔一毛與他，悟抑不悟，全在彼等。若得因緣具足，不但一毛，九牛皆送與他。須知無上甚深微妙之道，千聖不傳，豈可等閑得之？

譬如僧問：「如何是我的如來藏本心？」五雲志逢大師云：「恰問著！」此僧雖然因緣不具，大師亦有為他之處。

只如「恰問著！」三字，上座作麼生會？

莫道此語只是九牛之一毛，此一毛貴逾黃金千兩；那僧提出此問，五雲禪師明明向伊道：「恰好被你問到了。」究竟何處是那僧問到之處？若也會得，頓成人天之師。上座且勿隨意謗伊五雲禪師，謂伊只是籠罩人；五雲禪師既言被那僧問到了，上座且須參詳出一個端倪來：究竟何處是被那僧問著處？一旦參出密意，卻好出世為人。若會不得，有請繼續作個吳下阿蒙。

只如上座作麼生會？

或有人欲會者，且來下問，平實說與汝知：

莫開口！

第一六六則　概括事理

諸方善知識每云：「一句佛號概括事理。」只如諸方善知識作麼生會得**一句佛號概括事理**？且道上座唸一句佛號中，何者是事？何者是理？有請一言，大眾欲知。

五雲山志逢大師云：「只如善財禮辭文殊，擬登妙峰山謁德雲比丘，及到彼所，何以卻於別峰相見？夫教意祖意同一方便，終無別理。彼若明得，此亦昭然。」

諸方大小善知識無量百千，或有說念佛法而排斥參禪者，或有說禪而排斥念佛者，或有迷執持名念佛而排斥持名念佛之一行三昧者，或有以聲聞禪錯認為祖師禪者，或有將定法無念作為大乘宗門禪正修者，或有迷執解脫道為成佛之道正修者；此等諸師，皆因尚未親證實相之故，所致種種異見，亦復數之不盡。

只如善財大士學佛之初晉謁德雲比丘，欲學念佛三昧。如何是念佛三昧？即是開悟明心——親見自性彌陀也。自性彌陀即是禪宗破參開悟所明真心、真如、如來藏、無縫塔、沒絃琴、本地風光、本來面目、……等無量諸名所說真實心也。

吾人念佛，每一句佛號之中皆是有事、有理。唸佛號時口出耳入，名之為事；心唸心聽名之為事，無相念佛、憶佛念佛名之為事，不離五蘊故。口唸佛號是為色蘊，耳聽分明、心知憶佛時是為識蘊，知憶佛故則起受想行覺，是名受想行蘊，皆是三界有為法，總名為事。然此諸事運作之時，皆有真實之理——如來藏——同時隨緣而應，離見聞覺知，亦離受想，從來不起分別而安樂自在，常住涅槃中。且道：此理在什麼處？

如是概括事理之實證，必須次第漸進；首由念佛功夫作起，然後熏習般若正見；繼之以體究念佛：如何是佛？一朝見得內裡常住之法身佛，方知原來佛不在西天，只在現前。由是實證故，便於一切事中，見得自性彌陀——法身佛——時時常在，與諸事無隔無礙；如是再行念佛時，即能現觀一切人唱唸一句佛號之時，皆是概括事與理者，方知從來唸佛都是理事雙全。

非但一句佛號概括事、理，挑水劈柴、禮佛拜懺、吃喝拉撒、弘法利生……等無量諸行，莫不概括事、理。而今諸方知識有教禪者，有教念佛者，有教種種佛法者，且道：「作麼生說個無量諸行概括事理？」

德雲比丘雖住妙峰山，文殊菩薩指授善財大士前往禮求佛法；然而善財大士卻不得於妙峰山上相見於德雲比丘。莫說善財，十方諸佛亦不能於妙峰山上得見德雲比丘，只好別峰相見。

只如上座喚什麼做妙峰山？莫胡亂說法好！否則即揩因果。

如今諸方大師往往自道已會實相念佛，每每倡言「一句佛號概括事理」，要教人知；徒眾不知其證德高低，迷信不已，奉為大師；而今平實據實道來，還有大師會得此理麼？試道看！

五雲禪師明明道：若會得祖意，便通教意；說祖意與教意其實同一方便，宗旨無二；若能明得宗門禪中諸祖真意，即能明得教中真意，從此可以轉經，不再被經所轉也！由是故說，明得禪宗，即亦明得淨土宗；一句佛號緊持不忘，若能唸佛唸出真理時，禪宗便亦通去。上座您若不會此理，下心求法，求亦可得；平實即不可無有為人處，於是低聲向上座道：

且到佛教正覺同修會來，進講堂持名念佛去！

第一六七則　清谿迷暗

襄州清谿山洪進禪師　師在地藏院居第一座。一日有二僧來禮拜，地藏和尚曰：「俱錯！」二僧無語，下堂請益修山主，修曰：「汝自巍巍堂堂，卻禮拜他人，豈不是錯？」師聞之，不肯。修乃問曰：「未審上座作麼生？」師曰：「汝自迷暗，焉可為人？」

平實云：自古以來，迄至於今，多有密宗大師自謂成佛；一向依人不依法——不肯依大乘經典聖言量自我勘驗——非是智者。密宗行者有大弊病，謂只重傳承、依人不依法——全依祖師所造密續及上師開示而不依經者，十有九人；從來不敢以經中聖言量加以比對檢查，以此緣故，流弊無窮。等而下之者，則用鬼神之力，及暗房磁波機關、魔術手法而籠罩俗人；俗人或因不具正知見，或偏好似是神通、鬼通等怪力亂神及三界有為法，便將彼密教中裝神弄鬼、大賣陰宅之徒，奉為大活佛；乃至以訛傳訛，謂彼大活佛證德證量高於　釋迦文佛，復謂大活佛之師境界高於　釋迦文佛二級、三級。然而睽於大活佛及其師所言所著諸書，全屬言不及義，豈唯猶未見道，尚且未斷我見；如是尚未覓著如來藏阿賴耶識之凡夫，而竟狂言已證佛地真如，籠罩眾人為其所迷。然而其實皆不明本心，凡夫常見無異，云何謂之成佛？

古有密宗大師龍欽巴「尊者」，於密教中地位崇高，素有第二佛之尊稱，猶六祖之於禪宗。然觀其大手印、大圓滿之教誡及註解，實則猶在觀行即佛階段，尚未見道。非唯如此，觀其《仰兑—依黑物上金字顯出大圓滿最勝心中心引導略要名趨入光明道》書中所述，及其《大圓滿三自解脫論》中所述「即生實修自解脫之教授、中有升基光明之教授、究竟果教授」等，皆以無念靈知心之**明**、**非色**、**覺知**，作為**真心空性**，依其實質鑑之，尚未斷得我見、惡見，為身見所縛，三縛結俱在，無異自性見外道；以此「證量、證德」，不離眠夢中之妄想情境；豈僅猶未斷盡一念無明有愛住地，亦乃未破禪宗之初參、未斷一念無明之見一處住地，名為大乘及二乘法中俱未見道之凡夫，雖有二百七十種著作，其實未得解脫；設有廣大神通，亦難逃三界輪迴；何況其所謂神通者，皆屬誑惑籠罩之言，迄無實質。看官若有不信者，且觀其《大圓滿三自解脫論》中「即生實修自解脫之教授」所述真心空性，即知余言不虛也：

《……心之種種念，數數遷流，似較前時更粗更多。觀其所起，於一遷流之時，尋其從何而生？當體之前中後、外中內三際，其念為何？復認「辨念之本身」，是何形？何色？以其任何（形色）亦不成，故悟「不生心性」離根源之狀態。》此即是以能觀照妄念之靈知心無形無色，乃將之錯認為佛說之「不生不滅心性」，純屬常見外道意識境界，我見具在。

又言：《復次，於念本身流注之時，其住於外內中何處？觀察認辨其色何有？故悟「無礙大昭空之心性」基位大清淨。》又云：《復次，於念之本身驟起旋匿，了無痕跡；觀其滅時、認辨其去向何處？故悟「無跡本地解脫本明」，超越認辨之義。》凡此皆不離能觀所觀，誤將能觀之心無色無形錯認為空性，便將此心認作不生滅之法身；由錯認法身如來藏故，以意識覺知心為法身如來藏，於是專在覺知心之有妄想或無妄想上用心，是欲將妄心變成真心，如同愚人欲將沙子煮成熟飯一般，愚不可及。

如是藏密祖師著作，既被平實所評斷，藏密諸師悉無智慧可作回應；於是放言曰：「這些翻譯本，都是不正確的；蕭平實根據這些錯誤譯本而作評論，並沒有意義。我們密宗的法義，並非這些翻譯本裡面的說法，實質上是完全不同的。」平實於今即有數言相告密教諸人：如果譯者所譯無誤，則龍欽巴「尊者」實未見道，我見、惡見、三縛結俱在，只是凡夫眾生，爾等徒眾云何妄稱彼為第二佛？若如所說，此諸譯本悉皆有誤，則汝密教諸師應聯合嚴正聲明皆為錯譯之書，教一切密教信徒皆不應閱讀，並破斥其中之錯譯處；公開聲明及破斥已，隨即應全面回收原譯諸書，一炬焚之，不再流通。俟將來正譯出版時，末學自當重新恭謹拜讀，再作另一評斷。若密教諸師未作此圖，於如是飾言之後，繼續流通及弘傳此等錯譯之密教書籍者，則已顯示爾等悉是飾言誘過之徒，並非誠實之人，何有佛法證量可言耶？

龍欽巴「尊者」於教授弟子認取此一能觀之心後，教人保任此心，不執諸境，謂此即為「住於體性見解脫、自性知解脫、性相自解脫，即爲心之自性。」名為「三自解脫」，法相極為響亮，令人不覺神飛嚮往；龍欽巴如是說已，便教人以此知見修行，以能觀之心任運寬坦而住，不起執著，名為得解脫。此後則要求：「……以此爲『由執諸法諦實有中解脫』而後於夢中亦能安住無執之法身狀態。」然而從證悟實相者之智慧觀之，當知此是未斷盡一念無明之有愛住地，不離生死眠夢等妄想情境，云何得有解脫可言？

阿羅漢以諦信佛語故，現前觀察故，悉知此能觀能知之明覺心為妄，棄捨此心而證無餘依涅槃；龍欽巴「尊者」卻以此心不執著五塵境為涅槃，只是知見上之理解，尚且不能稍離欲界五塵，無異外道五現見涅槃之第一種；據實言之，見道且無，何有解脫可言？狂密行者無擇法眼，盲目執著此師傳承，皆不知此師未悟，奉彼為第二佛，何有解脫與智慧？

由於誤認真心空性，以妄心為真、為空性，故其所述「中有升基光明之教授及究竟果教授」亦隨之偏差，成為意識思惟推測之戲論。若以此錯謬之臆想猜測法義，用以開示佛子，不唯誤導佛子，亦且誤導彼密教之護法善神對於佛法之修證，其過大矣！然密教大手印、大圓滿行者，大多**依師不依聖言量，依人不依法，依祖師所著作之密續、不依經典，依神通而不依見地**，每每被似是神通所籠罩，誤認似是而非之神通即是證量，故不能、亦不敢檢查其師、其祖之所證所示有無偏差？照單全收之故，多入歧途而成就大妄語業，仍不自知。密教之法本來邪謬，本與佛法無關；然台灣本島近幾年來，大力推銷納骨塔位之某大活佛，卻是依附密宗之一類人也，本屬附密教外道，尚無資格成為附佛法外道；平實不忍見其謬論繼續自誤誤人，是故於此不指名道姓而加以檢點。冀其能知自我檢點，得免繼續廣造惡業；他時異日捨壽之時，方有善業為憑而免惡報。

當知大乘諸經，不得悖於般若空法，般若空法亦不得悖於二乘教法；三乘教法亦不得悖於涅槃本際，不得悖於真實唯識之理，方能符合華嚴所示「三界唯心、萬法唯識」之正教；密教之法亦然，若悖於三乘教法，即非佛教。真悟之人，其見地貫通三乘，兼通諸宗，不被任何一宗門户之見所囿。若如龍欽巴「尊者」錯執五現見涅槃之首，錯將能觀之意識心認為真心空性，而謂之賢聖，余不能苟同；違背二乘意識緣生之理故，亦違二乘涅槃寂靜之法印故，復違背大乘般若空理故，違背般若中道不生不滅正理故；末則違背 佛於第四時第三教之唯識如來藏一切種智教理與現量故。

以此之故，不論學顯、學密、學聲聞解脱道、學淨土、學天台、學唯識、學般若中觀、學律……等，皆當先了知識陰之內容，特別須要了知意識之虛妄性；然後尋覓真實空性心——從來離見聞覺知之如來藏心——即是禪宗之破初參，而後進學一切法時，皆得不離阿含諸經中 佛所說之涅槃本際而修，方名真正大乘賢聖。若錯會此第八識實相心，誤執能觀、能知之明覺靈知心為真實心者，豈唯不能修學大乘？亦乃不能修學小乘；謂聲聞初果已經能現觀此明覺靈知之心是意識，是意法為緣生之生滅法故；阿羅漢亦棄捨此心，斷除對於此心之執著而證四果故。若有「大活佛」尚未證得阿賴耶識真心，而狂言已證佛地真如者，直如三歲小兒誑惑眾人，自稱為大眾之父母，豈僅名為大妄語地獄人，而彼信受之眾生，皆屬愚不可及，何有佛法智慧可言？

然古今中外，錯悟之師如麻似粟、數之不盡；禪宗祖師專攻參禪明心，悟後被載入禪宗公案典籍中者，尚且不免間有錯悟之人；何況密宗祖師不信有第八識如來藏而專攻觀行，不從事於參禪明心之實修，如是欲求開悟明心，其難倍增。今觀密宗紅教有「第二佛」尊稱之龍欽巴「尊者」尚且錯悟，其餘祖師更無論矣！

彼諸狂密活佛若不信在下平實之言，且觀清谿迷暗公案，藉以測試自己是否真有智慧，即知虛實也：

襄州清谿山洪進禪師，時在地藏院為首座弟子。一日有二僧來禮拜地藏院桂琛和尚（羅漢桂琛），地藏和尚說：「兩個人都錯！」那二僧不會，無語答對地藏和尚，下堂後便去請教紹修山主。

紹修山主當時未悟，自以為知，便為二僧解云：「你們本來就具有尊貴分明的明覺靈知眞心，和別人平等；卻去禮拜別人，豈不是錯？」青谿洪進禪師聽到他這樣說，不予認同。紹修山主聽說清谿禪師不認同，便去請問：「不知上座對於地藏和尚說二僧俱錯的話，是什麼看法？」清谿禪師答云：「你自己都弄不清楚，怎麼可以爲人開示？」

睽諸密宗古今祖師，尚在迷暗者，可謂十有十人；今者推銷靈骨塔位之某大活佛，只是附密教之外道，猶未覓著真心阿賴耶識，竟敢吹噓證德、證量，自認為悟，狂言已證佛地真如而籠罩人，捨報時如何免得大妄語地獄業？

只如二僧前來禮拜，未曾下語分辨，地藏院桂琛禪師云何便道二僧俱錯？汝等密教中隨龍欽巴祖師認取能觀之明覺靈知心為空性之法王活佛們！如今還有會者麼？何妨相見？

待得相見，若猶不會，平實為汝傍開一線：

且禮拜著！

第一六八則　清谿不生

襄州清谿山洪進禪師　師問修山主：「明知生是不生之性，爲什麼爲生之所留？」修曰：「筍畢竟成竹去，如今作篦使，還得麼？」師曰：「汝向後自悟去。」修曰：「紹修所見只如此，上座意旨如何？」師指曰：「這個是監院房，那個是典座房。」修禮謝。

平實云：佛法能否真正昌盛而有內涵，絕對不是單靠硬體寺廟的高廣普建、及信徒的數量眾多所能達成，也不是單依佛學學術研究所能達成。佛教界人士，上自大師、下至初機信徒，實應人手一冊《台灣當代佛教》，接受江燦騰教授之諫言，於現在台灣佛教之諸多怪象及弊病上，深入檢討改正。平實與江教授素昧平生，不曾接觸，然能感受江教授於書中評論之**中肯**及對當代佛教之**期許**；不計利害得失、敢於據實諫諍，實有史家風骨。

當代台灣佛教之主流為出家僧團，然出家僧團之修行方法及觀念，大多偏向二乘法；表面是弘揚大乘禪法，骨子裡仍是聲聞法之無常、苦、空、無我，以及緣覺法中已經錯會的**無因有緣**之緣起性空，非唯未斷我見，大多未破初參，皆未覓得真心如來藏，亦未如聲聞初果之現觀五蘊緣起性空。

以未斷我見故，不明聲聞羅漢所證涅槃；以未覓得真心如來藏故，不明無餘涅槃中之實際。聲聞阿羅漢以信佛語故，信無餘涅槃中實有本際不滅，非同斷滅，無覺、無觀、無受、無想（定中不觸五塵之無妄想之了知心即是想，乃至四禪、四空定中之微細了知心仍是想陰所攝），寂靜不動，故捨報時捨棄無念靈知心之自己而住於無餘依涅槃，名為涅槃寂靜。然阿羅漢入涅槃前猶不明無餘依涅槃中之本際——真心如來藏自住境界。入無餘依涅槃後，依然不知涅槃之本際：入無餘依涅槃後，七識俱滅，無受、無想、無覺、無知——無有意識能了知涅槃境中之真心自住境界故。

辟支佛入涅槃前已經自行推知有本際實存，不由佛語而知。彼由十因緣及十二因緣法中，推知有一真心——**識**緣名色、名色緣**識**之**如來藏**，名之為**識**。已知此一真心——名色緣**識**之**識**——若於捨報後不再入胎執取來世的色（受精卵），則意根便消滅而入無餘依涅槃，不再有來世的五色根及意根，故亦不再有來世的六塵與六識，永住無餘涅槃中；然猶不能於捨報前了知真心**本識**何在，亦不能了知真心**本識**之運作。捨報後雖已進入無餘涅槃中，亦不能了知真心——涅槃之**本際**——名色緣**識**之**識**何在；七識已滅，已不能覺知觀照故，真心阿賴耶識（已改名異熟識）無覺、無知、無形、無色、無分別性故，從來不反觀自己故。由是故說二乘無學聖人都不知涅槃中之**本際**——**真心本識**——究竟何在，故亦無法觀察此**真識**之自性，不生實相般若智慧。唯有菩薩實證此**真識**已，方能觀察其實相自性、涅槃自性、清淨自性、本來自在性、中道自性、能生萬法自性……等，是故能生實相般若智慧；若不能實證此**真識**，而自稱已經證得實相般若智慧者，皆名大妄語人，實相般若智慧是由觀察此**真識**之本來自性清淨涅槃等中道性而產生故。

唯有大乘別教七住位或初地菩薩——禪宗之破初參者——能了知涅槃之本際（然禪宗之破初參者，非必皆是別教七住，隨其增上心學之修證不同，而於破參時有初地、八地、十地乃至即將成佛之不同），是故於破參後，若能親隨宗教俱通之師，進修三乘唯識一切種智之學者，不過數年，慧學驚人，其慧學修為乃至可達別教五地，雖因增上心學之三昧定力不足，而不能成為五地菩薩，然已相似於佛，能代佛宣揚一切種智之學，絕非密宗觀行即佛階位之法王、活佛、仁波切、上師等所能望其項背，彼等諸人尚在凡夫位故，連我見都具足存在故。

至於出家僧團之弘揚淨土法門者，多不敢求上品上生，不敢求實相念佛，唯求來世得生極樂之後聞佛說法而悟入無生。若聞有人傳授體究念佛、實相念佛法門時，往往生大煩惱，起瞋惱心，妄謗實證者所說不實；由於心中不能信受，便斷絕自己修證實相念佛之道路。

出家僧團弘揚禪淨之二大流派如此，其餘流派不言可喻。是故出家僧團實應人人細讀《台灣當代佛教》一書，改正心態以後，虛心勤求證悟，才能真正荷擔如來家業；如若不然，將來只能依附南傳佛法之四念處觀等修學，或只能轉而依附藏密外道修學，大乘顯教不免漸漸空洞，邁向名存實亡之境，深望我佛弟子皆能注意於此，深入思惟。

出家菩薩若不能自省，一味抵制在家菩薩之證悟者；不肯虛心求教、勤求證悟，以求宗門正法住世綿延不絕，則大乘顯教必將漸漸式微，或漸漸演變為在家佛教，此非末學之所樂見。如是局面，恐亦是諸多出家菩薩們更不樂見者，是故籲請諸多出家菩薩們特別注意此事。

惟大乘見道極難，稍有不慎，便致錯悟；以錯悟故，不能忍於真悟者之摧破邪說以顯正法，便謗正法及諸聖賢，謗正法及賢聖故，捨壽後便墮地獄，未來恐將更難有出家菩薩於宗門正法中證悟；出家菩薩若是越來越少人證悟，則將漸漸被世人所輕，互為因果而日漸導致出家菩薩僧團之沒落；果真如是，則是自他俱蒙其害，而蒙害之原因，則是不肯下心求法實證，一心自高而蔑視已悟之在家菩薩所致。是故欲出語出書評論他人者，若無絕對把握，萬勿輕易為之，以免成就地獄業時，將同時導致出家僧團之趨向沒落；如是破法害自之後，猶以為是在護持正法、修集福德。以是緣故，平實有時或言：行善或行惡，不得單從表相觀之；往往自以為護法行善之時，本質正是破法造惡。善惡本質難知，唯有深智之人方能善觀。

如今大乘顯教中諸多自謂為悟之大小禪師、大小法師，以及密教中自謂已證大手印、大圓滿之諸多上師、活佛、法王、仁波切們，既道是證悟聖者，敢於廣受供養、受人頂禮皈依，還具宗門禪之初悟智慧麼？若具宗門禪之初悟智慧，悟後漸修一段時日以後，必能通達宗門禪之各類公案；汝等或宣稱已悟，或自稱成佛久矣！非唯數月、數日而已，還解得清谿洪進禪師之不生公案麼？若有會者，試道一句看！

清谿山洪進禪師一日問紹修山主云：「明知能生知覺心之眞心如來藏，即是本來不生之眞實性，爲什麼還會被能生的現象所留住而繼續輪轉生死呢？」紹修山主答云：「竹筍以後終究會變成竹子，如今尚未變成竹子，如何能劈來作竹篾子使用呢？」

紹修山主真悟之前，每欲將有妄想之靈知心修成無妄想之靈知心，誤以為無念靈知心即是真如本識，故有此答。如今台灣海峽兩岸諸多顯密大師亦復如是，每將無念靈知心誤認為真如心，欲以此意識心住於離念境界中，誤以為捨報時只要覺知心意識離念時就是取無餘涅槃，就不會再受生於三界中了；自以為是之後，便敢自謂已證四果，自認已成慧解脫阿羅漢。殊不知阿羅漢及諸初果人，都必須同樣否定此心以後，方成初果而進修，乃成阿羅漢；到阿羅漢位以後，於捨壽時尚須棄捨此心，方能入無餘涅槃。將覺知心意識離念時錯認為已經變成真如心者，皆是未斷我見之凡夫，尚不能成為聲聞初果人，更不能成為阿羅漢，何況能知阿羅漢所不知之七住菩薩所悟宗門禪境界？是故此諸顯密大師之自謂已出三界、已證四果者，皆名因中說果，非實證阿羅漢果也，我見、惡見俱在故。當代之大乘顯密諸師如此，南傳小乘法中諸師亦復如是，何處有阿羅漢？乃至連初果所斷之三縛結，都無法斷除，一向落在意識境界中，一向錯認意識心離念時即是常住法故。

言歸正傳，清谿禪師聞紹修山主如此應對，知其未悟，正是欲以意識漸次轉變成真如心者，才會如此說：「竹筍尚未長大，想要作成竹篦，還能成功嗎？」清谿禪師知道當時無法轉變他的邪見，便不在這件事上與他細說，只向他說道：「你以後自然能夠悟入。」意即紹修山主如今其實未悟。紹修山主聽了，不敢惱怒，虛心問其師兄清谿禪師：「我的知見只到這裡，不知師兄您的意旨如何？」清谿禪師見他誠懇無慢，有心幫助他，於是便指示道：「這一間是監院的房間，那一間是典座的房間。」紹修禪師聽了，便禮拜道謝。然而禮謝已畢，紹修山主究竟悟了沒？還須具眼，方能辨得。且道：

清谿禪師是有為人處？是無為人處？若道有，有在何處？若道無，為何道無？都要如實知，不許打混。若非真正見得底人，臆想思惟而說者，日後難免真悟者拈提，屆時莫道證悟者所拈都是揑造羅織。而今諸方大小禪師、大小法師、活佛法王喇嘛們，既以證悟者自居而出世弘法，還能道得麼？試道看！若道不得，盡是野狐之輩，何有證量可言？豈非欺世盜名之輩？

只如「明知生是不生之性，爲什麼爲生之所留」一句，與「這一間是監院房，那一間是典座房」一句，有什麼相干？值得紹修山主頂禮道謝？

諸大法師、大活佛、及南洋的「阿羅漢」們若來問平實，平實便取二本書來，指云：「這本是公案拈提！那本是眞實如來藏！」未審諸大活佛及「已證四果」之眾多開悟者，還知平實意旨麼？料知爾等俱無解脫智、亦無般若智，平實索性為爾等說了，至於上座諸人知或不知，則與平實無干；所應說者皆已說故，所應諫者皆已諫故。於是便道：

生是不生之性，不生亦是生之性。

第一六九則　龍濟萬象

撫州龍濟山主紹修禪師　師與大法眼（清涼文益）同參地藏，所得謂已臻極。同辭往建陽。途中談次，法眼忽問曰：「古人道：萬象之中獨露身。是撥萬象？不撥萬象？」師曰：「不撥萬象。」法眼曰：「說什麼撥、不撥？」師懵然。卻回地藏院，地藏問曰：「子去未久，何以卻回？」師曰：「有事未決，豈憚跋涉山川？」地藏曰：「汝跋涉許多山川，也還不惡。」師未喻旨，乃問曰：「古人道萬象之中獨露身，意旨如何？」地藏曰：「汝道古人撥、不撥萬象？」師曰：「不撥。」地藏曰：「兩個也。」師駭然沈思，卻問曰：「未審古人撥、不撥萬象？」地藏曰：「汝喚什麼作萬象？」師方惺悟。

有師傳菩薩戒時，開示戒子云：「有某居士，以居士身而罵盡天下人，豈證道者之所應為？」又開示云：「居士批評出家人，名為誹謗僧寶；批評出家人所說法，名為誹謗法寶。」皆是寓指平實辱罵出家人、誹謗法寶。

平實云：誹謗僧寶者有二：一者有根誹謗，二者無根誹謗。正受菩薩戒之佛子若犯此者，乃斷頭罪，不通懺悔，捨報必下地獄。然此誹謗者，乃謂誹謗出家二眾之身口意行；平實出道多年，不曾作此誹謗，絕口不提比丘二眾之三業，何來誹謗之說？顯係強加之罪也！**設使**平實確曾對出家眾有所誹謗，若自身確實有犯者，理當自省，豈應公開指責對方？何況平實未曾有根誹謗出家眾，無根誹謗更無論矣！如是羅織他人入罪，意欲何為？

若比丘二眾說法無誤，平實唯有隨喜、護持及讚歎，何敢誹謗？若比丘二眾說法乖謬、誤導眾生，陷眾生於歧途及大妄語業中，亦是以外道常見之法公然取代佛教正法，則平實加以評論導正，乃是摧破邪說以顯正法；不唯救護已被誤導之眾生，亦乃救護被評論之比丘免於地獄業，此名宣揚正法、救護佛子，亦是破斥邪說以顯正法，被評論之比丘知已，便得改往修來，不再造作誤導眾生及破法惡業，因此免入地獄，實應感念平實，何更誣植平實謗法謗僧之罪？比丘二眾若未證悟，不明心性，說法偏失；平實再三相勸，猶不自省，反藉機混淆視聽，批判平實謗僧，正好坐實自己誹謗僧寶之罪，一切證悟之人皆屬大乘法中之菩薩摩訶薩故，已是菩薩僧故。若是曾經為人傳菩薩戒之比丘，如是羅織證悟菩薩入罪者，即是明知故犯，則罪加一等，爾大法師於此務必三思。

愚意以為：摧破邪說以顯正法一事，原非我所應為，理當先諸大師、名師，次諸先輩，最後方可責成於我。乃諸大師、名師，或因自身錯悟，或因未悟，或因鄉愿心態不願得罪人，乃任由錯悟諸師誤導廣大佛子，任由錯悟諸師以外道常見法取代佛門正法，而皆無人出世簡擇以救眾生、以護正法，致令平實不忍坐視，乃不得不為、攘臂而起，以微薄棉力而摧破邪說以顯正法，實欲救護及導正廣大學佛人。

我若不知名師、大師正在誤導眾生，無智而不能辨別者，則我心中無有愧咎，可以任令彼等繼續誤導。若已知廣大眾生被誤導、正法被外道常見取代，而顧慮一己之利害，恐被暗算而心生猶豫，以致不願摧破邪說以顯正法者，則我實應名為濫好人，名為無慈無悲，名為正法大賊，名為循私，名為鄉愿，即是故意將佛法作人情。審如是者，則不能無愧無咎於心，捨壽後又將如何面佛？

若欲勉強而作鄉愿，余亦能之；則與諸方大師、名師和平相處，皆大歡喜。然為廣大之今世後世佛子計，余終不齒鄉愿作風，寧盡得罪一切大師、名宿，受諸批評誣衊而無厭悔；謂破邪顯正之行，能使正法久住故，能救護今世後世廣大佛子故，能免除諸方名宿之地獄業故。

摧破邪說以顯正法，拈提諸方錯謬處，可使一切學佛人脫離岔道、回歸正路，乃古今一切證道之人皆所應為；學人不能為故，外道不能為故，乃至錯悟之名師、大師、活佛、仁波切、法王等人皆所不能為故。語云「止謗莫如自修」，若自有過，當速修正三業，亦當勤求證悟，其謗不久即得止息。若不肯自行檢點，繼續犯錯、誤導眾生；永遠不改外道常見邪思，用以取代佛門正法者，又何怪他人拈提？

若欲止息他人批判自己所說之法，當修二行：一者速求證悟，所說不謬，自能引導佛子見道，一如土城和尚之住持正法，平實恭敬頂禮猶恐不及，何敢誹謗彼所說法？二者當遵孔夫子誠言：「知之爲知之，不知爲不知，是智也。」己所不知之法，噤口不說，不妄解義，則平實縱然饒舌無端，亦復難求其過，何況能加以拈提？未悟之人若不說悟後事，不故作悟狀而誤導眾生，何懼平實檢點？譬如慈濟證嚴法師等出家眾，謹守分寸，說誠實語，平實一向對眾讚歎、隨喜、尊重，未嘗稍作貶語。（二〇〇八年改版註：後來證嚴法師亦效法大法師、大禪師等人妄說佛法，並暗示說她已是地上菩薩，成就大妄語業，是故有時亦被正覺同修會拈提辨正。）

今大法師既謂平實評其所說法為謗僧、謗法，應係自許已悟，方能認定平實非悟，以是緣故坐平實拈提其法之行為是謗僧、謗法，茲拈龍濟紹修山主萬象公案，公開請益大法師，大法師還能正確解得否？

紹修山主與清涼大法眼同參地藏院桂琛和尚，清涼禪師當時悟入，紹修山主亦自以為真實證悟，乃與大法眼同辭地藏和尚，前往建陽參方。途中言語時，清涼法眼忽問曰：「古人曾說過：萬象之中獨露身。且道：是在萬象之中？還是在萬象之外？」紹修山主答曰：「不撥萬象——在萬象之中。」清涼法眼卻反問云：「說什麼在萬象之內、之外？」紹修山主不會，清涼法眼亦不為他明說，於是紹修山主便與清涼分手，折回地藏院。

地藏和尚羅漢桂琛問曰：「你才離去幾天，爲什麼又趕快回來？」紹修山主云：「我的生死大事未能決定，豈可害怕跋涉山水？」地藏和尚聽了，便就身打劫云：「你這幾天，爬山涉水，走過許多山路，涉過許多河流，倒也不錯！」紹修山主不會地藏和尚言外之意，乃問曰：「古人說『萬象之中獨露身』，倒底是什麼意思？」地藏和尚便反問道：「你倒說說看，古人這句話是捨不捨萬象？」紹修山主答云：「不捨萬象。」地藏和尚便訶云：「你這樣就成為兩個了：一個萬象，一個我。」紹修山主駭然沈思之後，卻又問云：「不知道古人捨不捨萬象？」地藏和尚卻又反問云：「你叫什麼作萬象？」紹修山主這時方才惺悟。

且道：古人開悟，究竟撥、不撥萬象？古人開悟，是否以坐入不觸五塵為悟？古人開悟，是否以坐入身心統一、虛空粉碎為悟？古人開悟，是否以不求開悟、放下一切為悟？

古今中外，一向有諸未悟名師暗裡走作，明裡籠罩人；後時被人拈提評論了，心中暗叫苦，特地生惱恨；卻因不明佛法正義，不敢公開反駁，無智提出法義之辨正。凡此類人，皆為著作等身，捨不下盛名，不肯下心求覓真善知識，反誣真悟之人謗僧、謗法。如是自誤誤人，以外道常見取代佛門正法，始終不肯改過、不樂別行正道之人，皆是昧於因果，妄執螳螂微臂以擋因果大車，真愚癡人！謂世間最最愚癡之人，無過此輩。

且道：地藏和尚云：「汝跋涉許多山川，也還不惡。」意在什麼處？

二道：古人究竟撥不撥萬象？

三道：汝喚什麼作萬象？

若自迷暗，不能會得，焉可為人？

若會得真，平實歎上座大有來由，一切佛子皆當承事供養。

且道：一切有情跋山涉水，明明是風力所轉，未離四大，地藏和尚因什麼道理説個不惡？還會麼？若也會得，久後自知萬象來處，還要問「古人撥不撥萬象」作麼？

第一七○則　龍濟不會

撫州龍濟山主紹修禪師　師上堂示眾曰：「具足凡夫法，凡夫不知。具足聖人法，聖人不會。聖人若會，即是凡夫；凡夫若會，即是聖人。此兩語，一理二義。若人辨得，不妨於佛法中有個入處；若辨不得，莫道不疑！」

有大法師傳菩薩戒時云：「有一位居士主張在家人也可以上品上生，那是不對的。只有出家人才能上品上生往生極樂，在家人不可能上品上生的。」

平實云：誠然！唯有出家人能上品上生而生極樂，大法師言之不謬。居士乃是白衣，焉得上品上生？

然出家者略說有二：一者身出家：出世俗家，改住如來家——寺院伽藍——剃髮著染衣，名為表相僧寶。二者心出家：或住寺院，或住華寓；或剃鬚髮，或蓄鬚髮；或獨身無偶，或蓄妻女眷屬；而心出三界家，心無所住，恆以第一義諦而度眾生；不論其身出不出家，皆名勝義僧寶，名為菩薩僧。此理於大乘諸經多有闡釋，茲不贅引。

宗門中，達摩大師亦云：「禪之一字，非凡聖所測。直見本性，名之為禪；若不見本性，即非禪也。假使說得千經萬論，若不見本性，只是凡夫，非是佛法。」又云：「若見自心是佛，不在剃除鬚髮，白衣亦是佛。若不見性，剃除鬚髮，亦是外道。」如是之言，正是嚴責；所謂愛之深、責之切也。然而今時諸方大師悉皆不受此語，悉皆置之不理，不稍顧之；由是緣故，非唯不樂反求諸己、勤求真悟，乃更起心誣責賢聖，何益於己耶？

平實對號入座之後，今者不免請問大法師：「汝見性否？明心否？若已見性，因何於所作書中說自道**佛性不可見**？若已開悟明心，因何所說開悟明心之理，處處違教背理、不知正義？若已開悟明心而證如來藏者，為何又特地於書中**否定第八識**，謂之為應滅之法？顯示般若智慧未生。若已開悟明心，因何十餘年來閃閃躲躲、不敢直認已悟？因何變相示悟而對眾開示云：『開悟的人從來不說他已經開悟，……我從來不曾說過我已經開悟。』如是心虛，不敢自承已悟，而竟引人誤會自己已悟，此名方便大妄語，云何可名出家僧寶？」

以此觀之，大法師雖然身著黑衣，本質實為白衣，非真出家之人，達摩大師所言實已印證於大法師之身也。我眾中或有著黑衣者、或有著白衣者，或有剃髮獨身者、或有蓄髮而與俗眷共住者；然已明心而證如來藏，實證本來自性清淨涅槃；或更眼見佛性，現證身心如幻之現觀，成就十住位滿心應證之如幻觀。如是等人，以三乘教義及諸正理而完全印證，不論身著黑衣、白衣，皆名出家人。大法師若有異議，何妨邀諸名師、大師同興問罪之師？何妨當面或具名以文字質疑後學晚生？何妨於報章雜誌上公開論辯、公諸於世，以解佛子之疑？若不能如此，即大法師自己正是身著黑衣之在家人，名為出家住廟之在家人，捨報後不得上品上生也。若曾妄謗賢聖及與正法，只恐下品下生亦難致也，正是毀謗方廣正法之惡人故，下品下生所不攝故。

又在家、出家者，有四種差別：一者身不出家，心亦不出家，凡夫異生是。二者身不出家而心出家，上自 維摩詰居士、善財五十三參中之國王、天神、婬女等，下至龐蘊居士、凌行婆及我會中已明真心、已見佛性之居士等是。三者身出家、心不出家；不勤求證悟而故作悟狀、說悟後事，建大道場，求名聞利養，如大法師是。四者身出家、心亦出家，如十方諸佛，及我會中已明心見性之法師是（改版補案：二〇〇七年起，為回復佛世大乘菩薩僧團之住世利生，已有正受菩薩戒而不受聲聞戒之出家僧寶，住持於正覺祖師堂，名為菩薩僧，如同佛世之文殊、普賢、童女迦葉等菩薩無異，與兼受聲聞戒之菩薩僧和合共住；未來正覺寺興建完成時，將擴大如是菩薩僧團規模，建立三乘正法之長久基業）。又如 文殊、普賢、觀音、勢至，皆著天人華服而復蓄髮，身佩瓔珞莊嚴，亦不得以其未剃髮染衣而名為在家人也。

在家居士若真見道，雖未剃髮著黑衣，亦名出家人，名為在家出家，如同 維摩詰居士無二，唯其證量有別爾，同屬在家而出家之菩薩。出家僧寶若不見道，雖已剃髮著黑衣而住於寺院，只是表相出家，在勝義諦中不得名為出家，故應名為出家而在家。今大法師於傳授菩薩戒時對眾開示云：「居士是在家人，不能得上品上生。」試問：維摩、文殊、普賢、觀音、勢至諸大士等，能否上品上生？代答云：不惟能得上品上生，乃至不須上品上生，自己來去無礙，復能度人上品上生，顯見大法師所言，知見淺薄。

次問大法師：「龐蘊居士、凌行婆、陸宣刺史、襄州常侍王敬初……等人，乃至六祖離開黃梅，混跡獵人隊伍，猶未剃髮之前，皆是白衣居士；彼等若求生極樂，能否上品上生？」敢請大法師於書上或雜誌月刊上公開答覆晚生此問。

於大乘法中出家之人，寶愛聲聞戒而不曾寶愛菩薩戒，總以聲聞戒為自高之根本，歧視在家菩薩；如是諸人，不速求大乘見道，而汲汲於抵制大乘見道之居士，終將難免使得大乘佛教漸漸推向**在家佛教**之路；佛教若真步向此途，則必咎在出家法師，以大乘法師無智自證、兼亦不樂證得大乘第一義諦故；一切佛子若有欲求大乘第一義諦者，必須向居士禮求，則大乘佛教最後將無**出家法師**住持宗門正法，只餘**在家法師**住持正法；猶如今之日本佛教，只餘在家人住持寺院，蓄妻生子而宣說不了義法，此乃末學所難以忍受之事。故勸大法師莫以**非難見道居士**、**打擊見道居士**為務，當以勤求大乘見道為第一要務。

達摩大師復云：「**至道幽深，不可話會，典教憑何所及？**」意謂：佛法是至竟之道，必須真修實證以後，方能懂得經典聖教所說之理；不應徒憑口說而欲探得密意，或徒憑經教中之語言文字而作研究，只在佛學學術研究上用心，否則終究無法實證經教中所說之意旨；而今大法師一心一意專在佛學教育上用心，不思真參實證，求欲領會典教中之密意，求豈可得？身為終生弘揚禪法者，乃竟不顧達摩大師之勸誡，一心鑽研經教文字，又否定經教中極力倡說之第八識實相心，憑何能得實證？如是愚行，豈非緣木求魚之行？有智者所不為焉，而大法師終生行之不輟，豈可謂為智者？汝大法師若自認已悟，且觀紹修山主悟後住山之開示，看能解得否？

龍濟山紹修禪師，一日上堂開示云：「眞如、佛性具足凡夫之法，而凡夫不知此理。眞如、佛性具足聖人法，而聖人悟後卻說『我不知，我不會』。聖人若知若會眞如、佛性，則那個能知能會的聖人就是凡夫——七轉識生滅心。凡夫若能找到眞如、佛性，則七轉識凡夫就是聖人——聖人是七轉識依色身而作故。以上這兩段話，是同一個眞如、佛性所顯示的兩種道理。如果有人能分辨得清楚，不妨於佛法中有個入處，若不能分辨其中的道理，莫向人說你心中沒有疑惑。」如今平實將其中真義，加以語譯之後，其義極明，任何人讀之，都可以瞭解其中之真義也。然而，雖能瞭解其中真義，卻未能現觀法界中的如是真實相，仍待親證如來藏以後，方能現前觀察之後確定正是如此；如是現觀而確定之後，方可謂為實證也。若不爾，口呈懸河之辯，縱能講得天花亂墜，終究仍是白衣凡夫，仍是門外漢，只得繼續外門廣修六度萬行，與真行菩薩道終究無關，只成個未入門的凡夫菩薩。

如今敢問大法師，您自認是出家人、身著黑衣，為何所著諸書開示，處處與上舉紹修山主開示相背？與世間凡夫所說悉無所異，復與常見外道所說互相契合，正是白衣之屬。如今平實舉此，大法師還能辨得紹修山主此一段話否？若辨不得，名未見道，亦名身出家、心未出家，名為表相僧寶，非是大乘法中真正出家之人，便辜負身上所披僧伽梨，亦辜負諸方居士供養！辜負已，更來無根否定證道之人，即屬踰矩、過分。

古今中外，多有名師不肯真修實參，明知自未得悟，畏懼大妄語業故不敢承認開悟，又怕人說他未悟，便道：「說自己開悟的人即是未悟，說已經解脫的人即是尚未解脫的人。」平實則不然，每每公然說道：「我開悟，我見性；他不開悟，他不見性。我開悟見性，我不得解脫；他不開悟不見性，他本來解脫。」大法師讀此，還能會得否？料知必然不會，只能默然無對，更做不得絲毫手腳也。

平實上來此語，與紹修山主之語，實無纖毫差異。我諸同修之中，凡是已悟者，不論法師、居士，皆知平實上來此語誠實無二，故說皆是緇衣、出家。大法師由未悟得如來藏故，公開否定如來藏阿賴耶識故，必然聞之茫然，手足無措、口掛壁上，還能稱得出家人否？

若得虛心下問平實：「何以如此？」平實但云：「不知！不得！」還會麼？若會不得，且再問來！平實便為爾打葛藤去也：

「大法師您，具足凡夫法，所以您便不知凡夫是什麼物事。大法師您具足聖人法，可是您這位聖人其實什麼都不懂。您總是說您會佛法，所以開悟證聖了，這卻使您又成爲凡夫了；您這位凡夫大法師若是不會此中道理，那時您才可以說您是聖人。」如是扯了一推葛藤之後，未審大法師您會了沒？若猶不會，更生瞋恚、熱惱，即是辨不得實相底人，正是實質凡夫。大法師讀至此處，若是心中恚恨難平，為雪此仇，無計可施；平實且教爾一個妙招：請出您身中的聖人來，報仇不難！

然而正當大法師請得出身中此位聖人時，您早就不想報仇了！因為那時凡夫的您就已經是聖人了。當您這位聖人懂得佛法了，卻又正是凡夫；您這位凡夫到此地步，卻正好可以公開宣稱您是貨真價實的聖人，無人能批駁您！且道：大法師您到這地步時，是聖人？是凡夫？

第一七一則　禮敬船夫

金陵龍光院澄忋禪師　有僧新到，師問：「什麼處來？」曰：「江南來。」師曰：「汝還禮渡江船子麼？」僧曰：「和尚爲什麼教禮渡江船子？」師曰：「是汝善知識。」忋：音蓋。

平實云：大乘法中出家之人，不可執著聲聞出家表相，憑恃聲聞出家戒而輕慢一切人；當知一切販夫走卒、老少在家弟子，皆是吾人之大善知識，能助吾人明心乃至見性故，雖然彼等並不自知。

大乘僧寶欲免大乘佛教在家化者，當以勤求大乘見道為要務，莫以興建大道場、大學院為務，莫以研究佛學為務，莫以抵制證道居士為務。大乘法師若於大乘法中不能見道，縱使全體表相僧寶串聯結合為一大力，傾此全力以抵制證道之一居士，終不能抵擋大乘佛教演變成**在家佛教**之洪流，終不能消滅居士所弘之佛陀法教也。此謂大乘法教威力無比、勝妙奇特，二乘無學聖人全體合力以辦獨一證法之居士，尚無啓口之餘地，何況今時大乘表相僧寶尚在凡夫位，我見具在，仍被三結所繫縛，解脫智及般若智俱皆未生，而能抵制證法之居士以成其功，未之有也！依實質言之，唯有受學一途，別無他路可以進向。

唯有促成大乘法中已出家領受菩薩戒及聲聞戒之法師，於大乘法中實修而得見道，然後方能與見道之居士團體互相扶持、互相制衡，方能免除宗門正法被破壞，方能免除廣大佛子繼續被誤導，方能免除佛教資源被出家人或居士某方單獨壟斷。在法師與居士互相扶持、互相指正之狀況下運作，大乘佛教方有較廣闊之發展空間及前瞻性。

出家僧團之沒落，或居士團體積弱不振，皆非大乘佛教之福，更非大乘學人之福，必使一方獨擁佛教資源而日趨腐化沒落故；藏密黃教之興，實亦肇因於此，非唯法義之邪謬而已。江燦騰教授於《台灣當代佛教》書中所陳台灣顯教四大教團諸多弊病，亦肇因於此。

欲免出家僧團之腐化，當務之急者有二：其一為扶持真正見道之大乘居士團體，使能制衡未悟言悟之出家僧團，以免假藉僧寶之尊貴身分而誤導眾生。其二為幫助出家僧團中有悲心之比丘二眾，早日證悟大乘第一義諦；並於悟後詳盡教授一切種智唯識之學，令諸比丘二眾親證及與現觀，使其深入證驗一切種智，則未來出家僧團仍有宗門正法之清流繼續綿延，不致遭彼凡夫大法師等人完全腐化。若能雙管齊下，確實執行，大乘宗門正法之弘傳與綿延，方不致斷絕。對於海峽兩岸之出家大師、名師，平實已經絕望，彼等十之八九已被名韁利鎖所纏，難得脫離。不如寄望於年輕一代之法師，彼等心懷理想、為法出家、厭惡腐敗、拒絕染汙，肯實事求是故。

只如出家之人，不事生產，一切所需來自居士供養，是故食存五觀，當忖自德能否應供？是故應當勤求證悟大乘宗門第一義諦。若有他人指正自己法義之錯誤，當疾比對聖教經論，有錯則改，無過則勉。莫因指正者現居士相，便生惱恨，誣指為誹謗僧寶。有智之人略加探究，即知究係誹謗僧寶？抑或摧邪顯正？或法義辨正以救眾生？出家法師應速勤求證悟，方有能力檢點居士所言之邪正，方不辜負身上所披福田衣及居士眾之供養。

若不速求證悟，而孜孜於大道場之興建，而皓首窮經、作佛學之研究，而每年耗費台幣千萬元，動員大批人力召開國際佛學會議，聘請未真修實證之各國佛學教授，聚集一堂紙上談兵，以邀世界令名等，終非久長之計。人生苦短，不數年後，即須結算一生功過，所作教相等有為之法雖有福德，不足抵償一生誤導佛子之大過，屆時又當何所依憑？

只如諸方居士，雖然十之八九未悟，處處聽受出家比丘開示，然卻不妨成為未悟及錯悟比丘之善知識。譬如有僧新到，參禮金陵龍光院澄忙禪師；師問：「什麼處來？」僧答：「從江南來。」師問：「你渡江時，有沒有頂禮渡你過江來的船夫？」僧問：「和尚爲什麼教我禮拜渡江的船夫？」師曰：「那渡江的船夫是你的善知識。」

只如渡江的船夫明明是個凡夫俗子，貪著五欲，鎮日為衣食奔忙，既不曾斷除我見，又不曾見道明心，因什麼道理說他是此僧之善知識？未悟船夫既可是此僧善知識，未悟之凡夫居士又何嘗不可為未悟法師之善知識？金陵禪師如是開示，實有啓蒙之利。且道：佛法利、害在什麼處？於此若道不得而自謂為悟、暗示為已悟聖者，盡是籠罩人。

一般禪人喜歡到處逛道場，東奔西走，南參北訪，不斷走作；但見某道場有千兒、八百人處，便道是大善知識、是大道場。不知最大最好的道場，各在你我身中；從來不知亦不見有情無情處處說法、不停說法，不知最好、最大的善知識就在自己身中。

且道：什麼處是未悟有情不停宣說無上大法？

上座若來士林相看，咱便陪汝士林街上走一遭，共聽販夫走卒宣說第一義諦。

上座若會，見一切行人皆應頂禮；若見貓姊、狗兄，亦應一併頂禮。

「上座會麼？」

「不會！」

「走路也不會！」

第一七二則　廬山石大

廬山歸宗道詮禪師　有僧問：「九峰山中還有佛法也無？」師曰：「有！」僧曰：「如何是九峰山中佛法？」師曰：「山中石頭，大底大、小底小。」

平實云：自《禪門摩尼寶聚》公案拈提第一輯出版以來，毀譽交加，有褒有貶。謙虛開明、實事求是、謹守佛戒、精通經藏、不犯大妄語業之教界老前輩，以及志求智慧、不隨名師人云亦云、能獨立思考之有智佛子，則於末學多所褒獎，寵譽再三。至於剛愎封閉、不肯面對真相、違犯佛戒、方便大妄語之部分名師、大師，以及志求智慧卻盲從名師而人云亦云、不能獨立思考之愚昧佛子，則不能面對事實、不肯對照聖教量，而對後學私下言語誹謗，多所貶抑；要皆不敢為文具名公開指正。（編案：《禪門摩尼寶聚》已於2003年增寫而更名爲《宗門正眼》，舊書可以免費調換新書，不必附寄回郵，詳見售後服務—換書啓事。）

當知法義愈辨愈明，若無法義辨正之風氣繼續存在，則諸師若以外道常見取代佛門正法時，將成為魚目混珠之時代，則必發生花錢買真珠時卻總是買到魚目的情況；佛教走到那個時節，買到魚目之廣大佛子，往往仍然堅持自己花大錢買到的不是魚目，而是真珠；乃至憤而公然辱責欲將真珠贈與他的好店家，絲毫知恩、感恩之心亦無。

當今公開宣稱開悟之大師、及方便宣示自己開悟之名師，往往私下言語毀謗平實及法。然而諸師既稱證悟聖者，若於後學所說不能認同，應當登門訓諭，或為文具名辨正，往復酬答；並於刊物上公開顯示來往辨正之內容，以供學人及前輩評鑑，方是正途。若只敢私下或法會中作莫須有之人身攻擊，或將摧邪顯正之義舉，誣為謗僧、謗法，而不敢為文具名公開質疑辯論者，豈止有失名師、大師之風範？亦乃一再錯失第一義諦之修證機緣，障礙廣大佛子修學了義正法因緣，更乃遠種未來世障道之無量因緣，何益自他？

然亦有大師實事求是，未嘗大妄語，亦不敢方便大妄語；知之則知之，不知者則藏拙不說；故於後學所說，雖因未證而不敢公開褒獎，然亦未嘗私下稍作貶語。

十餘年來，有諸大師、名師數眾，未悟示悟、未證謂證，籠罩學人；自知未悟而方便示悟，於悟之知見及悟之內容、乃至求悟之方向等，悉對學人強不知以為知，作許多錯誤之開示引導，以盲引盲而兼方便大妄語，其罪甚重；偶有名師故將後學摧邪顯正救護學人諸事諸業、誣為謗僧謗法者，乃使無智學人因其名聞四海而予信受，轉述其不實誹謗之言，阻礙大乘宗門正法之弘傳，明知此是誹謗法寶及賢聖，而故意為之，罪加一等。一切有智學人當有主見，自行檢取經典正論對照辨正，莫隨名師錯解、違背經義之語，以免自障聖道。

只如海峽兩岸顯密諸宗、南洋北地大小二乘，公開宣示證悟或方便暗示證悟之諸多大師、名師、活佛、法王、仁波切、上師、阿羅漢等，既道是悟，可還解得廬山石大公案麼？若解不得，即是虛誑惑之言，小心後報。

廬山歸宗道詮禪師，時住九峰，有僧問云：「九峰山中還有佛法也無？」師云有。僧後問曰：「如何是九峰山中佛法？」師答云：「九峰山中底石頭，大底大，小底小。」請問諸方自謂開悟之大禪師、大法師、大居士、大活佛、大法王、大仁波切、大金剛上師、大阿羅漢等，還知廬山禪師悟處麼？若不知者，名為想像開悟、名為未破初參、名為大妄語、名為未證大手印、大圓滿，則汝等對於第一義諦之開示、引導，皆名誤導眾生。誤導眾生者，於自於他俱無利益，何有可執著者？

汝等大師諸人，莫道廬山禪師是指**能見石大石小底心**，莫道是指**能聽石大石小開示語言底心**，莫道是指**能知石大石小底心**。若往生極樂面見彌陀時道是此心，平實保汝當時頭腦七花八裂，莫昧語好！

諸方大禪師、大活佛若覓平實問取此語，平實便牽其手同進正覺講堂。進得門來先問：「會麼？」若猶不會，便教他禮佛去。禮佛已若還不會，便拉他手，指示云：「**你這五根手指，長底長，短底短；粗底粗，細底細。**」

上座會麼？

三重公案！

第一七三則　涌泉喪命

處州涌泉究和尚　師上堂，良久，曰：「還有虎狼禪客麼？有則放出一個來。」時有僧才出，師便曰：「還知喪命處麼？」

平實云：自《禪門摩尼寶聚—公案拈提第一輯》出版以來，或聞有大法師云：「有人一天到晚拿祖師公案來說禪說悟，太執著了；眞悟之人何嘗有禪可說？何嘗有悟可言？禪本不立一字，何需多年說禪？更何況以公案拈提質問諸方？太狂傲了，這不是眞正開悟的人。」

此等大法師，作此言說，名為未悟錯悟之人；恐人將我公案拈提書中所提諸問，持以請益，故作此說。彼於我公案拈提書中所說空性正理不能知解，皆因未悟或錯悟之故，為免學人持以請益時口不能言，便作此說。

至於平實是否狂傲，且觀平實於諸書中對於開悟之判果即知。此位錯悟之大法師曾於書中判云『開悟明心即是別教初地』，便以錯悟之知見，自命為初地菩薩，處處以聖人自居，廣受眾人禮拜供養；平實則判開悟明心為別教七住，眼見佛性為別教十住，若非別有法無我證境或者三昧等法相應，不得高判為初地。

平實深知修證淺薄，不敢狂傲，是故雖常有人前來頂禮，平實皆必當場頂禮回拜，不敢坐而受禮。若有久隨學人赤貧無福，我方受其薄供：一把青菜，或兩顆水果。一次為限，厚贈則退。若是有福之熟人來贈而難以回絕者，我必於後回禮——投我以桃、報之以李，絕不空受供養，何況收受金錢珠寶？雖然有時因此被責矯情，然終不改初旨，謂不敢生慢故，此乃我諸同修共知之事。緣何如此？深知菩薩之道及自身修證淺薄，不敢狂傲，不敢學彼錯悟大法師認定開悟即是初地菩薩故。

如是而竟敢於提筆，形諸文字拈提諸方者，皆為不忍此世後世廣大佛子被諸錯悟之師所誤，乃以危脆之葦桿，強作中流砥柱，不畏諸方錯悟名師之龐大勢力，撩其狐尾，示其邪謬。真悟之師讀之，必定拍案擊掌，高呼妙哉！錯悟之師讀之，必定咬牙切齒，轉側難眠，對眾誣我執著開悟。自認未悟之師，大多罕作評論，隨其性障與福德之厚薄，而有不同反應。譬如永嘉大師證道歌云：

圓頓教，勿人情，有疑不決直須爭；不是山僧逞人我，修行恐落斷常坑。

非不非，是不是，差之毫釐失千里；是則龍女頓成佛，非則善星生陷墮。
吾早年來積學問，亦曾討疏尋經論；分別名相不知休，入海算沙徒自困。
卻被如來苦訶責：數他珍寶有何益？從來蹭蹬覺虛行，多年枉作風塵客。

誠如永嘉大師上述開示，禪宗開悟是圓頓教，不可拿佛法來作人情。若諸大師所悟與末學不同，必有一錯——或他錯、或我錯，此疑直須分辨。唯有分辨清楚，方能拯救錯悟之一方免於大妄語業；若作人情、和稀泥，表面上是好人，骨子裡實是惡人——明知對方大妄語業成就，卻不願提點他，坐觀錯悟之一方陷於地獄業中故。是故空性正理之辨正，不可與「逞人我、爭短長」相提並論。

若不作義理之辨正，每每任令錯執聲聞法之修行人落入無我斷見深坑、墮於無因唯緣論之外道見中，又復每每任令錯執大乘法之修行人落於靈知常見深坑（詳拙著《真實如來藏》可知）。宗門禪之證悟，所謂**失之毫釐、差之千里**，不可不慎；如今後學諸書之辨正，能救諸方錯悟名師及今世後世廣大佛子免墮斷常邪見深坑，豈非善事一件？諸方名師若有不能忍於平實之辨正者，皆因恐懼他人知其錯悟而漸失名聞利養及廣大信徒所致，如彼誣我執著開悟之言，佛子云何而可信受奉行？實證如來藏而開悟明心者，非唯轉依無我性之如來藏而已，亦且都能現觀五陰我、十八界我悉皆緣起無常故空，何有人我之可得？既無人我可得，何況能有開悟一事可得？而如來藏實際理地中，又從無開悟一事可得，焉有開悟之可執著者？平實之所以出而辨正開悟之法者，實為拯教彼諸大師及其廣大信徒故；若不爾者，既不求名聞，亦不求利養，又何需出而辨正、得罪諸方大師而完全無利於自己？豈非世間至愚之人而言世間至正之法？

唯有真悟之人方能說人未悟，已有見地，能辨邪正故。今者諸方名師若有說言平實未悟、錯悟者，學人無妨以此涌泉喪命公案諮彼，請其開示，用以會我；往復辨正，真理可明。

處州涌泉究和尚，一日上堂坐定之後，良久方曰：「眾中可有心志雄猛之禪客？如果有的話，出來一位看看！」言訖，有一僧人心高氣壯，便走出來。不料方才走出，未曾下得一語，涌泉和尚便質問道：「你還知道如何是喪身捨命處麼？」

十方禪和無量百千，諸方走作、覓師參禪，無非欲覓一個將來老後可以喪身捨命處。唯有實證不生不滅、不一不異、不來不去、不斷不常之如來藏空性者，方能確認能知、能覺、能作主的心是虛妄斷滅心，方能確認執著此心種種功能者是自性見，方能確認聲聞涅槃之本際不同外道斷滅空，因此而能喪身捨命——不認色身為我、不認靈覺作主之心為我——從而解脫於邪見及見取見，解脫於欲界愛，解脫於色界愛，乃至解脫於無色界愛。以如來藏空性真實故，能再起一分思惑而在捨報後，進入中陰境界中，已能取涅槃而終究不入涅槃，不畏隔陰之迷，又復受生於人間，常於三界中自度度他，最後必定成佛。

古來真悟禪師常言各人法身慧命處處皆有出生處，然而喪身捨命處固然處處皆有，欲覓實難；苟能無師自通者，實如達摩大師所云：「萬中無一。」是故學人應覓真善知識修學，萬勿盲修瞎練，自以為是。若不親隨真善知識，往往處處錯過，懵然不覺，便入歧途。

只如此僧方出，既未作禮，亦未說得一語，因什麼道理，處州和尚便訶責云：「還知喪命處麼？」學人若是思而知之，早落第二頭也；若云不思而知，卻落第三頭去！且道：阿哪個是那僧與自己之第一頭？

上座！學禪莫當野狐，須自認是虎狼之材，胸懷大志，能擇明師，方得相契。若只盲從名師及出家身分表相，終無入處，一世精勤學佛之後，終究只得凡夫位；非唯難得證悟般若，亦復難斷我見，只成三乘菩提中之凡夫，徒勞一世學佛、學羅漢爾。

只如此僧雖然自認是虎狼之材，敢出頭來；不料尚未發個問頭，早被處州涌泉和尚一句塞卻嘴，說亦不是、默亦不是，退亦不是、進亦不是，杵在當場，作不得手腳。雖然如是，處州涌泉和尚卻有親切為人處。且道：

什麼處是處州和尚為人處？

什麼處是此僧應當喪身捨命處？

此個公案，猶如擊石火、閃電光，上座才一眨眼，已然錯過。平實則不然，當時便向處州和尚珍重問訊云：「謝和尚指示。」逕向菜園摘菜去。

上座且道：平實放身捨命在什麼處？

第一七四則　曹源一滴

天台山德韶國師　師歷參五十四善知識，皆法緣未契，最後至臨川謁淨慧禪師。一日淨慧上堂，有僧問：「如何是曹源一滴水？」淨慧答曰：「是曹源一滴水。」僧惘然而退，師於座側豁然開悟，平生疑滯，渙若冰釋。

有大法師解釋云：《曹源就是曹溪，是六祖慧能的發源處，所以曹源一滴水是指六祖傳下的法脈。禪宗非常重視傳承，就是以心印心。……其實曹源一滴水並不代表什麼，一般人把它當成法源法脈法系傳承，這又變成語言遊戲。未喝到曹源的水之前，怎麼說明也是徒然，只需告訴你「曹源一滴水」就夠了。曹源的水是什麼滋味？只有過來人知道，如果有人喝的是另一條溪流的水，明眼人一看一聽就知道是門外話。我們可以說「曹源一滴水」並不是真的水，而是修持的功夫和對禪悟境界的肯定。……》

平實云：「明眼人一看一聽，就知道」大法師以上之解釋「是門外話」。所以者何？清涼大法眼對此僧答：「是曹源一滴水」，並非「是修持的功夫和對禪悟境界的肯定」，而是禪師對學人就身打劫、直示入處，並非重拈一遍來肯定參學者的修持功夫和禪悟境界。大法師於此未明，拈來公開講解，直似鋸解秤錘——依文解義、臆測思惟，總落於語言文字中，驢年到來亦將難得會去！當知清涼大法眼此句「曹源一滴水」，意在言外，全與曹源無關，亦復滴水皆無也。大法師說得曹源、滴水、血脈……等理，千萬莫使清涼得聞，否則恐怕爾腦袋不免七花八裂也！

克勤圜悟大師就此公案拈云：《只如僧問法眼：「如何是曹源一滴水？」眼云：「是曹源一滴水。」又僧問瑯琊覺和尚：「清淨本然，云何忽生山河大地？」覺云：「清淨本然，云何忽生山河大地。」不可也喚作重拈一遍。》此二公案，與一六一則之清涼毫釐公案、一六二則之玄則求火公案一般無二，可謂如出一轍；皆是就學人所問、直示入處，無有差別；家裡人說此為就身打劫，亦名啐啄同時：就學人身上打劫得來而送與學人自己，善知識不費一絲一毫周章。大法師不明究理，言不及義，與宗門禪意旨全然無關；正是門外漢說禪，徒露狐狸尾巴。不如藏拙，人總不知，方是智者。

天台山德韶國師悟前，歷參五十四名善知識，皆類常見外道，同以無念靈覺心為真，未契其意。最後方至臨川，參謁清涼大法眼，甫聞其言，情知不同歷來所參錯悟之師；便此歸心，隨侍參學，奉以為師，執侍者務，常侍立於法眼座側。

一日清涼大法眼上堂，正好有一僧問：「如何是曹源一滴水？」曹源一滴水者，乃一切有情同具之本心空性也；曹溪六祖之所悟者，亦是此也。一切修學宗門禪者，皆須同依曹溪所依之根源，同以本自清淨之自心如來藏為歸，此心方是曹源所在也。清涼大法眼從來擅長就身打劫、啐啄同時，便答云：「是曹源一滴水。」親切倒是親切，不妨高峻難會；禪子若非久參，又兼古靈精怪，終難摸索；便在清涼法眼語意上轉，落他語脈中，卒摸索不著，遂越轉越遠。便如大法師在此一句上扯淡，說得一堆言語，早被清涼大法眼語脈轉去也！如是說得一堆，非唯不能顯其智慧，反將馬腳示與天下人看。

當知清涼大法眼雖然答「是曹源一滴水」，若究真意，則不在此一句語句上；彼僧亦如此位大法師一般，總不會清涼法眼之意，卻有個好處——不強以為知，不胡言亂語，惘然而退，強似此位大法師。

天台德韶國師，早曾歷參五十四名野狐大師，所閱名師已多，早知皆非明師；是故極具知見，非比常人；由是緣故，正當彼僧不會，惘然而退時，他卻於清涼法眼座側豁然開悟，平生疑滯，渙然冰釋。學人若欲了知大法眼住處及天台禪師悟處，莫以耳聽，莫作情解，莫在清涼法眼語句上尋思，當以眼聽，眼方得聞。

只如此一公案，僧問、師答，一模一樣，一字不易；彼僧親聞惘然不解，天台德韶側聞得悟，這個公案可殺奇怪！直是壁立千仞，教人無下手處。且問大法師：「汝今會否？」

若猶不會，暫且退去參究；俟悶熱天氣來，平實且放下花鏟，捏一滴手汗與汝。

第一七五則　佛不知有

天台山德韶國師　僧問：「三世諸佛不知有，狸奴白牯卻知有。既是三世諸佛，爲什麼卻不知有？」師曰：「卻是爾知有。」

有修學般若中觀及阿含之法師責我云：「禪宗佛法大意乃說空性，三乘佛法莫不如是；汝極力主張如來藏眞實有，主張眞心實有，即與常見外道執有不生滅心一樣，成爲自性見，與中觀般若不相應，與阿含經所說心性寂滅不相應。」大意如此。

平實云：平實極力主張如來藏真心真實有，乃為破斥錯執阿含般若中觀學說而主張「如來藏思想爲方便說」等諸人之邪說，護持三乘宗門正法久住人間，免被彼等諸人破壞，非於如來藏起執也。謂如來藏從來本無蘊我性、處我性、界我性，恆離六塵見聞覺知而隨緣任運，從不了知自我及諸法，永離蘊處界等我性；證悟此心之人，既已轉依此心，則亦已實證無我，云何復有自性見外道所墮之我？云何而可言為執著自我、執著蘊等自性耶？

十餘年來，有諸海內外之在家出家研究佛學者，極力主張「如來藏思想是方便說」，否認如來藏真識之確實存在，此乃不解阿含解脫、般若中觀之真義所致，故名三乘法中俱未見道之人。若如來藏唯識妙義為此諸惡人所滅，則大乘佛教不唯名存實亡，二乘法亦將同彼斷見外道，般若中觀則將成佛教哲學，轉而成為哲學大戲論；故我極力主張如來藏唯識妙義是佛親口所說，是大乘佛法之精髓，亦是二乘法之根本；是究竟說，非方便說。讀者欲知其詳，可閱拙著《真實如來藏》一書，其理自明。

如來藏真實有，真實可證，證已皆可現觀，非是虛構想像；上自佛陀，中如禪宗始祖迦葉尊者、傳來中土之達摩大師，下迄中土諸祖、土城廣欽和上乃至我會中諸法師、同修等，皆已親證此一真識，能以《楞伽經、成唯識論》所述而予以體驗，真實不虛。乃至反對如來藏「思想」之印順「導師」及其徒眾等人，其身中之如來藏同樣是「分明露此身，何處不稱尊？」只是彼等世智辯聰，專作佛學研究及不實考證，終將不能證知如來藏真識，只能於第一義諦盲聾不辨而已。

如來藏妙義全然不同於自性見，證如來藏者必定斷除自性見故；未證如來藏者，於今末法，不論所學阿含解脫、般若中觀如何精湛，都無法真實了知二乘解脫涅槃及般若中觀之真實義，必定落入斷滅論之緣起性空，落入斷滅論之般若中觀戲論，不得不重新建立意識細心為常住法，終成戲論與創見（佛法之實證不許有創見，必須完全符合聖教與法界真相），不解佛說二乘法之解脫與涅槃真義，凡有所說，皆成大戲論。而彼等所修之般若中觀，自謂能離斷常二邊，執彼遮遣戲論以為中觀，名為執中觀見，名為不解中觀真義，真自性見也。何故名彼等諸人為自性見？謂彼等未親證中道空性——如來藏，故皆無智現觀如來藏之本來中道性，徒以意識思惟理解臆測之中道，而生邪見及見取見；復以邪見、見取見而將親證如來藏中道之人為護佛教根本而說之「如來藏眞實有」之主張，謬責為自性見，正是「作賊者喊抓賊」，令人啼笑皆非。

唯有親證如來藏之人，方能捨離對於如來藏之執著。彼執中觀見而非難平實執著如來藏等諸人，一生之中雖然極力否定如來藏，其實分分秒秒、剎那剎那，皆不斷執著其如來藏種種功德為自內我，俱名恆內執我之凡夫；只是彼等愚暗，不自知爾。

自性見之錯悟佛子及外道，每執無妄想之靈覺心為不生滅心，認為死後能以此心安住涅槃，此名自性見者，與常見外道無異：或墮六識心之心所法中，或墮六識心之種種自性中，故名自性見。如來藏則自無始劫來恆離六塵見聞覺知、非覺非觀、不自作主；雖恆離六塵見聞覺知，然非猶如木石無情而有其無量功德，能生三界有為、無為等一切法。唯有證得此心，方能真證不生不滅、不來不去、不垢不淨、不增不減、不一不異、不斷不常之中道正理，名為實證般若中道而能現觀中道者，即是能作中道觀之賢聖，方得名為中觀之實行者。唯有如此之人，方能見得二乘法中諸阿羅漢、辟支佛無時無刻不在中道中，而彼等二乘聖人竟不能會得中道。

有一般名師、大師，聞道佛是覺者，便將一念不生之靈覺心意識錯認為常住我——如來藏、真如、佛性。此正是執我者，非是證得無我空性之如來藏，佛於四阿含中早就說此心是眾生我，是二法為緣生：意根、法塵二法為緣，由此二法相觸之時方能出生者。由是緣故說此離念靈知心為生滅法，由其生滅性故說為緣起性空、空故無常、無常故苦、苦故無我。

平實此世初悟時亦道「能覺為我」，然此「能覺」非是六塵中寂照靈覺之心，此「能覺」者，遠離三界六塵之見聞覺知，而能覺知六塵外之一切法；

是故非覺非不覺，非知非不知；能了眾生心行，可殺難會。平實提出如是實證已，諸方大師悉皆無法體會、無法實證，由得平實橫說豎說，皆無錯謬可以斥責，不免教諸方名師們恨透平實。古來天竺、中國禪宗祖師所悟者即是此心，此心名為空性，即是中道、真心、如來藏、本來面目、本地風光、吹毛劍、無根樹……等無量名詞所示空性，非諸錯悟禪師所說墮於六塵中之靈覺知照心也。

一日，有僧問天台山德韶國師云：「三世諸佛不知三界中之色聲香味觸法，狐狸白牛等卻能知六塵諸法。既然是三世諸佛，爲什麼卻對三界中的六塵不知不覺？」天台禪師答云：「卻是你知道三界中的六塵諸法。」

上座等人深研阿含解脫、般若中觀，每責他人說有真心者為自性見，且道：自性見與此僧相去多少？上座與此僧又相去多少？上座若與此僧一般無別、不知其理，莫將證得如來藏者與諸錯悟祖師相提並論，而同責為自性見；否則即成誣謗賢聖、毀破正法。

如今上座等人與平實、狗兄與貓姊、蝴蝶與糞蛆，皆名未來諸佛，在三世諸佛數中。且道：吾等未來諸佛明明能知六塵諸法，天台德韶為何道是「不知有」？當知未來諸佛，不是說我們這個色身及能知能覺的心，而是說我們身中的另一個離見聞覺知的心。證得此心之人，既明見此心離見聞覺知，不觸六塵諸法，無我、無我所，無六根六塵，無四諦八正，無十二因緣，無般若空法，無真如佛性，無輪迴解脫，無涅槃生死，無無明亦無無明盡，無智亦無得，云何誣為自性見？有何世間法自性可言？

上座等人不可因為悟者提出法義辨正而欲彰顯正法眼藏、欲助佛子證悟，由於悟者如是大行，必然會間接顯示自己未悟般若之事實，便指責悟者為自性見。若因法義辨正而可責為自性見，則佛亦自性見人，上座亦自性見人，如是之言，可乎？不可乎？

三世諸佛——你我身中的真實心——必須不會六塵，離見聞覺知；否則人間必將父不父、子不子、君不君、臣不臣、夫不夫、妻不妻、師不師、徒不徒……。緣何如此？蓋以能通三世之真心若具三界六塵諸法之覺知，則必會六塵；若會六塵，必定能知我所娶之妻乃前世之祖母、我所拜之師乃前世之徒弟，我於中陰時即將受生之父乃我孫……，則天下大亂矣。以是緣故，必須三世諸佛不知有，狸奴白牛以及你我人類方知有。只如上座身中不知三界有之未來佛，在什麼處？還會麼？

上座！平實葫蘆裡究竟賣什麼藥？何不說破？也免諸方恨得牙癢。

平實無奈便道：「父母所生口，終不敢道。」

何以故？千聖出世亦不敢破佛禁誡，我何人斯？敢以父母所生口說破？

如今上座不恥下問，在下便開個方便，向上座大聲說道：

「平實不知不見！」還會麼？

第一七六則　東西南北

天台山德韶國師　開示云：「東去亦是上座，西去亦是上座，南去亦是上座，北去亦是上座；上座因什麼得成東西南北？若會得，自然見聞覺知路絕，一切諸法現前。」

平實云：某大法師以教禪聞名，今已名聞四海，徒眾廣大；足跡遍歷東西兩半球，弘法曾至南北半球五國，乃以《東西南北》為書名，記敘遊歷諸國弘法之情形，令人讚歎。

然彼記敘加拿大弘法乙節，開示信眾云：《禪的悟：a、光音無限。b、澄澄湛湛。c、一片悟境。d、虛空粉碎。》共四個層次。而此四層次皆在見聞覺知境界中，迥異宗門禪之離見聞覺知，迥異大乘聖教之不墮六塵境界，不住於六塵中。

大乘諸解脱經處處開示：真心離見聞覺知、不會六入、無分別性、隨處自在、恆不中斷、能生萬法，亦説是涅槃之所依。然**光音無限**乃定中幻境，不離見聞覺知。**澄澄湛湛**亦是定境，不離幽閑法塵；於此境界中之覺知心，尚難忍受針刺草搔，常能了別所厭境界而起瞋惱，不離六塵見聞覺知故。至於一**片悟境**，究竟悟了個什麼？二十年來少見大師說明，書中從未曾說。

大師有時則於別書中云：「坐入無心境界之經驗，即稱為見性，或名破參。」有時則云：「禪宗所說的悟，……是即萬法的現象而從因緣關係中所見的空性，但它雖可通過邏輯思辨，說明因緣生法無非虛幻，卻無法親自體驗到空性的實相。」有時則云：「放下外在的環境……放下內在的自我中心……工夫純熟，首先不見了你所處的環境，其次不感覺身體的存在，再其次方法用不上了，然後連**自我意識也不存在**，只剩下自在**落實的全體感**，最後則前後內外大小等時間空間全部消失，靈明廓澈，**明照萬有而未見一法**，便是悟境顯現。」於同一本書中，對悟境之敘述，已自前後互相抵觸，有時說空性實相無法體驗，有時說「靈明廓徹、朗照萬有而未見一法，便是悟境的顯現」，處處違教、悖理，凡有所說，非關第一義諦，始終無關宗門禪之正理與實證；乃至前後連接之語句中，已經自相矛盾，乃竟無智自我檢查，一眾俱皆無知而公開梓行天下，示現其無知，寧不令人浩歎：末法大師及諸學人已至於斯。

且舉其中錯謬大者言之，細者則不必論之。譬如此名師言「**然後連自我意識也不存在**，只剩下自在**落實的全體感**」，試問：如此境界，是有意識存在？抑或已無意識存在？有智之人甫讀已，便知意識分明存在，方能「**剩下**自在**落實的全體感**」，否則，**落實的全體感**究竟何來？而言**落實**、而言**全體感**？今此名師竟然連如是境界中的意識具體存在都無所知，公然倡言其中已無意識，究竟此師對意識之境界知或未知？曾聞此師閉關六年讀經，可見其說不實，謂四阿含中早已具足分明宣說意識境界，而此師都未能知，證明此師閉關六年之中，從來不曾讀過四阿含。

又此名師如是說：「最後則前後內外大小等時間空間全部消失，靈明廓澈，**明照萬有而未見一法**，便是悟境顯現。」亦復同墮此一邪見中。謂覺知心既已明照萬有，焉得自稱未見一法？非但未明自己全墮意識境界中，錯將意識所住境界中法認作宗門禪祖師之悟境；亦乃全然不懂聲聞法，連聲聞初果斷身見（我見）之見地皆無，遑論阿羅漢所不能猜測之大乘菩薩開悟明心智慧境界？如是無智而出世為人，且要小心閻王老子將來要汝舌頭。

至若此位名師所言之虛空粉碎，則是未到地定或初禪境界中之現象，此師及一般人俱皆未證初禪，至多只能於欲界定中偶然體驗之，謂此師至今連未到地定功夫亦無故。縱使能於欲界定中體驗虛空粉碎之定境，亦是不離六塵見聞覺知，亦是「境界分段入出」之法，佛於《楞伽經》中說為意識境界，無關超越意識境界之第八識境界證悟。以此知見而遊歷諸國，《東西南北》奔忙，於自於他終無所益；何以故？若藉此說，能使廣大眾生遠種未來劫之善根則善，若因此而誤導眾生未來無量世之修行，則為不善。一善一惡之間，比例懸殊，不可不論。

平實拈此而說者，乃因慈悲，欲度大法師及今時後世諸多有情。所以者何？東西南北乃是第一義諦之入處，言下若會，立即超凡入聖，便通三乘密意，大法師及諸徒眾實應於此下手。莫謂平實是戲笑之言，此言真誠無欺，傳之後世常能無過故；大法師及諸徒眾若會得此中真義，從此不敢再於平實面前說禪道悟。如是，則大法師已自側身大乘賢聖之中，此後已非凡夫之屬，並是聲聞法中之初果聖者也。何不一試以驗虛實？徒自名邈復有何益？

於今之計，莫如再依大法師所寫書名《東西南北》為題，且舉天台山德韶國師開示之東西南北實義，以饗大師及諸徒眾，冀能得益。天台德韶禪師一日上堂開示：「往東邊去，也是上座您自己；往西邊去，也是上座您自己；往南邊去，也是上座您自己；往北邊去，也是上座您自己啊！您因什麼道理成了東、西、南、北？若能體會得這個道理，自然不會落在見聞覺知中，眞心也就現前，便懂得經中所說三乘一切法。」

如今平實且學德韶國師口語云：「往東半球去，也是大法師您；往西半球去，也是大法師您；往南半球去，也是大法師您；往北半球去，也是大法師您。**且道：大法師因什麼道理得成東、西、南、北？**若也會得，自然見聞**覺知路絕，一切諸法現前。**」

若會不得，平實且傍開一線，向大法師道：說**東西南北**者亦是大法師自己，說**光音無限**者亦是大法師自己，說**澄澄湛湛**、**一片悟境**、**虛空粉碎**者亦是大法師自己。且道：大法師因什麼道理，得成「**東西南北……**」乃至「**虛空粉碎**」？

平實尋常向人道：「不知！不知！」「不得，不知。」或云：「平實不知不見。」又云：「不知最親切。」疑殺諸方大師與諸學人。

只如真如法身不知不見，亦不曾見得一切法，如盲如聾又復作啞，苦苦尋覓這撈什子作麼？卻不知三界之中，應物現形皆是祂；眾生無始以來處處走作追求無常之萬物，乃至所見萬法，觸目所及無非是祂。若也無祂，何處有三界眾生？若也無祂，何處有三界境界？若也無祂，平實便住不得世間、說不得法也！

而今大師欲會麼？且撿些清閒日子，何妨東去台東，西去台西，南去台南？三方去來若猶不會，何妨北去台北正覺講堂！且看是個什麼物事？

若會得此意，自然見聞覺知路絕，一切諸法現前，卻不是意識境界！嘎！還不會？此時無奈，平實便說與大師知：

東！

西！

南！

北！

第一七七則　虛空消殞

杭州報恩寺慧明禪師　時有朋彥上座，博學強記，尋師敵論宗乘；師乃曰：「言多，去道遠矣！今有事借問：只如從上諸聖及諸先德，還有不悟者也無？」朋彥曰：「若是諸聖先德，豈不有悟者哉。」師曰：「教中云：一人發眞歸源，十方虛空悉皆消殞。今天台山儼然，如何得消殞去？」朋彥不知所措。

平實云：二十年來，有大法師每云：「若不到虛空粉碎、大地落沉，完全著實和滿足，並且玲瓏剔透的程度，怎能算見性？」然究其實，虛空粉碎、大地落沉乃是定境，或於未到地定、或於初禪中現、一般人則於欲界定中出現，乃是見聞覺知之境界入出之法，無關開悟明心，亦與見性全不相干。設使有人每天入出此一境界，依舊不能發起般若慧，便將境中不動之靈知心錯認為真心，依舊不解大乘了義經教，亦必錯會二乘所證無餘依涅槃，便道此心不動之時即是涅槃；如是自謂已證涅槃，已證般若實相，成就大妄語業，令人悲憫。是故虛空粉碎、大地落沉等，只是定境中之變相爾，尚與禪定實證無關，更與初參明心及重關見性了不相干。

譬如唐宋古時，有朋彥法師博學強記，前往杭州報恩寺，尋覓慧明禪師辯論宗門正法，往復劇談，自以為是；報恩慧明禪師眼見朋彥法師無可理喻，不得已，乃云：「你被許多的言語葛藤所誤，已經離道很遠了！如今有一件事情借問：自古至今，有許多的聖人及已過世的許多祖師們，是否都尚未開悟？」明彥法師辯云：「若是諸聖及諸祖師，不可能沒有開悟者。」慧明禪師便問：「經教裡面有說：一人開悟而發現眞心、還歸眞心本源時，十方虛空悉皆消失殞沒。如今天台山卻明明存在，如何才能使它消失殞沒？」朋彥法師聞已，不知所措，無能應答。

如今大法師妄以虛空粉碎及大地落沉有入有出之定境變相，作為開悟見性，還能會得報恩慧明禪師之意否？若會得，大法師是真悟者，即應燒卻以往發行諸書，向所有讀者道歉；若會不得，即是凡夫知見，云何尚以證悟聖者姿態而廣受供養、禮拜？

有諸大德宣講《楞嚴經》，至「一人發眞歸源，十方虛空消殞」一句，盡皆依文解義，未有一人疑道：「歷代皆有祖師發眞歸源，世尊亦於二千五百年前發眞歸源，因何十方虛空及諸世界儼然如故？如何得消殞去？」凡此皆因腳跟下未明所致，是故天台山德韶國師云：「只如諸方老宿言教在世、如恒河沙；如來一大藏教，卷卷皆說佛理，句句盡言佛心，因什麼得不會去？若一向織絡言教、意識解會，饒上座經塵沙劫，亦不能得徹。此喚作顚倒知見、識心活計，並無得力處，此蓋為腳跟下不明。」

如今平實於此第二輯中，拈提已多；不唯排遣邪知謬見，抑且多示入道之門，若猶不會，平實說與汝知：

虛、空、粉、碎，大、地、落、沉。

若人會者，此八個字其實只是一字。

若人不會，來覓平實問道：「是哪一個字？」平實便教汝：

禮拜著！

第一七八則　金陵溪山

金陵報慈文遂禪師　師問僧：「從什麼處來？」僧曰：「撫州曹山來。」師曰：「幾程到此？」曰：「七程。」師曰：「行卻許多山林溪澗，何者是汝自己？」僧曰：「總是。」師曰：「眾生顛倒，認物爲己。」

平實云：此一公案與清涼文益禪師步步踏著公案，活似一模脫出。有僧問：「如何是道？」清涼文益禪師答云：「步步踏著。」

有大法師解云：《「步步踏著」實際上跟「一切現成」是類似的。……禪宗所講的修行是日常生活中的每一個時間，都要**很穩定很清楚地知道自己在作什麼**？走路時就是一步一步往前走，腳下踩得很實在，同時也知道自己是在一步一步往前走，**心無二念**：這就是最好的修行。……所以「步步踏著」這句話如果用於日常生活，可以節省很多時間，……。》

且得不相干！依舊落入有念及離念之窠臼中，未脫意識境界，不離常見外道見。如此而可為人教禪、主持禪七、為人印證者，海峽兩岸一切國文老師亦皆可以教禪、主七、為人印證也。所以者何？謂此名為情解，不解步步踏著之意。如是一類大禪師，所在多有，古今一般不乏其人，俱皆同以意識是否專心一意、清楚明白，作為是否證悟之標準；若是每日皆住於無語言妄想之境界中，而對事物悉皆了了分明時，則道是大悟徹底。據此，則外道證得初禪乃至四空定者，應當皆是證悟實相般若之菩薩也！云何　世尊初出家後，一一隨學而當場親證之後，卻都當場加以推翻？謂為心外求法、不懂涅槃？今觀大法師名聞四海，所說竟同常見外道、都無差別，處處墮落六塵之中，教導學人悉墮六塵中了了分明，豈唯妄墮意識心中，更墮外塵之中，真是迷己逐物之師，豈謂大乘佛法同於常見外道法耶？豈謂大乘法同於四大極微外道耶？六塵皆是四大所成故。**金陵溪山公案**中之參學僧亦復如是：

有僧遠從撫州曹山來參金陵報慈文遂禪師，禪師便問：「你從什麼地方來？」此僧不知金陵禪師之意，爽快答曰：「從撫州曹山來此。」平實即不然，當下正好珍重問訊，問訊已，卻向金陵禪師侍者喚云：「上座！點茶來，供養金陵禪師。」無奈此僧不會，金陵禪師只得再問：「走了幾天來到此地？」若是平實在場，便回道：「稟和尚：步步踏著，未出得門，已到此間。」無奈此僧根鈍，依舊不知惺覺，在他金陵和尚語脈上轉，早墮金陵禪師言語機境中，便回云：「七天到此。」

金陵禪師無奈，只好全身披掛，入泥入水為他：「你走過許多山林與溪澗，哪個是你自己？」此僧便以聽來解會底，答他金陵禪師：「一切都是我自己。」真個是儱侗真如、顢頇佛性。平實即不然，但舉杯喝茶，喝已噴云：「好個趙州茶！」

一般善知識聞祖師道：「山河大地無非法身，黃花翠竹莫非般若。」便道無情亦有心性，便認無情亦是自己，同於諸佛；此皆顛倒，認物為己，不會祖師意。若山河大地即是法身，則禪師所悟法身者應是山河大地；若黃花翠竹即是般若，應當每日摘取黃花翠竹藏之於身、戴之於首，則當已有般若實相智慧也！

若是有智之人，甫聞「山河大地無非法身」已，即便走向山河大地，甫一來回，便知法身何在，卻向堂頭和尚道：山河大地無非法身。及至有人問著時，卻又道山河大地皆非法身。有智之人甫聞「黃花翠竹莫非般若」已，且向庭園中摘取黃花，佩於胸前；更取竹葉，藏之於身；然後迴身便向堂頭和尚道：黃花翠竹俱是般若。忽然有來問，卻又道：黃花與翠竹，俱無般若。謂此有智之人，從來不樂逐物為己；一向樂於尋覓法身而不墮文句故，早知諸方禪師語言只是指月之指，實非明月故；由是不墮諸方禪師語脈中，非如此位名師猶墮六塵之中，教導學人要對行住坐臥中之事物了了分明，真乃迷己逐物之人也。

只如欽山文遂禪師大慈，非如悟後行腳參方時之雄邁猛厲，一心為人，是故一再提撕；然而此僧不能報慈，便道自己所曾行過許多山林溪澗皆是自己，招得金陵文遂禪師訶責云：「你和眾生一樣顛倒，總是認物爲己。」見得此僧正與此位大法師一般漆桶，兀自道眼未明。

如今上座忽然來覓平實，平實便不可無為汝處。

待得上座踏入門來，且問會麼？

若還不會，便拉上座散步逛街去！且向上座咬耳朵云：

步步踏著！

第一七九則　永明答了

杭州永明寺道潛禪師　僧問：「如何是永明家風？」師曰：「早被上座答了也。」

平實云：此一公案雖短，卻極有禪味，值得諸方老宿再三端詳；只是太高峻，諸方講禪名師、老宿俱難下手，何況執著緣起性空、苦空無常之愛樂聲聞法中一切聲聞種性法師，縱有伶牙俐齒、著作等身，亦無下嘴處。摸索不著，索性否定有第八識真心如來藏，誣指如來藏「思想」是世尊方便說，非真實有，免得善知識質問他已否明心時，張口結舌不能作答。

此一公案雖然高峻，永明禪師要且老婆，有為人處；不似雲門文偃禪師之孤芳自賞，門檻高至二十八天，難以跨入。茲拈雲門東山水上行公案而作提示，為已悟之人增益差別智。深奧者若會，淺易者自知。此後當機對境時，隨手拈來莫非是禪，無妨是一代宗師。學者亦可由此略窺堂奧，或有悟處，亦是宗門軼事。

有僧問：「如何是諸佛出身處？」雲門文偃禪師云：「東山水上行。」

學人讀之未解，舉問當代某大法師云：「此一公案意思是東邊的山在水面上行走。一般人一定會說江水是在山邊流動，雲門為什麼要顛倒過來說？而他用這句話去回答那個問題，又似乎風馬牛不相及？」

某大法師答云：《東山水上行是比喻沒這樣的事，正如紅爐一點雪，或寒灰中的火星，都無其事。但人往往把真的看成假的，把假的看成真的，從主觀立場出發；因為自己在動，所以外界在動；因為自己的心混亂，所以認為環境混亂。如果倒過來從真實面看，那就成了是非顛倒，是水在山邊流動，而不是山在水上走。……也就是說，不要把幻境當成實境，幻境是不實在的。**如果我們聽到「東山水上行」這句話，馬上就想到實無其事，心中會非常開朗**。……「東山水上行」**這句話的目的，是在解除修行人的執著，從夢想顛倒中清醒過來，使之心無掛礙、明心見性，這也就是指點迷津。**》

諸方老宿且道：「如此大法師開示，是有悟處？是無悟處？」莫將佛法作人情，莫和稀泥；當知一切人若於佛法第一義上，一句褒貶，即成來世重大因果，不可不慎也。

《雜阿含經》具載：瞿迦梨比丘謗「舍利弗、目犍連尊者心有惡欲」，便墮第十八層大阿鼻地獄。僅僅誹謗聲聞聖者，尚未誹謗聲聞法，便致此重報；何況誹謗證悟之菩薩及其所說第一義正法？一切人皆當特別在意，慎勿輕忽，以免未來災殃。復有天子眼見瞿迦梨比丘受此重報，乃前來稟佛云：

士夫生世間，斧在口中生；還自斬其身，斯由其惡言：
應毀便稱譽，應譽而便毀；其罪口中生，死則墮惡道。

佛復觀察證實已，為吾人轉述之。阿含四部中，於此等事例陳述極多，是故諸方老宿乃至學人，欲批判他人者務必謹慎，不論口說抑或為文，若無理證及教證，切勿效我拈提諸方，一言即足以升墮故，果報非輕故。

當知雲門「東山水上行」一句，為學人指點迷津是實，解除學人執著等是假，汝大法師不應顛倒說。然雲門文偃禪師此一句話下，何處是指點迷津？大法師再參三十劫，猶未夢見在。平實常勸未悟之人切莫拈提公案，欲邀已悟之虛名，反示錯悟之憑據於天下人；他時異日被人拈提時，狐狸尾巴沒遮掩處；正所謂得不償失、無益自他，徒成笑柄、遺臭人間。

汝大法師若有不服，有日前來質問平實：「如何是此一句指點迷津處？」在下便提示云：

東山水上行　雲門自孤挺
欲識雲門旨　劃一江湖行

君若會得，鼓平實一掌，或於虛空劃一劃；此後五湖三江，無處不可行。君若不會，來覓平實，平實便喚：「上座！禮拜著！」禮拜起來若猶不會，平實便入草和泥向上座道：「東山水上行，其實只是一個字。」上座若會，於平實前劃個一字，抬腳剔起便行，還要大家聒噪作麼？

古今中外禪門師徒問答極多，一等是為人答問，就中永明奇怪。此僧方才來到永明寺，只提出個問題：「如何是永明禪師您的本地風光？」此僧未再進語，永明禪師亦未曾答得一語，卻道：「早被上座答了也。」一般大師與名師，若不是大悟成片，到此總須茫然；何況暗裡走作，明裡籠罩人之大活佛、大法師？

永明道潛禪師門庭高峻，壁立千仞，此僧一眨眼間早已錯過，更教如今諸方名師、法王、大喇嘛們悉皆無處摸索。只如這僧未曾答得自己向永明禪師所提問頭，永明禪師因什麼道理卻說本地風光已被此僧答了？

此一公案，便似 世尊捨壽後，阿難尊者請問教外別傳之旨。譬如《無門關》卷一所載：《迦葉因阿難問云：「世尊傳金襴袈裟外，別傳何物？」葉喚云：「阿難！」難應諾，葉云：「倒卻門前刹竿著。」無門曰：若向者裏下得一轉語親切，便見靈山一會儼然未散；其或未然，毘婆尸佛早留心，直至而今不得妙。頌曰：

問處何如答處親　幾人於此眼生筋
兄呼弟應揚家醜　不屬陰陽別是春》

此個公案，與迦葉、阿難二人之間同一答問，幾無兩般；無明慧開禪師更道：「兄呼弟應揚家醜，不屬陰陽別是春。」豈但迦葉呼喚阿難之時已揚家醜，阿難出聲而應之時亦是早揚家醜了也。然而此物從來不屬陰陽所攝，別是大好春光。只是古今多少阿師都不領會，只顧在見色分明、飲食分明、了知分明上用心，豈有得會之時？豈不知無門慧開禪師早就指出了：「問處何如答處親，幾人於此眼生筋？」如今二千餘年以降，乃至無明禪師公開拈出關鍵已數百年，大法師至今仍然錯會，處處蹉過，只能怪罪自己道眼未明，何能怪得任何祖師？謂古來諸祖早已明示，自家無智會得，夫復何言？

一切真悟之人，皆見此僧已經自問自答，明明已經道出本地風光，卻自不知；更勞永明註破，猶自茫然。此僧自居學人之位，且不說伊；如今大法師出世說禪，示人以悟者身分，且道：什麼處是此僧答了也？次道：什麼處是阿難尊者答處？

上座萬勿思惟，轉思轉遠。且向明鏡前立，每日二個時辰、二百四十分鐘，向鏡中的自己連續不斷問道：「如何是平實家風？」如此精進不懈者，三年必有悟處。三年滿已，若猶不會，莫怪平實放汝三十棒！

且道：如何是平實家風？

斗大的 **一** 字。

第一八〇則　古賢山水

澤州古賢院　謹禪師　師侍立次，見淨慧問一僧云：「自離此間，什麼處去來？」僧曰：「入嶺來。」淨慧曰：「不易。」僧曰：「虛涉他如許多山水。」淨慧曰：「如許多山水也不惡。」其僧無語，師言下大悟。住山後，有僧問：「如何是佛？」師曰：「築著汝鼻孔。」（築著：戳著、觸著。）

平實云：參禪人，無時無刻皆須注意自己腳跟下，一直到破參後，仍有一段時間須注意自己腳跟下。蓋因諸人腳跟下，每每顯露大乘宗門一段風流韻事；若檢點得出，便能出生第一義智慧；從此以後，五湖四海、大小叢林，悉皆拘限伊不得。

有學人問：「禪語中常提到『腳跟下』或『看腳下』，它是否叫人要步步踏實，注重當下眼前，不要耽於過去或幻想未來？」

有大法師答云：《的確是這個意思。在修行過程中，許多人只把目標放在未來，沒有腳踏實地從現在做起。這包括幾種情況：第一種……。第五種是得少為足，功夫並不踏實，只得到一點小經驗，就認為自己已大悟徹底，到處告訴別人他已是修行成功的人，一廂情願想當別人的老師；甚至在明眼人之前還吹牛吹個不停。因此，真正有功夫的人會告訴他：「注意你腳下，你的腳跟尚未著地哦！」也就是說他輕舉妄動，實際的功夫不夠。》

平實云：且得不相干！腳跟下三個字的真正意旨，假饒大法師再參三十劫，猶未夢見在！禪師教人注意腳跟下，且不是教人觀心除念做功夫，而是教人於腳跟下發明了生脫死一段大事。大法師真的須要「注意你腳下，你的腳跟尚未著地哦！」如汝未解宗門意旨，便輕率解釋腳跟下三字之事，並且印顧書中流通天下，將自己錯悟之把柄主動送與天下人，真正是「輕舉妄動」，顯示自己「實際的功夫不夠」，因為如此說禪，已經自己揭露了一個事實——您自己尚未明得腳跟下一段大事。

當知大法師您正說禪時，有時偶有本會已悟同修相約同往探看，欲知大法師在宗門禪中之修行，近來是否已有進展。大師不知，「猶在明眼人之前吹噓」，可還知諸明眼人離去之後，如何指說麼？

大法師二十年說禪，不曾顯示真正之見地，不能指出開悟究竟是悟個什麼？亦不能指出求悟之正確方向，所說禪法處處違教悖理，又復前說後說互相矛盾，更又前句大違後句；一切明眼者，一聞、甫讀便知未悟，何有資格評論他人「輕舉妄動，實際的功夫不夠」？大法師若有不服，何妨以古賢山水公案檢點，可還有會處麼？

古賢山水公案，與祖師提示腳跟下之義，無二無別，唯有大法師及汝徒眾會不得爾，於我正覺會中，卻無淆訛。

澤州古賢院謹禪師，於悟前身任清涼文益禪師之侍者，日夜求法，不斷增益參禪之正確知見。一日侍立於淨慧（清涼文益禪師）身旁時，淨慧禪師問一僧云：「自從離開這裡以後，你去過什麼地方再回來？」僧答：「我前往嶺南參訪以後再回來。」淨慧曰：「走這麼遠的路，也眞是不容易。」此僧愚騃，不會淨慧禪師言外之意，便答道：「我只是白白走過了許多的山水，一點兒收穫也沒有。」淨慧禪師有心助他，便提示道：「你走過這麼多的山水也不錯。」已經明示生死大事就在腳跟下，無奈此僧因緣不具，不知淨慧禪師言語之中別有密意，看不出淨慧禪師話中有話、泥中有刺，於是再三錯過。古賢院的謹禪師當時隨侍在側，只聽得這一句雲淡風輕的話，卻直下悟去。正是：有心栽花花不發，無心插柳柳成蔭。

且道：自己腳跟下有什麼稀奇古怪？值得淨慧禪師不吝提及？使得古賢禪師在雲淡風輕之語句中直下悟去？

次道：古賢禪師究竟悟個什麼？使他從此以後出語不俗？其中蹊蹺在什麼處？

須知古賢禪師若非充任淨慧禪師之侍者，日夜攝取正確之知見與參禪之方向，直饒參上三百劫來，依舊無有入處；豈況淨慧大師雲淡風輕一句之下，便得使他悟入去？大法師若不肯完全信受平實所說禪法知見，總是「認為自己已大悟徹底，到處告訴別人他已是修行成功的人，一廂情願想當別人的老師」，便無入處，只成個知解宗徒，永劫都無悟緣；若不信平實之語，「甚至在明眼人之前還吹牛吹個不停」，不斷的亂寫禪書，「因此，真正有功夫的人會告訴他（您）：『注意你腳下，你的腳跟尚未著地哦！』也就是說他（您）輕舉妄動，實際的功夫不夠。」大法師若不肯聽取平實真誠之言，莫說三十年後，三百劫後欲舉此話也難！

古賢禪師悟後，承奉師命，別處弘法開山度眾時，有一僧來問：「如何是佛？」古賢禪師答云：「戳著你的鼻孔！」你看他古人恁麼伶俐，在旁聞道「如許多山水也不惡。」便得會去！即此一悟便得開山度眾，非同小可。大法師若會得「如許多山水也不惡」，便知古賢禪師「築著汝鼻孔」一句玄機。且道：此二句話，明明一句是在腳跟下，一句是在鼻孔、手指上，為什麼平實道他無二無別？大法師還會否？

若真會得，管保大法師三年之內便得貫通三乘宗門密意。

若會不得，往後切莫說禪，更莫拈提公案，自暴狐狸尾巴！

只如大法師聽得平實長篇大論已，莫欲會取麼？平實說與汝知：乘車搭飛機，雲遊四海，各國辦禪七去！

但是，有一件重要的事情拜託您：雲遊四海辦禪七時，請注意您的腳跟下。

佛教正覺同修會〈修學佛道次第表〉

第一階段

＊以憶佛及拜佛方式修習動中定力。
＊學第一義佛法及禪法知見。
＊無相拜佛功夫成就。
＊具備一念相續功夫—動靜中皆能看話頭。
＊努力培植福德資糧，勤修三福淨業。

第二階段

＊參話頭，參公案。
＊開悟明心，一片悟境。
＊鍛鍊功夫求見佛性。
＊眼見佛性〈餘五根亦如是〉親見世界如幻，成就如幻觀。
＊學習禪門差別智。
＊深入第一義經典。
＊修除性障及隨分修學禪定。
＊修證十行位陽焰觀。

第三階段

＊學一切種智真實正理—楞伽經、解深密經、成唯識論…。
＊參究末後句。
＊解悟末後句。
＊透牢關—親自體驗所悟末後句境界，親見實相，無得無失。
＊救護一切眾生迴向正道。護持了義正法，修證十迴向位如夢觀。
＊發十無盡願，修習百法明門，親證猶如鏡像現觀。
＊修除五蓋，發起禪定。持一切善法戒。親證猶如光影現觀。
＊進修四禪八定、四無量心、五神通。進修大乘種智，求證猶如谷響現觀。

佛菩提二主要道次第概要表——二道並修，以外無別佛法

佛菩提道——大菩提道

遠波羅蜜多

資糧位

十信位修集信心——一劫乃至一萬劫

初住位修集布施功德（以財施爲主）。

二住位修集持戒功德。

三住位修集忍辱功德。

四住位修集精進功德。

五住位修集禪定功德。

六住位修集般若功德（熏習般若中觀及斷我見，加行位也）。

外門廣修六度萬行

見道位

七住位明心般若正觀現前，親證本來自性清淨涅槃。

八住位起於一切法現觀般若中道。漸除性障。

十住位眼見佛性，世界如幻觀成就。

一至十行位，於廣行六度萬行中，依般若中道慧，現觀陰處界猶如陽焰，至第十行滿心位，陽焰觀成就。

一至十迴向位熏習一切種智；修除性障，唯留最後一分思惑不斷。第十迴向滿心位成就菩薩道如夢觀。

內門廣修六度萬行

初地：第十迴向位滿心時，成就道種智一分（八識心王一一親證後，領受五法、三自性、七種第一義、七種性自性、二種無我法）復由勇發十無盡願，成通達位菩薩。復又永伏性障而不具斷，能證慧解脫而不取證，由大願故留惑潤生。此地主修法施波羅蜜多及百法明門。證「猶如鏡像」現觀，故滿初地心。

二地：初地功德滿足以後，再成就道種智一分而入二地；主修戒波羅蜜多及一切種智。滿心位成就「猶如光影」現觀，戒行自然清淨。

解脫道：二乘菩提

→ 斷三縛結，成初果解脫

→ 薄貪瞋癡，成二果解脫

→ 斷五下分結，成三果解脫

入地前的四加行令煩惱障現行悉斷，成四果解脫，留惑潤生。分段生死已斷，煩惱障習氣種子開始斷除，兼斷無始無明上煩惱。

近波羅蜜多

修道位

三地：二地滿心再證道種智一分，故入三地。此地主修忍波羅蜜多及四禪八定、四無量心、五神通。能成就俱解脫果而不取證，留惑潤生。滿心位成就「猶如谷響」現觀及無漏妙定意生身。

四地：由三地再證道種智一分故入四地。主修精進波羅蜜多，於此土及他方世界廣度有緣，無有疲倦。進修一切種智，滿心位成就「如水中月」現觀。

五地：由四地再證道種智一分故入五地。主修禪定波羅蜜多及一切種智，斷除下乘涅槃貪。滿心位成就「變化所成」現觀。

六地：由五地再證道種智一分故入六地。此地主修般若波羅蜜多——依道種智現觀十二因緣一一有支及意生身化身，皆自心眞如變化所現，「非有似有」，成就細相觀，不由加行而自然證得滅盡定，成俱解脫大乘無學。

七地：由六地「非有似有」現觀，再證道種智一分故入七地。此地主修一切種智及方便波羅蜜多，由重觀十二有支一一支中之流轉門及還滅門一切細相，成就方便善巧，念念隨入滅盡定。滿心位證得「如犍闥婆城」現觀。

七地滿心斷除故意保留之最後一分思惑時，煩惱障所攝色、受、想三陰有漏習氣種子全部斷盡。

大波羅蜜多

八地：由七地極細相觀成就故再證道種智一分而入八地。此地主修一切種智及願波羅蜜多。至滿心位純無相觀任運恆起，故於相土自在，滿心位復證「如實覺知諸法相意生身」故。

九地：由八地再證道種智一分故入九地。主修力波羅蜜多及一切種智，成就四無礙，滿心位證得「種類俱生無行作意生身」。

十地：由九地再證道種智一分故入此地。此地主修一切種智——智波羅蜜多。滿心位起大法智雲，及現起大法智雲所含藏種種功德，成受職菩薩。

等覺：由十地道種智成就故入此地。此地應修一切種智，圓滿等覺地無生法忍；於百劫中修集極廣大福德，以之圓滿三十二大人相及無量隨形好。

煩惱障所攝行、識二陰無漏習氣種子任運漸斷，所知障所攝上煩惱任運漸斷。

圓滿波羅蜜多

究竟位

妙覺：示現受生人間已斷盡煩惱障一切習氣種子，並斷盡所知障一切隨眠，永斷變易生死無明，成就大般涅槃，四智圓明。人間捨壽後，報身常住色究竟天利樂十方地上菩薩；以諸化身利樂有情，永無盡期，成就究竟佛道。

斷盡變易生死成就大般涅槃

圓滿成就究竟佛果

佛子蕭平實 謹製
（二〇〇九、〇二 修訂）
（二〇一二、〇二 增補）

佛教正覺同修會 共修現況 及 招生公告　2016/1/16

一、共修現況：（請在共修時間來電，以免無人接聽。）

台北正覺講堂 103 台北市承德路三段 277 號九樓 捷運淡水線圓山站旁
Tel..總機 02-25957295（晚上）（**分機：九樓**辦公室 10、11；知客櫃檯 12、13。 **十樓**知客櫃檯 15、16；書局櫃檯 14。 **五樓**辦公室 18；知客櫃檯 19。**二樓**辦公室 20；知客櫃檯 21。）
Fax..25954493

第一講堂 台北市承德路三段 277 號九樓

禪淨班：週一晚上班、週三晚上班、週四晚上班、週五晚上班、週六下午班、週六上午班（皆須報名建立學籍後始可參加共修，欲報名者詳見本公告末頁）

增上班：瑜伽師地論詳解：每月第一、三、五週之週末 17.50～20.50 平實導師講解（僅限已明心之會員參加）

禪門差別智：每月第一週日全天 平實導師主講（事冗暫停）。

佛藏經詳解 平實導師主講。已於 2013/12/17 開講，歡迎已發成佛大願的菩薩種性學人，攜眷共同參與此殊勝法會聽講。詳解 釋迦世尊於《佛藏經》中所開示的眞實義理，更為今時後世佛子四眾，闡述佛陀演說此經的本懷。眞實尋求佛菩提道的有緣佛子，親承聽聞如是勝妙開示，當能如實理解經中義理，亦能了知於大乘法中：如何是諸法實相？善知識、惡知識要如何簡擇？如何才是清淨持戒？如何才能清淨說法？於此末法之世，眾生五濁益重，不知佛、不解法、不識僧，唯見表相，不信眞實，貪著五欲，諸方大師不淨說法，各各將導大量徒眾趣入三塗，如是師徒俱堪憐憫。是故，平實導師以大慈悲心，用淺白易懂之語句，佐以實例、譬喻而為演說，普令聞者易解佛意，皆得契入佛法正道，如實了知佛法大藏。

此經中，對於實相念佛多所著墨，亦指出念佛要點：以實相為依，念佛者應依止淨戒、依止清淨僧寶，捨離違犯重戒之師僧，應受學清淨之法，遠離邪見。本經是現代佛門大法師所厭惡之經典：一者由於大法師們已全都落入意識境界而無法親證實相，故於此經中所說實相全無所知，都不樂有人聞此經名，以免讀後提出問疑時無法回答；二者現代大乘佛法地區，已經普被藏密喇嘛教滲透，許多有名之大法師們大多已曾或繼續在修練雙身法，都已失去聲聞戒體及菩薩戒體，成為地獄種姓人，已非眞正出家之人，本質只是身著僧衣而住在寺院中的世俗人。這些人對於此經都是讀不懂的，也是極為厭惡的；他們尚不樂見此經之印行，何況流通與講解？今為救護廣大學佛人，兼欲護持佛教血脈永續常傳，特選此經宣講之。每逢週二 18.50~20.50 開示，不限制聽講資格。會外人士需憑身分證件換證入內聽講（此是大樓管理處之安全規定，敬請見諒）。桃園、台中、台南、高雄等地講堂，亦於每週二晚上播放平實導師所講本經之 DVD，不必出示身分證件即可入內聽講，歡迎各地善信同霑法益。

第二講堂　台北市承德路三段 267 號十樓。

禪淨班：週一晚上班、週六下午班。

進階班：週三晚上班、週四晚上班、週五晚上班（禪淨班結業後轉入共修）。

佛藏經詳解：平實導師講解。每週二 18.50~20.50（影像音聲即時傳輸）。本會學員憑上課證進入聽講，會外學人請以身分證件換證進入聽講（此爲大樓管理處安全管理規定之要求，敬請諒解）。

第三講堂　台北市承德路三段 277 號五樓。

進階班：週一晚上班、週三晚上班、週四晚上班、週五晚上班。

佛藏經詳解：平實導師講解。每週二 18.50~20.50（影像音聲即時傳輸）。本會學員憑上課證進入聽講，會外學人請以身分證件換證進入聽講（此爲大樓管理處安全管理規定之要求，敬請諒解）。

第四講堂　台北市承德路三段 267 號二樓。

進階班：週一晚上班、週三晚上班、週四晚上班、週五晚上班（禪淨班結業後轉入共修）。

佛藏經詳解：平實導師講解。每週二 18.50~20.50（影像音聲即時傳輸）。本會學員憑上課證進入聽講，會外學人請以身分證件換證進入聽講（此爲大樓管理處安全管理規定之要求，敬請諒解）。

第五、第六講堂　爲**開放式講堂**，不需以身分證件換證即可進入聽講，台北市承德路三段 267 號地下一樓、地下二樓。已規劃整修完成，每逢週二晚上講經時段開放給會外人士自由聽經，請由大樓側面梯階逕行進入聽講。**聽講者請尊重講者的著作權及肖像權，請勿錄音錄影，以免違法；若有錄音錄影被查獲者，將依法處理。**

正覺祖師堂　大溪鎮美華里信義路 650 巷坑底 5 之 6 號（台 3 號省道 34 公里處 妙法寺對面斜坡道進入）電話 03-3886110　傳眞 03-3881692 本堂供奉 克勤圓悟大師，專供會員每年四月、十月各二次精進禪三共修，兼作本會出家菩薩掛單常住之用。除禪三時間以外，每逢單月第一週之週日 9:00~17:00 開放會內、外人士參訪，當天並提供午齋結緣。教內共修團體或道場，得另申請其餘時間作團體參訪，務請事先與常住確定日期，以便安排常住菩薩接引導覽，亦免妨礙常住菩薩之日常作息及修行。

桃園正覺講堂（第一、第二講堂）：桃園市介壽路 286、288 號 10 樓（陽明運動公園對面）電話：03-3749363（請於共修時聯繫，或與台北聯繫）

禪淨班：週一晚上班、週三晚上班、週四晚上班、週五晚上班。

進階班：週六上午班、週五晚上班。

佛藏經詳解：平實導師講解。每週二晚上，以台北正覺講堂所錄 DVD 放映；歡迎會外學人共同聽講，不需出示身分證件。

新竹正覺講堂 新竹市東光路 55 號二樓之一　電話 03-5724297（晚上）

第一講堂：

禪淨班：週一晚上班、週五晚上班、週六上午班。

進階班：週三晚上班、週四晚上班（由禪淨班結業後轉入共修）。

佛藏經詳解：平實導師講解。每週二晚上，以台北正覺講堂所錄 DVD 放映。歡迎會外學人共同聽講，不需出示身分證件。

第二講堂：

禪淨班：週三晚上班、週四晚上班。

佛藏經詳解：每週二晚上與第一講堂同時播放佛藏經詳解 DVD。

台中正覺講堂 04-23816090（晚上）

第一講堂 台中市南屯區五權西路二段 666 號 13 樓之四（國泰世華銀行樓上。鄰近縣市經第一高速公路前來者，由五權西路交流道可以快速到達，大樓旁有停車場，對面有素食館）。

禪淨班：週三晚上班、週四晚上班。

進階班：週一晚上班、週六上午班（由禪淨班結業後轉入共修）。

增上班：單週週末以台北增上班課程錄成 DVD 放映之，限已明心之會員參加。

佛藏經詳解：平實導師講解。每週二晚上，以台北正覺講堂所錄 DVD 放映。歡迎會外學人共同聽講，不需出示身分證件。

第二講堂 台中市南屯區五權西路二段 666 號 4 樓

禪淨班：週一晚上班、週三晚上班、週六上午班。

進階班：週五晚上班（由禪淨班結業後轉入共修）。

佛藏經詳解：每週二晚上與第一講堂同時播放佛藏經詳解 DVD。

第三講堂、第四講堂：台中市南屯區五權西路二段 666 號 4 樓。

嘉義正覺講堂 嘉義市友愛路 288 號八樓之一　電話：05-2318228

第一講堂：

禪淨班：週一晚上班、週四晚上班、週五晚上班。

進階班：週三晚上班（由禪淨班結業後轉入共修）。

佛藏經詳解：平實導師講解。每週二晚上，以台北正覺講堂所錄 DVD 放映。歡迎會外學人共同聽講，不需出示身分證件。

第二講堂 嘉義市友愛路 288 號八樓之二。

台南正覺講堂

第一講堂 台南市西門路四段 15 號 4 樓。06-2820541（晚上）

禪淨班：週一晚上班、週三晚上班、週四晚上班、週五晚上班、週六下午班。

增上班：單週週末下午，以台北增上班課程錄成 DVD 放映之，限已明心之會員參加。

佛藏經詳解：平實導師講解。每週二晚上，以台北正覺講堂所錄 DVD 放映。歡迎會外學人共同聽講，不需出示身分證件。

第二講堂　台南市西門路四段 15 號 3 樓。

佛藏經詳解：每週二晚上與第一講堂同時播放佛藏經詳解 DVD。

第三講堂　台南市西門路四段 15 號 3 樓。

進階班：週三晚上班、週四晚上班、週六上午班（由禪淨班結業後轉入共修）。

佛藏經詳解：每週二晚上與第一講堂同時播放佛藏經詳解 DVD。

高雄正覺講堂　高雄市新興區中正三路 45 號五樓 07-2234248（晚上）

第一講堂（五樓）：

禪淨班：週一晚上班、週三晚上班、週四晚上班、週五晚上班、週六上午班。

增上班：單週週末下午，以台北增上班課程錄成 DVD 放映之，限已明心之會員參加。

佛藏經詳解：平實導師講解。每週二晚上，以台北正覺講堂所錄 DVD 放映。歡迎會外學人共同聽講，不需出示身分證件。

第二講堂（四樓）：

進階班：週三晚上班、週四晚上班、週六上午班（由禪淨班結業後轉入共修）。

佛藏經詳解：每週二晚上與第一講堂同時播放佛藏經詳解 DVD。

第三講堂（三樓）：

進階班：週四晚上班（由禪淨班結業後轉入共修）。

香港正覺講堂　☆**已遷移新址**☆

九龍觀塘，成業街 10 號，電訊一代廣場 27 樓 E 室。

（觀塘地鐵站 B1 出口，步行約 4 分鐘）。電話：(852) 23262231

英文地址：Unit E, 27th Floor, TG Place, 10 Shing Yip Street, Kwun Tong, Kowloon

禪淨班：雙週六下午班 14:30-17:30，已經額滿。

雙週日下午班 14:30-17:30，2016 年 4 月底前尚可報名。

進階班：雙週五晚上班（由禪淨班結業後轉入共修）。

增上班：單週週末上午，以台北增上班課程錄成 DVD 放映之，限已明心之會員參加。

妙法蓮華經詳解：平實導師講解。雙週六 19:00-21:00，以台北正覺講堂所錄 DVD 放映；歡迎會外學人共同聽講，不需出示身分證件。

美國洛杉磯正覺講堂　☆已遷移新址☆

825 S. Lemon Ave Diamond Bar, CA 91798 U.S.A.
Tel. (909) 595-5222（請於週六 9:00~18:00 之間聯繫）
Cell. (626) 454-0607

禪淨班：每逢週末 15：30~17：30 上課。

進階班：每逢週末上午 10：00~12：00 上課。

佛藏經詳解：平實導師講解。每週六下午 13：00~15：00，以台北正覺講堂所錄 DVD 放映。歡迎各界人士共享第一義諦無上法益，不需報名。

二、招生公告　**本會台北講堂及全省各講堂，每逢四月、十月下旬開新班，每週共修一次**（每次二小時。開課日起三個月內仍可插班）；**但美國洛杉磯共修處之禪淨班得隨時插班共修。各班共修期間皆爲二年半，欲參加者請向本會函索報名表**（各共修處皆於共修時間方有人執事，非共修時間請勿電詢或前來洽詢、請書），**或直接從本會官方網站**(http://www.enlighten.org.tw/newsflash/class)**或成佛之道網站下載報名表**。共修期滿時，若經報名禪三審核通過者，可參加四天三夜之禪三精進共修，有機會明心、取證如來藏，發起般若實相智慧，成爲實義菩薩，脫離凡夫菩薩位。

三、新春禮佛祈福 農曆**年假**期間停止共修：自農曆新年前七天起停止共修與弘法，正月 8 日起回復共修、弘法事務。新春期間正月初一～初七 9.00～17.00 開放台北講堂、正月初一~初三開放新竹講堂、台中講堂、台南講堂、高雄講堂，以及大溪禪三道場（正覺祖師堂），方便會員供佛、祈福及會外人士請書。美國洛杉磯共修處之休假時間，請逕詢該共修處。

密宗四大派修雙身法，是外道性力派的邪法；又以生滅的識陰作為常住法，是常見外道，是假的藏傳佛教。

西藏覺囊巴以他空見弘揚第八識如來藏勝法，才是真藏傳佛教

佛教正覺同修會　弘法行事表　2014/08/19

1、**禪淨班**　以無相念佛及拜佛方式修習動中定力，實證一心不亂功夫。傳授解脫道正理及第一義諦佛法，以及參禪知見。共修期間：二年六個月。每逢四月、十月開新班，詳見招生公告表。

2、**《佛藏經》詳解**　平實導師主講。已於 2013/12/17 開講，歡迎已發成佛大願的菩薩種性學人，攜眷共同參與此殊勝法會聽講。詳解釋迦世尊於《佛藏經》中所開示的眞實義理，更爲今時後世佛子四眾，闡述 佛陀演說此經的本懷。眞實尋求佛菩提道的有緣佛子，親承聽聞如是勝妙開示，當能如實理解經中義理，亦能了知於大乘法中：如何是諸法實相？善知識、惡知識要如何簡擇？如何才是清淨持戒？如何才能清淨說法？於此末法之世，眾生五濁益重，不知佛、不解法、不識僧，唯見表相，不信眞實，貪著五欲，諸方大師不淨說法，各各將導大量徒眾趣入三塗，如是師徒俱堪憐憫。是故，平實導師以大慈悲心，用淺白易懂之語句，佐以實例、譬喻而爲演說，普令聞者易解佛意，皆得契入佛法正道，如實了知佛法大藏。每逢週二 18.50~20.50 開示，不限制聽講資格。會外人士需憑身分證件換證入內聽講（此是大樓管理處之安全規定，敬請見諒）。桃園、新竹、台中、台南、高雄等地講堂，亦於每週二晚上播放平實導師講經之 DVD，不必出示身分證件即可入內聽講，歡迎各地善信同霑法益。

有某道場專弘淨土法門數十年，於教導信徒研讀《佛藏經》時，往往告誡信徒曰：「後半部不許閱讀。」由此緣故坐令信徒失去提升念佛層次之機緣，師徒只能低品位往生淨土，令人深覺愚癡無智。由有多人建議故，平實導師開始宣講《佛藏經》，藉以轉易如是邪見，並提升念佛人之知見與往生品位。此經中，對於實相念佛多所著墨，亦指出念佛要點：**以實相爲依，念佛者應依止淨戒、依止清淨僧寶，捨離違犯重戒之師僧，應受學清淨之法，遠離邪見。**本經是現代佛門大法師所厭惡之經典：**一者由於大法師們已全都落入意識境界而無法親證實相，故於此經中所說實相全無所知，都不樂有人聞此經名，以免讀後提出問疑時無法回答；二者現代大乘佛法地區，已經普被藏密喇嘛教滲透，許多有名之大法師們大多已曾或繼續在修練雙身法，都已失去聲聞戒體及菩薩戒體，成爲地獄種姓人，已非眞正出家之人，本質上只是身著僧衣而住在寺院中的世俗人。**這些人對於此經都是讀不懂的，也是極爲厭惡的；他們尚不樂見此經之印行，何況流通與講解？今爲救護廣大學佛人，兼欲護持佛教血脈永續常傳，特選此經宣講之，主講者平實導師。

3、**瑜伽師地論**詳解　詳解論中所言凡夫地至佛地等 17 師之修證境界與理論，從凡夫地、聲聞地……宣演到諸地所證一切種智之眞實正理。由平實導師開講，每逢一、三、五週之週末晚上開示，僅限已明心之會員參加。

4、**精進禪三**　主三和尚：平實導師。於四天三夜中，以克勤圓悟大師及大慧宗杲之禪風，施設機鋒與小參、公案密意之開示，幫助會員剋期取證，親證不生不滅之眞實心——人人本有之如來藏。每年四月、十月各舉辦二個梯次；平實導師主持。僅限本會會員參加禪淨班共修期滿，報名審核通過者，方可參加。並選擇會中定力、慧力、福德三條件皆已具足之已明心會員，給以指引，令得眼見自己無形無相之佛性遍佈山河大地，眞實而無障礙，得以肉眼現觀世界身心悉皆如幻，具足成就如幻觀，圓滿十住菩薩之證境。

5、**阿含經**詳解　選擇重要之阿含部經典，依無餘涅槃之實際而加以詳解，令大眾得以現觀諸法緣起性空，亦復不墮斷滅見中，顯示經中所隱說之涅槃實際—如來藏—確實已於四阿含中隱說；令大眾得以聞後觀行，確實斷除我見乃至我執，證得**見到**眞現觀，乃至**身證**……等眞現觀；已得大乘或二乘見道者，亦可由此聞熏及聞後之觀行，除斷我所之貪著，成就慧解脫果。由平實導師詳解。不限制聽講資格。

6、**大法鼓經**詳解　詳解末法時代大乘佛法修行之道。佛教正法消毒妙藥塗於大鼓而以擊之，凡有眾生聞之者，一切邪見鉅毒悉皆消殞；此經即是大法鼓之正義，凡聞之者，所有邪見之毒悉皆滅除，見道不難；亦能發起菩薩無量功德，是故諸大菩薩遠從諸方佛土來此娑婆聞修此經。由平實導師詳解。不限制聽講資格。

7、**解深密經**詳解　重講本經之目的，在於令諸已悟之人明解大乘法道之成佛次第，以及悟後進修一切種智之內涵，確實證知三種自性性，並得據此證解七眞如、十眞如等正理。每逢週二 18.50~20.50 開示，由平實導師詳解。將於《大法鼓經》講畢後開講。不限制聽講資格。

8、**成唯識論**詳解　詳解一切種智眞實正理，詳細剖析一切種智之微細深妙廣大正理；並加以舉例說明，使已悟之會員深入體驗所證如來藏之微密行相；及證驗見分相分與所生一切法，皆由如來藏—阿賴耶識—直接或展轉而生，因此證知一切法無我，證知無餘涅槃之本際。將於增上班《瑜伽師地論》講畢後，由平實導師重講。僅限已明心之會員參加。

9、**精選如來藏系經典**詳解　精選如來藏系經典一部，詳細解說，以此完全印證會員所悟如來藏之眞實，得入不退轉住。另行擇期詳細解說之，由平實導師講解。僅限已明心之會員參加。

10、**禪門差別智**　藉禪宗公案之微細淆訛難知難解之處，加以宣說及剖析，以增進明心、見性之功德，啓發差別智，建立擇法眼。每月第一週日全天，由平實導師開示，僅限破參明心後，復又眼見佛性者參加（事冗暫停）。

11、**枯木禪**　先講智者大師的《小止觀》，後說《釋禪波羅蜜》，詳解四禪八定之修證理論與實修方法，細述一般學人修定之邪見與岔路，及對禪定證境之誤會，消除枉用功夫、浪費生命之現象。已悟般若者，可以藉此而實修初禪，進入大乘通教及聲聞教的三果心解脫境界，配合應有的大福德及後得無分別智、十無盡願，即可進入初地心中。親教師：平實導師。未來緣熟時將於大溪正覺寺開講。不限制聽講資格。

註：本會例行年假，自 2004 年起，改爲每年農曆新年前七天開始停息弘法事務及共修課程，農曆正月 8 日回復所有共修及弘法事務。新春期間（每日 9.00~17.00）開放台北講堂，方便會員禮佛祈福及會外人士請書。大溪鎭的正覺祖師堂，開放參訪時間，詳見〈正覺電子報〉或成佛之道網站。本表得因時節因緣需要而隨時修改之，不另作通知。

佛教正覺同修會　贈閱書籍 目錄　2015/09/29

1.**無相念佛**　平實導師著　回郵 10 元
2.**念佛三昧修學次第**　平實導師述著　回郵 25 元
3.**正法眼藏—護法集**　平實導師述著　回郵 35 元
4.**真假開悟簡易辨正法&佛子之省思**　平實導師著　回郵 3.5 元
5.**生命實相之辨正**　平實導師著　回郵 10 元
6.**如何契入念佛法門**（附：印順法師否定極樂世界）平實導師著　回郵 3.5 元
7.**平實書箋**—答元覽居士書　平實導師著　回郵 35 元
8.**三乘唯識**—如來藏系經律彙編　平實導師編　回郵 80 元
（精裝本　長 27 cm　寬 21 cm　高 7.5 cm　重 2.8 公斤）
9.**三時繫念全集**—修正本　回郵掛號 40 元（長 26.5 cm×寬 19 cm）
10.**明心與初地**　平實導師述　回郵 3.5 元
11.**邪見與佛法**　平實導師述著　回郵 20 元
12.**菩薩正道**—回應義雲高、釋性圓…等外道之邪見　正燦居士著　回郵 20 元
13.**甘露法雨**　平實導師述　回郵 20 元
14.**我與無我**　平實導師述　回郵 20 元
15.**學佛之心態**—修正錯誤之學佛心態始能與正法相應　孫正德老師著　回郵35元
附錄：平實導師著《**略說八、九識並存…等之過失**》
16.**大乘無我觀**—《悟前與悟後》別說　平實導師述著　回郵 20 元
17.**佛教之危機**—中國台灣地區現代佛教之真相（附錄：公案拈提六則）
平實導師著　回郵 25 元
18.**燈　影**—燈下黑（覆「求教後學」來函等）　平實導師著　回郵 35 元
19.**護法與毀法**—覆上平居士與徐恒志居士網站毀法二文
張正圜老師著　回郵 35 元
20.**淨土聖道**—兼評**選擇本願念佛**　正德老師著　**由正覺同修會購贈**　回郵 25 元
21.**辨唯識性相**—對「紫蓮心海《辯唯識性相》書中否定阿賴耶識」之回應
正覺同修會 台南共修處法義組 著　回郵 25 元
22.**假如來藏**—對法蓮法師《如來藏與阿賴耶識》書中否定阿賴耶識之回應
正覺同修會 台南共修處法義組 著　回郵 35 元
23.**入不二門**—公案拈提集錦 第一輯（於平實導師公案拈提諸書中選錄約二十則，
合輯爲一冊流通之）平實導師著　回郵 20 元
24.**真假邪說**—西藏密宗索達吉喇嘛《破除邪說論》真是邪說
釋正安法師著　回郵 35 元
25.**真假開悟**—真如、如來藏、阿賴耶識間之關係　平實導師述著　回郵 35 元
26.**真假禪和**—辨正釋傳聖之謗法謬說　孫正德老師著　回郵 30 元

27.**眼見佛性**—駁慧廣法師眼見佛性的含義文中謬說
游正光老師著　回郵25元

28.**普門自在**—公案拈提集錦 第二輯（於平實導師公案拈提諸書中選錄約二十則，合輯爲一冊流通之）平實導師著　回郵25元

29.**印順法師的悲哀**—以現代禪的質疑為線索　恒毓博士著　回郵25元

30.**識蘊真義**—現觀識蘊內涵、取證初果、親斷三縛結之具體行門。
—依《成唯識論》及《唯識述記》正義，略顯安慧《大乘廣五蘊論》之邪謬
平實導師著　回郵35元

31.**正覺電子報** 各期紙版本　免附回郵　每次最多函索三期或三本。
(已無存書之較早各期，不另增印贈閱)

32.**現代人應有的宗教觀**　蔡正禮老師 著　回郵3.5元

33.**遠惑趣道**—正覺電子報般若信箱問答錄　第一輯　回郵20元

34.**遠惑趣道**—正覺電子報般若信箱問答錄　第二輯　回郵20元

35.**確保您的權益**—器官捐贈應注意自我保護　游正光老師 著　回郵10元

36.**正覺教團電視弘法三乘菩提 DVD 光碟（一）**
由正覺教團多位親教師共同講述錄製 DVD 8 片，MP3 一片，共 9 片。有二大講題：一爲「三乘菩提之意涵」，二爲「學佛的正知見」。內容精闢，深入淺出，精彩絕倫，幫助大眾快速建立三乘法道的正知見，免被外道邪見所誤導。有志修學三乘佛法之學人不可不看。(製作工本費 100 元，回郵 25 元)

37.**正覺教團電視弘法 DVD 專輯（二）**
總有二大講題：一爲「三乘菩提之念佛法門」，一爲「學佛正知見(第二篇)」，由正覺教團多位親教師輪番講述，內容詳細闡述如何修學念佛法門、實證念佛三昧，以及學佛應具有的正確知見，可以幫助發願往生西方極樂淨土之學人，得以把握往生，更可令學人快速建立三乘法道的正知見，免於被外道邪見所誤導。有志修學三乘佛法之學人不可不看。(一套 17 片，工本費 160 元。回郵 35 元)

38.**佛藏經** 燙金精裝本 每冊回郵 20 元。正修佛法之道場欲大量索取者，請正式發函並蓋用大印寄來索取（2008.04.30 起開始敬贈）

39.**喇嘛性世界**—揭開假藏傳佛教譚崔瑜伽的面紗　張善思 等人合著
由正覺同修會購贈　回郵20元

40.**假藏傳佛教的神話**—性、謊言、喇嘛教　張正玄教授編著　回郵20元
由正覺同修會購贈　回郵20元

41.**隨　緣**—理隨緣與事隨緣　平實導師述　回郵20元。

42.**學佛的覺醒**　正枝居士 著　回郵25元

43.**導師之真實義**　蔡正禮老師 著　回郵10元

44.**淺談達賴喇嘛之雙身法**—兼論解讀「密續」之達文西密碼
吳明芷居士 著　回郵10元

45.**魔界轉世**　張正玄居士 著　回郵10元

46.**一貫道與開悟**　蔡正禮老師 著　回郵10元

47.**博愛**—愛盡天下女人　正覺教育基金會 編印　回郵 10 元
48.**意識虛妄經教彙編**—實證解脫道的關鍵經文　正覺同修會編印　回郵 25 元
49.**邪箭囈語**—破斥藏密外道多識仁波切《破魔金剛箭雨論》之邪說
陸正元老師著　上、下冊回郵各 30 元
50.**真假沙門**—依 佛聖教闡釋佛教僧寶之定義
蔡正禮老師著　俟正覺電子報連載後結集出版
51.**真假禪宗**—藉評論釋性廣《印順導師對變質禪法之批判
及對禪宗之肯定》以顯示真假禪宗
附論一：凡夫知見 無助於佛法之信解行證
附論二：世間與出世間一切法皆從如來藏實際而生而顯
余正偉老師著　俟正覺電子報連載後結集出版　回郵未定
52.**假鋒虛焔金剛乘**—揭示顯密正理，兼破索達吉師徒《般若鋒兮金剛焰》。
釋正安 法師著　俟正覺電子報連載後結集出版

★ 上列贈書之郵資，係台灣本島地區郵資，大陸、港、澳地區及外國地區，請另計酌增（大陸、港、澳、國外地區之郵票不許通用）。尚未出版之書，請勿先寄來郵資，以免增加作業煩擾。

★ 本目錄若有變動，唯於後印之書籍及「成佛之道」網站上修正公佈之，不另行個別通知。

函索書籍請寄：佛教正覺同修會　103 台北市承德路 3 段 277 號 9 樓
台灣地區函索書籍者請附寄郵票，無時間購買郵票者可以等值現金抵用，但不接受郵政劃撥、支票、匯票。大陸地區得以人民幣計算，國外地區請以美元計算（請勿寄來當地郵票，在台灣地區不能使用）。欲以掛號寄遞者，請另附掛號郵資。

親自索閱：正覺同修會各共修處。　★請於共修時間前往取書，餘時無人在道場，請勿前往索取；共修時間與地點，詳見書末正覺同修會共修現況表（以近期之共修現況表為準）。

註：正智出版社發售之局版書，請向各大書局購閱。若書局之書架上已經售出而無陳列者，請向書局櫃台指定洽購；若書局不便代購者，請於正覺同修會共修時間前往各共修處請購，正智出版社已派人於共修時間送書前往各共修處流通。 郵政劃撥購書及 大陸地區 購書，請詳別頁正智出版社發售書籍目錄最後頁之說明。

成佛之道 網站：http://www.a202.idv.tw　正覺同修會已出版之結緣書籍，多已登載於 成佛之道 網站，若住外國、或住處遙遠，不便取得正覺同修會贈閱書籍者，可以從本網站閱讀及下載。　書局版之《宗通與說通》亦已上網，台灣讀者可向書局洽購，售價 300 元。《狂密與眞密》第一輯~第四輯，亦於 2003.5.1.全部於本網站登載完畢；台灣地區讀者請向書局洽購，每輯約 400 頁，售價 300 元（網站下載紙張費用較貴，容易散失，難以保存，亦較不精美）。

＊＊假藏傳佛教修雙身法，非佛教＊＊

正智出版社 籌募弘法基金發售書籍目錄 2016/11/11

1.**宗門正眼**—公案拈提 第一輯 重拈 平實導師著 500元
因重寫內容大幅度增加故，字體必須改小，並增爲576頁 主文546頁。比初版更精彩、更有內容。初版《禪門摩尼寶聚》之讀者，可寄回本公司免費調換新版書。免附回郵，亦無截止期限。（2007年起，每冊附贈本公司精製公案拈提〈超意境〉CD一片。市售價格280元，多購多贈。）
2.**禪淨圓融** 平實導師著 200元（第一版舊書可換新版書。）
3.**真實如來藏** 平實導師著 400元
4.**禪—悟前與悟後** 平實導師著 上、下冊，每冊250元
5.**宗門法眼**—公案拈提 第二輯 平實導師著 500元
（2007年起，每冊附贈本公司精製公案拈提〈超意境〉CD一片）
6.**楞伽經詳解** 平實導師著 全套共10輯 每輯250元
7.**宗門道眼**—公案拈提 第三輯 平實導師著 500元
（2007年起，每冊附贈本公司精製公案拈提〈超意境〉CD一片）
8.**宗門血脈**—公案拈提 第四輯 平實導師著 500元
（2007年起，每冊附贈本公司精製公案拈提〈超意境〉CD一片）
9.**宗通與說通**—成佛之道 平實導師著 主文381頁 全書400頁售價300元
10.**宗門正道**—公案拈提 第五輯 平實導師著 500元
（2007年起，每冊附贈本公司精製公案拈提〈超意境〉CD一片）
11.**狂密與真密 一～四輯** 平實導師著 西藏密宗是人間最邪淫的宗教，本質不是佛教，只是披著佛教外衣的印度教性力派流毒的喇嘛教。此書中將西藏密宗密傳之男女雙身合修樂空雙運所有祕密與修法，毫無保留完全公開，並將全部喇嘛們所不知道的部分也一併公開。內容比大辣出版社喧騰一時的《西藏慾經》更詳細。並且函蓋藏密的所有祕密及其錯誤的中觀見、如來藏見……等，藏密的所有法義都在書中詳述、分析、辨正。每輯主文三百餘頁 每輯全書約400頁 售價每輯300元
12.**宗門正義**—公案拈提 第六輯 平實導師著 500元
（2007年起，每冊附贈本公司精製公案拈提〈超意境〉CD一片）
13.**心經密意**—心經與解脫道、佛菩提道、祖師公案之關係與密意 平實導師述 300元
14.**宗門密意**—公案拈提 第七輯 平實導師著 500元
（2007年起，每冊附贈本公司精製公案拈提〈超意境〉CD一片）
15.**淨土聖道**—兼評「選擇本願念佛」 正德老師著 200元
16.**起信論講記** 平實導師述著 共六輯 每輯三百餘頁 售價各250元
17.**優婆塞戒經講記** 平實導師述著 共八輯 每輯三百餘頁 售價各250元
18.**真假活佛**—略論附佛外道盧勝彥之邪說（對前岳靈犀網站主張「盧勝彥是證悟者」之修正） 正犀居士（岳靈犀）著 流通價140元
19.**阿含正義**—唯識學探源 平實導師著 共七輯 每輯300元

20.**超意境** CD 以平實導師公案拈提書中超越意境之頌詞，加上曲風優美的旋律，錄成令人嚮往的超意境歌曲，其中包括正覺發願文及平實導師親自譜成的黃梅調歌曲一首。詞曲雋永，殊堪翫味，可供學禪者吟詠，有助於見道。內附設計精美的彩色小冊，解說每一首詞的背景本事。每片 280 元。【每購買公案拈提書籍一冊，即贈送一片。】

21.**菩薩底憂鬱** CD 將菩薩情懷及禪宗公案寫成新詞，並製作成超越意境的優美歌曲。 1.主題曲〈菩薩底憂鬱〉，描述地後菩薩能離三界生死而迴向繼續生在人間，但因尚未斷盡習氣種子而有極深沈之憂鬱，非三賢位菩薩及二乘聖者所知，此憂鬱在七地滿心位方才斷盡；本曲之詞中所說義理極深，昔來所未曾見；此曲係以優美的情歌風格寫詞及作曲，聞者得以激發嚮往諸地菩薩境界之大心，詞、曲都非常優美，難得一見；其中勝妙義理之解說，已印在附贈之彩色小冊中。 2.以各輯公案拈提中直示禪門入處之頌文，作成各種不同曲風之超意境歌曲，值得玩味、參究；聆聽公案拈提之優美歌曲時，請同時閱讀內附之印刷精美說明小冊，可以領會超越三界的證悟境界；未悟者可以因此引發求悟之意向及疑情，眞發菩提心而邁向求悟之途，乃至因此眞實悟入般若，成眞菩薩。 3.正覺總持咒新曲，總持佛法大意；總持咒之義理，已加以解說並印在隨附之小冊中。本 CD 共有十首歌曲，長達 63 分鐘。每盒各附贈二張購書優惠券。每片 280 元。

22.**禪意無限** CD 平實導師以公案拈提書中偈頌寫成不同風格曲子，與他人所寫不同風格曲子共同錄製出版，幫助參禪人進入禪門超越意識之境界。盒中附贈彩色印製的精美解說小冊，以供聆聽時閱讀，令參禪人得以發起參禪之疑情，即有機會證悟本來面目而發起實相智慧，實證大乘菩提般若，能如實證知般若經中的眞實意。本 CD 共有十首歌曲，長達 69 分鐘，每盒各附贈二張購書優惠券。每片 280 元。

23.**我的菩提路**第一輯　釋悟圓、釋善藏等人合著　售價 300 元

24.**我的菩提路**第二輯　郭正益、張志成等人合著　售價 300 元

25.**鈍鳥與靈龜**—考證後代凡夫對大慧宗杲禪師的無根誹謗。

平實導師著 共 458 頁 售價 350 元

26.**維摩詰經講記** 平實導師述 共六輯 每輯三百餘頁 售價各 250 元

27.**真假外道**—破劉東亮、杜大威、釋證嚴常見外道見　正光老師著　200 元

28.**勝鬘經講記**—兼論印順《勝鬘經講記》對於《勝鬘經》之誤解。

平實導師述　共六輯　每輯三百餘頁　售價 250 元

29.**楞嚴經講記** 平實導師述 共 **15** 輯，每輯三百餘頁 售價 300 元

30.**明心與眼見佛性**—駁慧廣〈蕭氏「眼見佛性」與「明心」之非〉文中謬說

正光老師著　共 448 頁　售價 300 元

31.**見性與看話頭** 黃正倖老師 著，本書是禪宗參禪的方法論。

內文 375 頁，全書 416 頁，售價 300 元。

32.**達賴真面目**—玩盡天下女人 白正偉老師 等著 中英對照彩色精裝大本 800 元

33.**喇嘛性世界**—揭開假藏傳佛教譚崔瑜伽的面紗　張善思 等人著　200 元
34.**假藏傳佛教的神話**—性、謊言、喇嘛教　正玄教授編著　200 元
35.**金剛經宗通**　平實導師述　共九輯　每輯售價 250 元。
36.**空行母**—性別、身分定位，以及藏傳佛教。
珍妮・坎貝爾著 呂艾倫 中譯 售價 250 元
37.**末代達賴**—性交教主的悲歌　張善思、呂艾倫、辛燕編著 售價 250 元
38.**霧峰無霧**—給哥哥的信　辨正釋印順對佛法的無量誤解
游宗明 老師著　售價 250 元
39.**第七意識與第八意識？**—穿越時空「超意識」
平實導師述　每冊 300 元
40.**黯淡的達賴**—失去光彩的諾貝爾和平獎
正覺教育基金會編著　每冊 250 元
41.**童女迦葉考**—論呂凱文〈佛教輪迴思想的論述分析〉之謬。
平實導師 著 定價 180 元
42.**人間佛教**—實證者必定不悖三乘菩提
平實導師 述，定價 400 元
43.**實相經宗通**　平實導師述　共八輯　每輯 250 元
44.**真心告訴您(一)**—達賴喇嘛在幹什麼？
正覺教育基金會編著　售價 250 元
45.**中觀金鑑**—詳述應成派中觀的起源與其破法本質
孫正德老師著　分為上、中、下三冊，每冊 250 元
46.**佛法入門**—迅速進入三乘佛法大門，消除久學佛法漫無方向之窘境。
○○居士著　將於正覺電子報連載後出版。售價 250 元
47.**藏傳佛教要義**—《狂密與真密》之簡體字版　平實導師 著 上、下冊
僅在大陸流通　每冊 300 元
48.**法華經講義**　平實導師述　共二十五輯　每輯 300 元
已於 2015/05/31 起開始出版，每二個月出版一輯
49.**西藏「活佛轉世」制度**—附佛、造神、世俗法
許正豐、張正玄老師合著　定價 150 元
50.**廣論三部曲**　郭正益老師著　定價 150 元
51.**真心告訴您(二)**—達賴喇嘛是佛教僧侶嗎？
—補祝達賴喇嘛八十大壽
正覺教育基金會編著　售價 300 元
52.**廣論之平議**—宗喀巴《菩提道次第廣論》之平議　正雄居士著
約二或三輯　俟正覺電子報連載後結集出版　書價未定
53.**末法導護**—對印順法師中心思想之綜合判攝　正慶老師著　書價未定
54.**菩薩學處**—菩薩四攝六度之要義　陸正元老師著　出版日期未定。
55.**八識規矩頌**詳解　○○居士 註解　出版日期另訂　書價未定。
56.**印度佛教史**—法義與考證。依法義史實評論印順《印度佛教思想史、佛教史地考論》之謬說　正偉老師著　出版日期未定　書價未定

57.**中國佛教史**—依中國佛教正法史實而論。 ○○老師 著 書價未定。
58.**中論正義**—釋龍樹菩薩《中論》頌正理。
孫正德老師著 出版日期未定 書價未定
59.**中觀正義**—註解平實導師《中論正義頌》。
○○法師（居士）著 出版日期未定 書價未定
60.**佛藏經講記** 平實導師述 出版日期未定 書價未定
61.**阿含經講記**—將選錄四阿含中數部重要經典全經講解之，講後整理出版。
平實導師述 約二輯 每輯300元 出版日期未定
62.**寶積經講記** 平實導師述 每輯三百餘頁 優惠價300元 出版日期未定
63.**解深密經講記** 平實導師述 約四輯 將於重講後整理出版
64.**成唯識論略解** 平實導師著 五～六輯 每輯300元 出版日期未定
65.**修習止觀坐禪法要講記** 平實導師述 每輯三百餘頁
將於正覺寺建成後重講、以講記逐輯出版 出版日期未定
66.**無門關**—《無門關》公案拈提 平實導師著 出版日期未定
67.**中觀再論**—兼述印順《中觀今論》謬誤之平議。正光老師著 出版日期未定
68.**輪迴與超度**—佛教超度法會之真義。
○○法師（居士）著 出版日期未定 書價未定
69.**《釋摩訶衍論》平議**—對偽稱龍樹所造《釋摩訶衍論》之平議
○○法師（居士）著 出版日期未定 書價未定
70.**正覺發願文**註解—以真實大願為因 得證菩提
正德老師著 出版日期未定 書價未定
71.**正覺總持咒**—佛法之總持 正圜老師著 出版日期未定 書價未定
72.**涅槃**—論四種涅槃 平實導師著 出版日期未定 書價未定
73.**三自性**—依四食、五蘊、十二因緣、十八界法，說三性三無性。
作者未定 出版日期未定
74.**道品**—從三自性說大小乘三十七道品 作者未定 出版日期未定
75.**大乘緣起觀**—依四聖諦七真如現觀十二緣起 作者未定 出版日期未定
76.**三德**—論解脫德、法身德、般若德。 作者未定 出版日期未定
77.**真假如來藏**—對印順《如來藏之研究》謬說之平議 作者未定 出版日期未定
78.**大乘道次第** 作者未定 出版日期未定 書價未定
79.**四緣**—依如來藏故有四緣。 作者未定 出版日期未定
80.**空之探究**—印順《空之探究》謬誤之平議 作者未定 出版日期未定
81.**十法義**—論阿含經中十法之正義 作者未定 出版日期未定
82.**外道見**—論述外道六十二見 作者未定 出版日期未定

正智出版社有限公司 書籍介紹

禪淨圓融：言淨土諸祖所未曾言，示諸宗祖師所未曾示；禪淨圓融，另闢成佛捷徑，兼顧自力他力，闡釋淨土門之速行易行道，亦同時揭櫫聖教門之速行易行道；令廣大淨土行者得免緩行難證之苦，亦令聖道門行者得以藉著淨土速行道而加快成佛之時劫。乃前無古人之超勝見地，非一般弘揚禪淨法門典籍也，先讀為快。平實導師著 200元。

宗門正眼—公案拈提第一輯：繼承克勤圜悟大師碧巖錄宗旨之禪門鉅作。先則舉示當代大法師之邪說，消弭當代禪門大師鄉愿之心態，摧破當今禪門「世俗禪」之妄談；次則旁通教法，表顯宗門正理；繼以道之次第，消弭古今狂禪；後藉言語及文字機鋒，直示宗門入處。悲智雙運，禪味十足，數百年來難得一睹之禪門鉅著也。平實導師著 500元（原初版書《禪門摩尼寶聚》，改版後補充為五百餘頁新書，總計多達二十四萬字，內容更精彩，並改名為《宗門正眼》，讀者原購初版《禪門摩尼寶聚》皆可寄回本公司免費換新，免附回郵，亦無截止期限）（2007年起，凡購買公案拈提第一輯至第七輯，每購一輯皆贈送本公司精製公案拈提〈超意境〉CD一片，市售價格280元，多購多贈）。

禪—悟前與悟後：本書能建立學人悟道之信心與正確知見，圓滿具足而有次第地詳述禪悟之功夫與禪悟之內容，指陳參禪中細微淆訛之處，能使學人明自真心、見自本性。若未能悟入，亦能以正確知見辨別古今中外一切大師究係真悟？或屬錯悟？便有能力揀擇，捨名師而選明師，後時必有悟道之緣。一旦悟道，遲者七次人天往返，便出三界，速者一生取辦。學人欲求開悟者，不可不讀。平實導師著。上、下冊共500元，單冊250元。

真實如來藏：如來藏眞實存在，乃宇宙萬有之本體，並非印順法師、達賴喇嘛等人所說之「唯有名相、無此心體」。如來藏是涅槃之本際，是一切有智之人竭盡心智、不斷探索而不能得之生命實相；是古今中外許多大師自以爲悟而當面錯過之生命實相。如來藏即是阿賴耶識，乃是一切有情本自具足、不生不滅之眞實心。當代中外大師於此書出版之前所未能言者，作者於本書中盡情流露、詳細闡釋。眞悟者讀之，必能增益悟境、智慧增上；錯悟者讀之，必能檢討自己之錯誤，免犯大妄語業；未悟者讀之，能知參禪之理路，亦能以之檢查一切名師是否眞悟。此書是一切哲學家、宗教家、學佛者及欲昇華心智之人必讀之鉅著。　平實導師著　售價400元。

宗門法眼—公案拈提第二輯：列舉實例，闡釋土城廣欽老和尚之悟處；並直示這位不識字的老和尚妙智橫生之根由，繼而剖析禪宗歷代大德之開悟公案，解析當代密宗高僧卡盧仁波切之錯悟證據，並例舉當代顯宗高僧、大居士之錯悟證據（凡健在者，爲免影響其名聞利養，皆隱其名）。藉辨正當代名師之邪見，向廣大佛子指陳禪悟之正道，彰顯宗門法眼。悲勇兼出，強捋虎鬚；慈智雙運，巧探驪龍；摩尼寶珠在手，直示宗門入處，禪味十足；若非大悟徹底，不能爲之。禪門精奇人物，允宜人手一冊，供作參究及悟後印證之圭臬。本書於2008年4月改版，增寫爲大約500頁篇幅，以利學人研讀參究時更易悟入宗門正法，以前所購初版首刷及初版二刷舊書，皆可免費換取新書。平實導師著　500元（2007年起，凡購買公案拈提第一輯至第七輯，每購一輯皆贈送本公司精製公案拈提〈超意境〉CD一片，市售價格280元，多購多贈）。

宗門道眼—公案拈提第三輯：繼宗門法眼之後，再以金剛之作略、慈悲之胸懷、犀利之筆觸，舉示寒山、拾得、布袋三大士之悟處，消弭當代錯悟者對於寒山大士……等之誤會及誹謗。　亦舉出民初以來與虛雲和尚齊名之蜀郡鹽亭袁煥仙夫子—南懷瑾老師之師，其「悟處」何在？並蒐羅許多眞悟祖師之證悟公案，顯示禪宗歷代祖師之睿智，指陳部分祖師、奧修及當代顯密大師之謬悟，作爲殷鑑，幫助禪子建立及修正參禪之方向及知見。假使讀者閱此書已，一時尚未能悟，亦可一面加功用行，一面以此宗門道眼辨別眞假善知識，避開錯誤之印證及歧路，可免大妄語業之長劫慘痛果報。欲修禪宗之禪者，務請細讀。平實導師著　售價500元（2007年起，凡購買公案拈提第一輯至第七輯，每購一輯皆贈送本公司精製公案拈提〈超意境〉CD一片，市售價格280元，多購多贈）。

楞伽經詳解：本經是禪宗見道者印證所悟眞僞之根本經典，亦是禪宗見道者悟後起修之依據經典；故達摩祖師於印證二祖慧可大師之後，將此經典連同佛鉢祖衣一併交付二祖，令其依此經典佛示金言、進入修道位，修學一切種智。由此可知此經對於眞悟之人修學佛道，是非常重要之一部經典。此經能破外道邪說，亦破佛門中錯悟名師之謬說，亦破禪宗部分祖師之狂禪：不讀經典、一向主張「一悟即成究竟佛」之謬執。並開示愚夫所行禪、觀察義禪、攀緣如禪、如來禪等差別，令行者對於三乘禪法差異有所分辨；亦糾正禪宗祖師古來對於如來禪之誤解，嗣後可免以訛傳訛之弊。此經亦是法相唯識宗之根本經典，禪者悟後欲修一切種智而入初地者，必須詳讀。 平實導師著，全套共十輯，已全部出版完畢，每輯主文約320頁，每冊約352頁，定價250元。

宗門血脈—公案拈提第四輯：末法怪象—許多修行人自以爲悟，每將無念靈知認作眞實；崇尚二乘法諸師及其徒衆，則將外於如來藏之緣起性空—無因論之無常空、斷滅空、一切法空—錯認爲 佛所說之般若空性。這兩種現象已於當今海峽兩岸及美加地區顯密大師之中普遍存在；人人自以爲悟，心高氣壯，便敢寫書解釋祖師證悟之公案，大多出於意識思惟所得，言不及義，錯誤百出，因此誤導廣大佛子同陷大妄語之地獄業中而不能自知。彼等書中所說之悟處，其實處處違背第一義經典之聖言量。彼等諸人不論是否身披袈裟，都非佛法宗門血脈，或雖有禪宗法脈之傳承，亦只徒具形式；猶如螟蛉，非眞血脈，未悟得根本眞實故。禪子欲知 佛、祖之眞血脈者，請讀此書，便知分曉。平實導師著，主文452頁，全書464頁，定價500元（2007年起，凡購買公案拈提第一輯至第七輯，每購一輯皆贈送本公司精製公案拈提〈超意境〉CD一片，市售價格280元，多購多贈）。

宗通與說通：古今中外，錯誤之人如麻似粟，每以常見外道所說之靈知心，認作眞心；或妄想虛空之勝性能量爲眞如，或錯認物質四大元素藉冥性（靈知心本體）能成就吾人色身及知覺，或認初禪至四禪中之了知心爲不生不滅之涅槃心。此等皆非通宗者之見地。復有錯悟之人一向主張「宗門與教門不相干」，此即尙未通達宗門之人也。其實宗門與教門互通不二，宗門所證者乃是眞如與佛性，教門所說者乃說宗門證悟之眞如佛性，故教門與宗門不二。本書作者以宗教二門互通之見地，細說「宗通與說通」，從初見道至悟後起修之道、細說分明；並將諸宗諸派在整體佛教中之地位與次第，加以明確之教判，學人讀之即可了知佛法之梗概也。欲擇明師學法之前，允宜先讀。平實導師著，主文共381頁，全書392頁，只售成本價300元。

宗門正道—公案拈提第五輯：修學大乘佛法有二果須證—解脫果及大菩提果。二乘人不證大菩提果，唯證解脫果；此果之智慧，名為聲聞菩提、緣覺菩提。大乘佛子所證二果之菩提果為佛菩提，故名大菩提果，其慧名為一切種智—函蓋二乘解脫果。然此大乘二果修證，須經由禪宗之宗門證悟方能相應。而宗門證悟極難，自古已然；其所以難者，咎在古今佛教界普遍存在三種邪見：1.以修定認作佛法，2.以無因論之緣起性空—否定涅槃本際如來藏以後之一切法空作為佛法，3.以常見外道邪見（離語言妄念之靈知性）作為佛法。如是邪見，或因自身正見未立所致，或因邪師之邪教導所致，或因無始劫來虛妄熏習所致。若不破除此三種邪見，永劫不悟宗門真義、不入大乘正道，唯能外門廣修菩薩行。平實導師於此書中，有極為詳細之說明，有志佛子欲摧邪見、入於內門修菩薩行者，當閱此書。主文共496頁，全書512頁。售價500元（2007年起，凡購買公案拈提第一輯至第七輯，每購一輯皆贈送本公司精製公案拈提〈超意境〉CD一片，市售價格280元，多購多贈）。

狂密與真密：密教之修學，皆由有相之觀行法門而入，其最終目標仍不離顯教經典所說第一義諦之修證；若離顯教第一義經典、或違背顯教第一義經典，即非佛教。西藏密教之觀行法，如灌頂、觀想、遷識法、寶瓶氣、大聖歡喜雙身修法、喜金剛、無上瑜伽、大樂光明、樂空雙運等，皆是印度教兩性生生不息思想之轉化，自始至終皆以如何能運用交合淫樂之法達到全身受樂為其中心思想，純屬欲界五欲的貪愛，不能令人超出欲界輪迴，更不能令人斷除我見；何況大乘之明心與見性，更無論矣！故密宗之法絕非佛法也。而其明光大手印、大圓滿法教，又皆同以常見外道所說離語言妄念之無念靈知心錯認為佛地之真如，不能直指不生不滅之真如。西藏密宗所有法王與徒眾，都尚未開頂門眼，不能辨別真偽，以依人不依法、依密續不依經典故，不肯將其上師喇嘛所說對照第一義經典，純依密續之藏密祖師所說為準，因此而誇大其證德與證量，動輒謂彼祖師上師為究竟佛、為地上菩薩；如今台海兩岸亦有自謂其師證量高於　釋迦文佛者，然觀其師所述，猶未見道，仍在觀行即佛階段，尚未到禪宗相似即佛、分證即佛階位，竟敢標榜為究竟佛及地上法王，誑惑初機學人。凡此怪象皆是狂密，不同於真密之修行者。近年狂密盛行，密宗行者被誤導者極眾，動輒自謂已證佛地真如，自視為究竟佛，陷於大妄語業中而不知自省，反謗顯宗真修實證者之證量粗淺；或如義雲高與釋性圓…等人，於報紙上公然誹謗真實證道者為「騙子、無道人、人妖、癩蛤蟆…」等，造下誹謗大乘勝義僧之大惡業；或以外道法中有為有作之甘露、魔術……等法，誑騙初機學人，狂言彼外道法為真佛法。如是怪象，在西藏密宗及附藏密之外道中，不一而足，舉之不盡，學人宜應慎思明辨，以免上當後又犯毀破菩薩戒之重罪。密宗學人若欲遠離邪知邪見者，請閱此書，即能了知密宗之邪謬，從此遠離邪見與邪修，轉入真正之佛道。平實導師著 共四輯 每輯約400頁（主文約340頁）每輯售價300元。

宗門正義—公案拈提第六輯：佛教有六大危機，乃是藏密化、世俗化、膚淺化、學術化、宗門密意失傳、悟後進修諸地之次第混淆；其中尤以宗門密意之失傳，爲當代佛教最大之危機。由宗門密意失傳故，易令 世尊本懷普被錯解，易令 世尊正法被轉易爲外道法，以及加以淺化、世俗化，是故宗門密意之廣泛弘傳與具緣佛弟子，極爲重要。然而欲令宗門密意之廣泛弘傳予具緣之佛弟子者，必須同時配合錯誤知見之解析、普令佛弟子知之，然後輔以公案解析之直示入處，方能令具緣之佛弟子悟入。而此二者，皆須以公案拈提之方式爲之，方易成其功、竟其業，是故平實導師續作宗門正義一書，以利學人。　全書500餘頁，售價500元（2007年起，凡購買公案拈提第一輯至第七輯，每購一輯皆贈送本公司精製公案拈提〈超意境〉CD一片，市售價格280元，多購多贈）。

心經密意—心經與解脫道、佛菩提道、祖師公案之關係與密意。　二乘菩提所證之解脫道，實依第八識心之斷除煩惱障現行而立解脫之名；大乘菩提所證之佛菩提道，實依親證第八識如來藏之涅槃性、清淨自性、及其中道性而立般若之名；禪宗祖師公案所證之眞心，即是此第八識如來藏；是故三乘佛法所修所證之三乘菩提，皆依此如來藏心而立名也。此第八識心，即是《心經》所說之心也。證得此如來藏已，即能漸入大乘佛菩提道，亦可因證知此心而了知二乘無學所不能知之無餘涅槃本際，是故《心經》之密意，與三乘佛菩提之關係極爲密切、不可分割，三乘佛法皆依此心而立名故。今者平實導師以其所證解脫道之無生智及佛菩提之般若種智，將《心經》與解脫道、佛菩提道、祖師公案之關係與密意，以演講之方式，用淺顯之語句和盤托出，發前人所未言，呈三乘菩提之眞義，令人藉此《心經密意》一舉而窺三乘菩提之堂奧，迥異諸方言不及義之說；欲求眞實佛智者、不可不讀！主文317頁，連同跋文及序文…等共384頁，售價300元。

宗門密意—公案拈提第七輯：佛教之世俗化，將導致學人以信仰作爲學佛，則將以感應及世間法之庇祐，作爲學佛之主要目標，不能了知學佛之主要目標爲親證三乘菩提。大乘菩提則以般若實相智慧爲主要修習目標，以二乘菩提解脫道爲附帶修習之標的；是故學習大乘法者，應以禪宗之證悟爲要務，能親入大乘菩提之實相般若智慧中故，般若實相智慧非二乘聖人所能知故。此書則以台灣世俗化佛教之三大法師，說法似是而非之實例，配合眞悟祖師之公案解析，提示證悟般若之關節，令學人易得悟入。平實導師著，全書五百餘頁，售價500元（2007年起，凡購買公案拈提第一輯至第七輯，每購一輯皆贈送本公司精製公案拈提〈超意境〉CD一片，市售價格280元，多購多贈）。

淨土聖道—兼評日本本願念佛：佛法甚深極廣，般若玄微，非諸二乘聖僧所能知之，一切凡夫更無論矣！所謂一切證量皆歸淨土是也！是故大乘法中「聖道之淨土、淨土之聖道」，其義甚深，難可了知；乃至眞悟之人，初心亦難知也。今有正德老師眞實證悟後，復能深探淨土與聖道之緊密關係，憐憫衆生之誤會淨土實義，亦欲利益廣大淨土行人同入聖道，同獲淨土中之聖道門要義，乃振奮心神、書以成文，今得刊行天下。主文279頁，連同序文等共301頁，總有十一萬六千餘字，正德老師著，成本價200元。

起信論講記：詳解大乘起信論心生滅門與心眞如門之眞實意旨，消除以往大師與學人對起信論所說心生滅門之誤解，由是而得了知眞心如來藏之非常非斷中道正理；亦因此一講解，令此論以往隱晦而被誤解之眞實義，得以如實顯示，令大乘佛菩提道之正理得以顯揚光大；初機學者亦可藉此正論所顯示之法義，對大乘法理生起正信，從此得以眞發菩提心，眞入大乘法中修學，世世常修菩薩正行。平實導師演述，共六輯，都已出版，每輯三百餘頁，售價各250元。

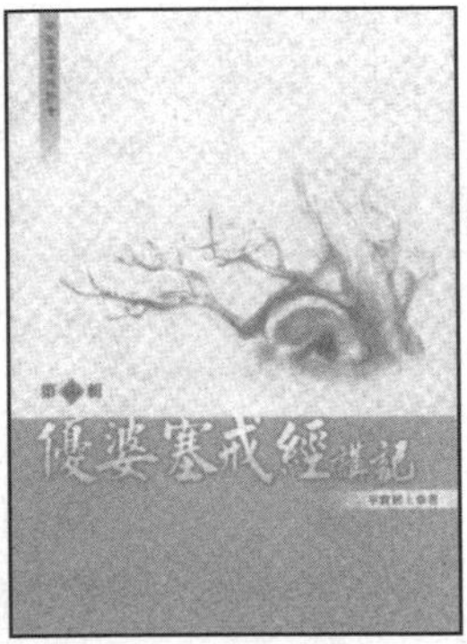

優婆塞戒經講記：本經詳述在家菩薩修學大乘佛法，應如何受持菩薩戒？對人間善行應如何看待？對三寶應如何護持？應如何正確地修集此世後世證法之福德？應如何修集後世「行菩薩道之資糧」？並詳述第一義諦之正義：五蘊非我非異我、自作自受、異作異受、不作不受……等深妙法義，乃是修學大乘佛法、行菩薩行之在家菩薩所應當了知者。出家菩薩今世或未來世登地已，捨報之後多數將如華嚴經中諸大菩薩，以在家菩薩身而修行菩薩行，故亦應以此經所述正理而修之，配合《楞伽經、解深密經、楞嚴經、華嚴經》等道次第正理，方得漸次成就佛道；故此經是一切大乘行者皆應證知之正法。平實導師講述，每輯三百餘頁，售價各250元；共八輯，已全部出版。

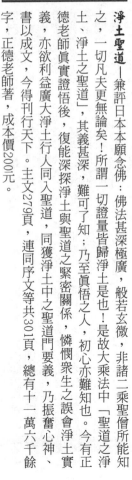

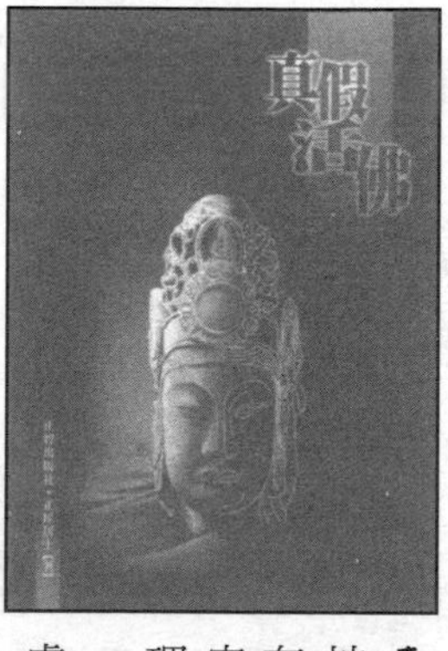

真假活佛—略論附佛外道盧勝彥之邪說：人人身中都有真活佛，永生不滅而有大神用，但眾生都不了知，所以常被身外的西藏密宗假活佛籠罩欺瞞。本來就真實存在的真活佛，才是真正的密宗無上密！諾那活佛因此而說禪宗是大密宗，但藏密的所有活佛都不知道、也不曾實證自身中的真活佛。本書詳實宣示真活佛的道理，舉證盧勝彥的「佛法」不是真佛法，也顯示盧勝彥是假活佛，直接的闡釋第一義佛法見道的真實正理。真佛宗的所有上師與學人們，都應該詳細閱讀，包括盧勝彥個人在內。正犀居士著，優惠價140元。

阿含正義—唯識學探源：廣說四大部《阿含經》諸經中隱說之真正義理，一一舉示佛陀本懷，令阿含時期初轉法輪根本經典之真義，如實顯現於佛子眼前。並提示末法大師對於阿含真義誤解之實例，一一比對之，證實唯識增上慧學確於原始佛法之阿含諸經中已隱覆密意而略說之，證實 世尊確於原始佛法中已曾密意而說第八識如來藏之總相；亦證實 世尊在四阿含中已說此藏識是名色十八界之因、之本—證明如來藏是能生萬法之根本心。佛子可據此修正以往受諸大師（譬如西藏密宗應成派中觀師：印順、昭慧、性廣、大願、達賴、宗喀巴、寂天、月稱、……等人）誤導之邪見，建立正見，轉入正道乃至親證初果而無困難；書中並詳說三果所證的心解脫，以及四果慧解脫的親證，都是如實可行的具體知見與行門。

全書共七輯，已出版完畢。平實導師著，每輯三百餘頁，售價300元。

超意境CD：以平實導師公案拈提書中超越意境之頌詞，加上曲風優美的旋律，錄成令人嚮往的超意境歌曲，其中包括正覺發願文及平實導師親自譜成的黃梅調歌曲一首。詞曲雋永，殊堪翫味，可供學禪者吟詠，有助於見道。內附設計精美的彩色小冊，解說每一首詞的背景本事。每片280元。【每購買公案拈提書籍一冊，即贈送一片。】

我的菩提路第一輯：凡夫及二乘聖人不能實證的佛菩提證悟，末法時代的今天仍然有人能得實證，由正覺同修會釋悟圓、釋善藏法師等二十餘位實證如來藏者所寫的見道報告，已為當代學人見證宗門正法之絲縷不絕，證明大乘義學的法脈仍然存在，為末法時代求悟般若之學人照耀出光明的坦途。由二十餘位大乘見道者所繕，敘述各種不同的學法、見道因緣與過程，參禪求悟者必讀。全書三百餘頁，售價300元。

我的菩提路第二輯：由郭正益老師等人合著，書中詳述彼等諸人歷經各處道場學法，一一修學而加以檢擇之不同過程以後，因閱讀正覺同修會、正智出版社書籍而發起抉擇分，轉入正覺同修會中修學；乃至學法及見道之過程，都一一詳述之。其中張志成等人係由前現代禪轉進正覺同修會，張志成原為現代禪副宗長，以前未閱本會書籍時，曾被人藉其名義著文評論 平實導師（詳見《宗通與說通》辨正及《眼見佛性》書末附錄…等）；後因偶然接觸正覺同修會書籍，深覺以前聽人評論 平實導師之語不實，於是投入極多時間閱讀本會書籍、深入思辨，詳細探索中觀與唯識之關聯與異同，認為正覺之法義方是正法，深覺相應；亦解開多年來對佛法的迷雲，確定應依八識論正理修學方是正法。乃不顧面子，毅然前往正覺同修會面見平實導師懺悔，並正式學法求悟。今已與其同修王美伶（亦為前現代禪傳法老師），同樣證悟如來藏而證得法界實相，生起實相般若真智。此書中尚有七年來本會第一位眼見佛性者之見性報告一篇，一同供養大乘佛弟子。全書四百頁，售價300元。

鈍鳥與靈龜：鈍鳥及靈龜二物，被宗門證悟者說為二種人：前者是精修禪定而無智慧者，也是以定為禪的愚癡禪人；後者是或有禪定、或無禪定的宗門證悟者，凡已證悟者皆是靈龜。但後來被人虛造事實，用以嘲笑大慧宗杲禪師，說他雖是靈龜，卻不免被天童禪師預記「患背」痛苦而亡：「鈍鳥離巢易，靈龜脫殼難。」藉以貶低大慧宗杲的證量。同時將天童禪師實證如來藏的證量，曲解為意識境界的離念靈知。自從大慧禪師入滅以後，錯悟凡夫對他的不實毀謗就一直存在著，不曾止息，並且捏造的假事實也隨著年月的增加而越來越多，終至編成「鈍鳥與靈龜」的假公案、假故事。本書是考證大慧與天童之間的不朽情誼，顯現這件假公案的虛妄不實；更見大慧宗杲面對惡勢力時的正直不阿，亦顯示大慧對天童禪師的至情深義，將使後人對大慧宗杲的誣謗至此而止，不再有人誤犯毀謗賢聖的惡業。書中亦舉證宗門的所悟確以第八識如來藏為標的，詳讀之後必可改正以前被錯悟大師誤導的參禪知見，日後必定有助於實證禪宗的開悟境界，得階大乘真見道位中，即是實證般若之賢聖。全書459頁，售價350元。

維摩詰經講記：本經係　世尊在世時，由等覺菩薩維摩詰居士藉疾病而演說之大乘菩提無上妙義，所說函蓋甚廣，然極簡略，是故今時諸方大師與學人讀之悉皆錯解，何況能知其中隱含之深妙正義，是故普遍無法爲人解說；若強爲人說，則成依文解義而有諸多過失。今由平實導師公開宣講之後，詳實解釋其中密意，令維摩詰菩薩所說大乘不可思議解脫之深妙正法得以正確宣流於人間，利益當代學人及與諸方大師。書中詳實演述大乘佛法深妙不共二乘之智慧境界，顯示諸法之中絕待之實相境界，建立大乘菩薩妙道於永遠不敗不壞之地，以此成就護法偉功，欲冀永利娑婆人天。已經宣講圓滿整理成書流通，以利諸方大師及諸學人。全書共六輯，每輯三百餘頁，售價各250元。

真假外道：本書具體舉證佛門中的常見外道知見實例，並加以教證及理證上的辨正，幫助讀者輕鬆而快速的了知常見外道的錯誤知見，進而遠離佛門內外的常見外道知見，因此即能改正修學方向而快速實證佛法。游正光老師著　。成本價200元。

勝鬘經講記：如來藏爲三乘菩提之所依，若離如來藏心體及其含藏之一切種子，即無三界有情及一切世間法，亦無二乘菩提緣起性空之出世間法；本經詳說無始無明、一念無明皆依如來藏而有之正理，藉著詳解煩惱障與所知障間之關係，令學人深入了知二乘菩提與佛菩提相異之妙理；聞後即可了知佛菩提之特勝處及三乘修道之方向與原理，邁向攝受正法而速成佛道的境界中。平實導師講述，共六輯，每輯三百餘頁，售價各250元。

楞嚴經講記：楞嚴經係密教部之重要經典，亦是顯教中普受重視之經典；經中宣說明心與見性之內涵極為詳細，將一切法都會歸如來藏及佛性—妙真如性；亦闡釋佛菩提道修學過程中之種種魔境，以及外道誤會涅槃之狀況，旁及三界世間之起源。然因言句深澀難解，法義亦復深妙寬廣，學人讀之普難通達，是故讀者大多誤會，不能如實理解佛所說之明心與見性內涵，亦因是故多有悟錯之人引為開悟之證言，成就大妄語罪。今由平實導師詳細講解之後，整理成文，以易讀易懂之語體文刊行天下，以利學人。全書十五輯，全部出版完畢。每輯三百餘頁，售價每輯300元。

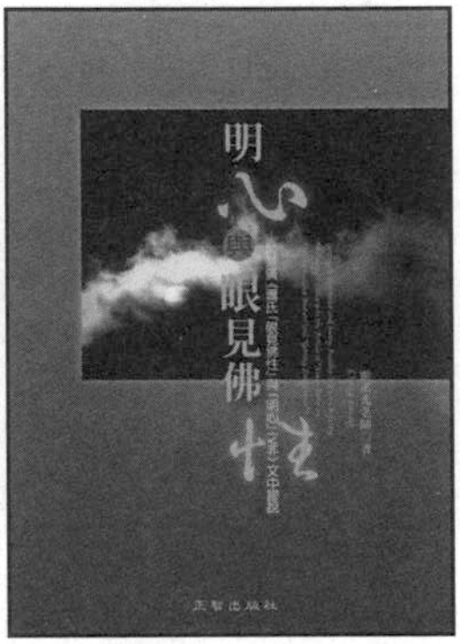

明心與眼見佛性：本書細述明心與眼見佛性之異同，同時顯示了中國禪宗破初參明心與重關眼見佛性二關之間的關聯；書中又藉法義辨正而旁述其他許多勝妙法義，讀後必能遠離佛門長久以來積非成是的錯誤知見，令讀者在佛法的實證上有極大助益。也藉慧廣法師的謬論來教導佛門學人回歸正知正見，遠離古今禪門錯悟者所墮的意識境界，非唯有助於斷我見，也對未來的開悟明心實證第八識如來藏有所助益，是故學禪者都應細讀之。游正光老師著　共448頁　售價300元。

菩薩底憂鬱CD：將菩薩情懷及禪宗公案寫成新詞，並製作成超越意境的優美歌曲。1.主題曲〈菩薩底憂鬱〉，描述地後菩薩能離三界生死而迴向繼續生在人間，但因尚未斷盡習氣種子而有極深沈之憂鬱，非三賢位菩薩及二乘聖者所知，此憂鬱在七地滿心位方才斷盡；本曲之詞中所說義理極深，昔來所未曾見；此曲係以優美的情歌風格寫詞及作曲，聞者得以激發嚮往諸地菩薩境界之大心，詞、曲都非常優美，難得一見；其中勝妙義理之解說，已印在附贈之彩色小冊中。2.以各輯公案拈提中直示禪門入處之頌文，作成各種不同曲風之超意境歌曲，值得玩味、參究；聆聽公案拈提之優美歌曲時，請同時閱讀內附之印刷精美說明小冊，可以領會超越三界的證悟境界；未悟者可以因此引發求悟之意向及疑情，真發菩提心而邁向求悟之途，乃至因此真實悟入般若，成真菩薩。3.正覺總持咒新曲，總持佛法大意；總持咒之義理，已加以解說並印在隨附之小冊中。本CD共有十首歌曲，長達63分鐘，附贈二張購書優惠券。每片280元。

禪意無限CD：平實導師以公案拈提書中偈頌寫成不同風格曲子，與他人所寫不同風格曲子共同錄製出版，幫助參禪人進入禪門超越意識之境界。盒中附贈彩色印製的精美解說小冊，以供聆聽時閱讀，令參禪人得以發起參禪之疑情，即有機會證悟本來面目，實證大乘菩提般若。本CD共有十首歌曲，長達69分鐘，每盒各附贈二張購書優惠券。每片280元。

金剛經宗通：三界唯心，萬法唯識，是成佛之修證內容，是諸地菩薩之所修；般若則是成佛之道（實證三界唯心、萬法唯識）的入門，若未證悟實相般若，即無成佛之可能，必將永在外門廣行菩薩六度，永在凡夫位中。然而實相般若的發起，全賴實證萬法的實相；若欲證知萬法的眞相，則必須探究萬法之所從來，則須實證自心如來—金剛心如來藏，然後現觀這個金剛心的金剛性、眞實性、如如性、清淨性、涅槃性、能生萬法的自性性、本住性，名爲證眞如；進而現觀三界六道唯是此金剛心所成，人間萬法須藉八識心王和合運作方能現起。如是實證《華嚴經》的「三界唯心、萬法唯識」以後，由此等現觀而發起實相般若智慧，繼續進修第十住位的如幻觀、第十行位的陽焰觀、第十迴向位的如夢觀，再生起增上意樂而勇發十無盡願，方能滿足三賢位的實證，轉入初地；自知成佛之道而無偏倚，從此按部就班、次第進修乃至成佛。第八識自心如來是般若智慧之所依，般若智慧的修證則要從實證金剛心自心如來開始；《金剛經》則是解說自心如來之經典，是一切三賢位菩薩所應進修之實相般若經典。這一套書，是將平實導師宣講的《金剛經宗通》內容，整理成文字而流通之；書中所說義理，迥異古今諸家依文解義之說，指出大乘見道方向與理路，有益於禪宗學人求開悟見道，及轉入內門廣修六度萬行。講述完畢後結集出版，總共9輯，每輯約三百餘頁，售價各250元。

空行母—性別、身分定位，以及藏傳佛教：本書作者為蘇格蘭哲學家，因為嚮往佛教深妙的哲學內涵，於是進入當年盛行於歐美的假藏傳佛教密宗，擔任卡盧仁波切的翻譯工作多年以後，被邀請成為卡盧的空行母（又名佛母、明妃），開始了她在密宗裡的實修過程；後來發覺在密宗雙身法中的修行，其實無法使自己成佛，也發覺密宗對女性歧視而處處貶抑，並剝奪女性在雙身法中擔任一半角色時應有的身分定位。當她發覺自己只是雙身法中被喇嘛利用的工具，沒有獲得絲毫應有的尊重與基本定位時，發現了密宗的父權社會控制女性的本質；於是作者傷心地離開了卡盧仁波切與密宗，但是卻被恐嚇不許講出她在密宗裡的經歷，也不許她說出自己對密宗的教義與教制下對女性剝削的本質，否則將被咒殺死亡。後來她去加拿大定居，十餘年後方才擺脫這個恐嚇陰影，下定決心將親身經歷的實情及觀察到的事實寫下來並且出版，公諸於世。出版之後，她被流亡的達賴集團人士大力攻訐，誣指她為精神狀態失常、說謊……等。但有智之士並未被達賴集團的政治操作及各國政府政治運作吹捧達賴的表相所欺，使她的書銷售無阻而又再版。正智出版社鑑於作者此書是親身經歷的事實，所說具有針對「藏傳佛教」而作學術研究的價值，也有使人認清假藏傳佛教剝削佛母、明妃的男性本位實質，因此洽請作者同意中譯而出版於華人地區。珍妮·坎貝爾女士著，呂艾倫 中譯，每冊250元。

霧峰無霧—給哥哥的信　本書作者藉兄弟之間信件往來論義，略述佛法大義；並以多篇短文辨義，舉出釋印順對佛法的無量誤解證據，並一一給予簡單而清晰的辨正，令人一讀即知。久讀、多讀之後即能認清楚釋印順的六識論見解，與真實佛法之牴觸是多麼嚴重；於是在久讀、多讀之後，於不知不覺之間提升了對佛法的極深入理解，正知正見就在不知不覺間建立起來了。當三乘佛法的正知見建立起來之後，對於三乘菩提的見道條件便將隨之具足，於是聲聞解脫道的見道也就水到渠成；接著大乘見道的因緣也將次第成熟，未來自然也會有親見大乘菩提之道的因緣，悟入大乘實相般若也將自然成功，自能通達般若系列諸經而成實義菩薩。作者居住於南投縣霧峰鄉，自喻見道之後不復再見霧峰之霧，故鄉原野美景一一明見，於是立此書名為《霧峰無霧》；讀者若欲撥霧見月，可以此書為緣。游宗明　老師著　售價250元。

假藏傳佛教的神話—性、謊言、喇嘛教：本書編著者是由一首名叫「阿姊鼓」的歌曲為緣起，展開了序幕，揭開假藏傳佛教—喇嘛教—的神秘面紗。其重點是蒐集、摘錄網路上質疑「喇嘛教」的帖子，以揭穿「假藏傳佛教的神話」為主題，串聯成書，並附加彩色插圖以及說明，讓讀者們瞭解西藏密宗及相關人事如何被操作為「神話」的過程，以及神話背後的眞相。作者：張正玄教授。售價200元。

達賴真面目—玩盡天下女人：假使您不想戴綠帽子，請記得詳細閱讀此書；假使您不想讓好朋友戴綠帽子，請您將此書介紹給您的好朋友。假使您想保護家中的女性，也想要保護好朋友的女眷，請記得將此書送給家中的女性和好友的女眷都來閱讀。本書為印刷精美的大本彩色中英對照精裝本，為您揭開達賴喇嘛的眞面目，內容精彩不容錯過，為利益社會大眾，特別以優惠價格嘉惠所有讀者。編著者：白志偉等。大開版雪銅紙彩色精裝本。售價800元。

童女迦葉考—論呂凱文〈佛教輪迴思想的論述分析〉之謬：童女迦葉是佛世率領五百大比丘遊行於人間的歷史事實，是以童貞行而依止菩薩戒弘化於人間的大菩薩，不依別解脫戒（聲聞戒）來弘化於人間。這是大乘佛教與聲聞佛教同時存在於佛世的歷史明證，證明大乘佛教不是從聲聞法中分裂出來的部派佛教的產物，卻是聲聞佛教分裂出來的部派佛教聲聞凡夫僧所不樂見的史實；於是古今聲聞法中的凡夫都欲加以扭曲而作詭說，更是末法時代高聲大呼「大乘非佛說」的六識論聲聞凡夫極力想要扭曲的佛教史實之一，於是想方設法扭曲迦葉菩薩為聲聞僧，以及扭曲迦葉童女為比丘僧等荒謬不實之論著便陸續出現，古時聲聞僧寫作的《分別功德論》是最具體之事例，現代之代表作則是呂凱文先生的〈佛教輪迴思想的論述分析〉論文。鑑於如是假藉學術考證以籠罩大眾之不實謬論，未來仍將繼續造作及流竄於佛教界，繼續扼殺大乘佛教學人法身慧命，必須舉證辨正之，遂成此書。平實導師 著，每冊180元。

末代達賴—性交教主的悲歌：簡介從藏傳僞佛教（喇嘛教）的修行核心—性力派男女雙修，探討達賴喇嘛及藏傳僞佛教的修行內涵。書中引用外國知名學者著作、世界各地新聞報導，包含：歷代達賴喇嘛的祕史、達賴六世修雙身法的事蹟，以及《時輪續》中的性交灌頂儀式……等；達賴喇嘛書中開示的雙修法、達賴喇嘛的黑暗政治手段；達賴喇嘛所領導的寺院爆發喇嘛性侵兒童；新聞報導《西藏生死書》作者索甲仁波切性侵女信徒、澳洲喇嘛秋達公開道歉、美國最大假藏傳佛教組織領導人邱陽創巴仁波切的性氾濫，等等事件背後眞相的揭露。作者：張善思、呂艾倫、辛燕。售價250元。

黯淡的達賴—失去光彩的諾貝爾和平獎：本書舉出很多證據與論述，詳述達賴喇嘛不爲世人所知的一面，顯示達賴喇嘛並不是眞正的和平使者，而是假借諾貝爾和平獎的光環來欺騙世人；透過本書的說明與舉證，讀者可以更清楚的瞭解，達賴喇嘛是結合暴力、黑暗、淫欲於喇嘛教裡的集團首領，其政治行爲與宗教主張，早已讓諾貝爾和平獎的光環染污了。　本書由財團法人正覺教育基金會寫作、編輯，由正覺出版社印行，每冊250元。

第七意識與第八意識？—穿越時空「超意識」：「三界唯心，萬法唯識」是佛教中應該實證的聖教，也是《華嚴經》中明載而可以實證的法界實相。唯心者，三界一切境界、一切諸法唯是一心所成就，即是每一個有情的第八識如來藏，不是意識心。唯識者，即是人類各各都具足的八識心王——眼識、耳鼻舌身意識、意根、阿賴耶識，第八阿賴耶識又名如來藏，人類五陰相應的萬法，莫不由八識心王共同運作而成就，故說萬法唯識。依聖教量及現量、比量，都可以證明意識是二法因緣生，是由第八識藉意根與法塵二法爲因緣而出生，又是夜夜斷滅不存之生滅心，即無可能反過來出生第七識意根、第八識如來藏，當知不可能從生滅性的意識心中，細分出恆審思量的第七識意根，更無可能細分出恆而不審的第八識如來藏。本書是將演講內容整理成文字，細說如是內容，並已在《正覺電子報》連載完畢，今彙集成書以廣流通，欲幫助佛門有緣人斷除意識我見，跳脫於識陰之外而取證聲聞初果；嗣後修學禪宗時即得不墮外道神我之中，得以求證第八識金剛心而發起般若實智。平實導師 述，每冊300元。

中觀金鑑—詳述應成派中觀的起源與其破法本質：學佛人往往迷於中觀學派之不同學說，被應成派與自續派所迷惑；修學般若中觀二十年後自以為實證般若中觀了，卻仍不曾入門，甫聞實證般若中觀者之所說，則茫無所知，迷惑不解；隨後信心盡失，不知如何實證佛法；凡此，皆因惑於這二派中觀學說所致。自續派中觀所說同於常見，以意識境界立為第八識如來藏之境界，應成派所說則同於斷見，但又同立意識為常住法，故亦具足斷常二見。今者孫正德老師有鑑於此，乃將起源於密宗的應成派中觀學說，追本溯源，詳考其來源之外，亦一一舉證其立論內容，詳加辨正，令密宗雙身法祖師以識陰境界而造之應成派中觀學說本質，詳細呈現於學人眼前，令其維護雙身法之目的無所遁形。若欲遠離密宗此二大派中觀謬說，欲於三乘菩提有所進道者，允宜具足閱讀並細加思惟，反覆讀之以後將可捨棄邪道返歸正道，則於般若之實證即有可能，證後自能現觀如來藏之中道境界而成就中觀。本書分上、中、下三冊，每冊250元，全部出版完畢。

人間佛教—實證者必定不悖三乘菩提：「大乘非佛說」的講法似乎流傳已久，卻只是日本人企圖擺脫中國正統佛教的影響，而在明治維新時期才開始提出來的說法；台灣佛教、大陸佛教的淺學無智之人，由於未曾實證佛法而迷信日本人錯誤的學術考證，錯認為這些別有用心的日本佛學考證的講法為天竺佛教的眞實歷史；甚至還有更激進的反對佛教者提出「釋迦牟尼佛並非眞實存在，只是後人捏造的假歷史人物」，竟然也有少數人願意跟著「學術」的假光環而信受不疑，於是開始有一些佛教界人士造作了反對中國佛教而推崇南洋小乘佛教的行為，使佛教的信仰者難以檢擇，導致一般大陸人士開始轉入基督教的盲目迷信中。在這些佛教及外教人士之中，也就有一分人根據此邪說而大聲主張「大乘非佛說」的謬論，這些人以「人間佛教」的名義來抵制中國正統佛教，公然宣稱中國的大乘佛教是由聲聞部派佛教的凡夫僧所創造出來的。這樣的說法流傳於台灣及大陸佛教界凡夫僧之中已久，卻非眞正的佛教歷史中曾經發生過的事，只是繼承六識論的聲聞法中凡夫僧依自己的意識境界立場，純憑臆想而編造出來的妄想說法，卻已經影響許多無智之凡夫僧俗信受不移。本書則是從佛教的經藏法義實質及實證的現量內涵本質立論，證明大乘佛法本是佛說，是從《阿含正義》尚未說過的不同面向來討論「人間佛教」的議題，證明「大乘眞佛說」。閱讀本書可以斷除六識論邪見，迴入三乘菩提正道發起實證的因緣；也能斷除禪宗學人學禪時普遍存在之錯誤知見，對於建立參禪時的正知見有很深的著墨。平實導師　述，內文488頁，全書528頁，定價400元。

喇嘛性世界—揭開假藏傳佛教譚崔瑜伽的面紗：這個世界中的喇嘛，號稱來自世外桃源的香格里拉，穿著或紅或黃的喇嘛長袍，散布於我們的身邊傳教灌頂，吸引了無數的人嚮往學習；這些喇嘛虔誠地為大眾祈福，手中拿著寶杵（金剛）與寶鈴（蓮花），口中唸著咒語：「唵．嘛呢．叭咪．吽……」，咒語的意思是說：「我至誠歸命金剛杵上的寶珠伸向蓮花寶穴之中」！「喇嘛性世界」是什麼樣的「世界」呢？本書將為您呈現喇嘛世界的面貌。當您發現真相以後，您將會唸：「噢！喇嘛．性．世界，譚崔性交嘛！」作者：張善思、呂艾倫。售價200元。

見性與看話頭：黃正倖老師的《見性與看話頭》於《正覺電子報》連載完畢，今結集出版。書中詳說禪宗看話頭的詳細方法，並細說看話頭與眼見佛性的關係，以及眼見佛性者求見佛性前必須具備的條件。本書是禪宗實修者追求明心開悟時參禪的方法書，也是求見佛性者作功夫時必讀的方法書，內容兼顧眼見佛性的理論與實修之方法，是依實修之體驗配合理論而詳述，條理分明而且極為詳實、周全、深入。本書內文375頁，全書416頁，售價300元。

實相經宗通：學佛之目的在於實證一切法界背後之實相，禪宗稱之為本來面目或本地風光，佛菩提道中稱之為實相法界；此實相法界即是金剛藏，又名佛法之祕密藏，即是能生有情五陰、十八界及宇宙萬有（山河大地、諸天、三惡道世間）的第八識如來藏，又名阿賴耶識心，即是禪宗祖師所說的眞如心，此心即是三界萬有背後的實相。證得此第八識心時，自能瞭解般若諸經中隱說的種種密意，即得發起實相般若——實相智慧。每見學佛人修學佛法二十年後仍對實相般若茫然無知，亦不知如何入門，茫無所趣；更因不知三乘菩提的互異互同，是故越是久學者對佛法越覺茫然，都肇因於尚未瞭解佛法的全貌，亦未瞭解佛法的修證內容即是第八識心所致。本書對於修學佛法者所應實證的實相境界提出明確解析，並提示趣入佛菩提道的入手處，有心親證實相般若的佛法實修者，宜詳讀之，於佛菩提道之實證即有下手處。平實導師述著，共八輯，已全部出版完畢，每輯成本價250元。

真心告訴您(一)——達賴喇嘛在幹什麼?這是一本報導篇章的選集，更是「破邪顯正」的暮鼓晨鐘。「破邪」是戳破假象，說明達賴喇嘛及其所率領的密宗四大派法王、喇嘛們，弘傳的佛法是仿冒的佛法；他們是假藏傳佛教，是坦特羅(譚崔性交)外道法和藏地崇奉鬼神的苯教混合成的「喇嘛教」，推廣的是以所謂「無上瑜伽」的男女雙身法冒充佛法的假佛教，詐財騙色誤導眾生，常常造成信徒家庭破碎、家中兒少失怙的嚴重後果。「顯正」是揭櫫眞相，指出眞正的藏傳佛教只有一個，就是覺囊巴，傳的是 釋迦牟尼佛演繹的第八識如來藏妙法，稱爲他空見大中觀。正覺教育基金會即以此古今輝映的如來藏正法正知見，在眞心新聞網中逐次報導出來，將箇中原委「眞心告訴您」，如今結集成書，與想要知道密宗眞相的您分享。售價250元。

法華經講義：此書爲平實導師始從2009/7/21演述至2014/1/14之講經錄音整理所成。世尊一代時教，總分五時三教，即是華嚴時、聲聞緣覺教、般若教、種智唯識教、法華時；依此五時三教區分爲藏、通、別、圓四教。本經是最後一時的圓教經典，圓滿收攝一切法教於本經中，是故最後的圓教聖訓中，特地指出無有三乘菩提，其實唯有一佛乘；皆因眾生愚迷故，方便區分爲三乘菩提以助眾生證道。世尊於此經中特地說明如來示現於人間的唯一大事因緣，便是爲有緣眾生「開、示、悟、入」諸佛的所知所見——第八識如來藏妙眞如心，並於諸品中隱說「妙法蓮花」如來藏心的密意。然因此經所說甚深難解，眞義隱晦，古來難得有人能窺堂奧；平實導師以知如是密意故，特爲末法佛門四眾演述《妙法蓮華經》中各品蘊含之密意，使古來未曾被古德註解出來的「此經」密意，如實顯示於當代學人眼前。乃至〈藥王菩薩本事品〉、〈妙音菩薩品〉、〈觀世音菩薩普門品〉、〈普賢菩薩勸發品〉中的微細密意，亦皆一併詳述之，開前人所未曾言之密意，示前人所未見之妙法。最後乃至以〈法華大意〉而總其成，全經妙旨貫通始終，而依佛旨圓攝於一心如來藏妙心，厥爲曠古未有之大說也。平實導師述　已於2015/5/31起開始出版，每二個月出版一輯，共25輯。每輯300元。

西藏「活佛轉世」制度—附佛、造神、世俗法：歷來關於喇嘛教活佛轉世的研究，多針對歷史及文化兩部分，於其所以成立的理論基礎，較少系統化的探討。尤其是此制度是否依據「佛法」而施設？是否合乎佛法眞實義？現有的文獻大多含糊其詞，或人云亦云，不曾有明確的闡釋與如實的見解。因此本文先從活佛轉世的由來，探索此制度的起源、背景與功能，並進而從活佛的尋訪與認證之過程，發掘活佛轉世的特徵，以確認「活佛轉世」在佛法中應具足何種果德。定價150元。

真心告訴您（二）—達賴喇嘛是佛教僧侶嗎？補祝達賴喇嘛八十大壽：這是一本針對當今達賴喇嘛所領導的喇嘛教，冒用佛教名相、於師徒間或師兄姊間，實修男女邪淫，而從佛法三乘菩提的現量與聖教量，揭發其謊言與邪術，證明達賴及其喇嘛教是仿冒佛教的外道，是「假藏傳佛教」。藏密四大派教義雖有「八識論」與「六識論」的表面差異，然其實修之內容，皆共許「無上瑜伽」四部灌頂爲究竟「成佛」之法門，也就是共以男女雙修之邪淫法爲「即身成佛」之密要，雖美其名曰「欲貪爲道」之「金剛乘」，並誇稱其成就超越於（應身佛）釋迦牟尼佛所傳之顯教般若乘之上；然詳考其理論，則或以意識離念時之粗細心爲第八識如來藏，或以中脈裡的明點爲第八識如來藏，或如宗喀巴與達賴堅決主張第六意識爲常恆不變之眞心者，分別墮於外道之常見與斷見中；全然違背　佛說能生五蘊之如來藏的實質。售價300元。

佛法入門：學佛人往往修學二十年後仍不知如何入門，茫無所入漫無方向，不知如何實證佛法；更因不知三乘菩提的互異互同之處，導致越是久學者越覺茫然，都是肇因於尚未瞭解佛法的全貌所致。本書對於佛法的全貌提出明確的輪廓，並說明三乘菩提的異同處，讀後即可輕易瞭解佛法全貌，數日內即可明瞭三乘菩提入門方向與下手處。○○菩薩著　出版日期未定。

修習止觀坐禪法要講記：修學四禪八定之人，往往錯會禪定之修學知見，欲以無止盡之坐禪而證禪定境界，卻不知修除性障之行門才是修證四禪八定不可或缺之要素，故智者大師云「性障初禪」；性障不除，初禪永不現前，云何修證二禪等？又：行者學定，若唯知數息，而不解六妙門之方便善巧者，欲求一心入定，未到地定極難可得，智者大師名之爲「事障未來」：障礙未到地定之修證。又禪定之修證，不可違背二乘菩提及第一義法，否則縱使具足四禪八定，亦不能實證涅槃而出三界。此諸知見，智者大師於《修習止觀坐禪法要》中皆有闡釋。作者平實導師以其第一義之見地及禪定之實證證量，曾加以詳細解析。將俟正覺寺竣工啓用後重講，不限制聽講者資格；講後將以語體文整理出版。欲修習世間定及增上定之學者，宜細讀之。平實導師述著。

解深密經講記：本經係 世尊晚年第三轉法輪，宣說地上菩薩所應熏修之唯識正義經典，經中所說義理乃是大乘一切種智增上慧學，以阿陀那識—如來藏—阿賴耶識爲主體。禪宗之證悟者，若欲修證初地無生法忍乃至八地無生法忍者，必須修學《楞伽經、解深密經》所說之八識心王一切種智；此二經所說正法，方是眞正成佛之道；印順法師否定第八識如來藏之後所說萬法緣起性空之法，是以誤會後之二乘解脫道取代大乘眞正成佛之道，尚且不符二乘解脫道正理，亦已墮於斷滅見中，不可謂爲成佛之道也。平實導師曾於本會郭故理事長往生時，於喪宅中從首七開始宣講，於每一七各宣講三小時，至第十七而快速略講圓滿，作爲郭老之往生佛事功德，迴向郭老早證八地、速返娑婆住持正法。茲爲今時後世學人故，將擇期重講《解深密經》，以淺顯之語句講畢後，將會整理成文，用供證悟者進道；亦令諸方未悟者，據此經中佛語正義，修正邪見，依之速能入道。平實導師述著，全書輯數未定，每輯三百餘頁，將於未來重講完畢後逐輯出版。

阿含經講記—小乘解脫道之修證：數百年來，南傳佛法所說證果之不實，所說解脫道之虛妄，所弘解脫道法義之世俗化，皆已少人知之；從南洋傳入台灣與大陸之後，所說法義虛謬之事，亦復少人知之；今時台灣全島印順系統之法師居士，多不知南傳佛法數百年來所說解脫道之義理已然偏斜、已然世俗化、已非眞正之二乘解脫正道，猶極力推崇與弘揚。彼等南傳佛法近代所謂之證果者多非眞實證果者，譬如阿迦曼、葛印卡、帕奧禪師、一行禪師……等人，悉皆未斷我見故。近年更有台灣南部大願法師，高抬南傳佛法之二乘修證行門爲「捷徑究竟解脫之道」者，然而南傳佛法縱使眞修實證，得成阿羅漢，至高唯是二乘菩提解脫之道，絕非究竟解脫，無餘涅槃中之實際尙未得證故，法界之實相尙未了知故，習氣種子待除故，一切種智未實證故，焉得謂爲「究竟解脫」？即使南傳佛法近代眞有實證之阿羅漢，尙且不及三賢位中之七住明心菩薩本來自性清淨涅槃智慧境界，則不能知此賢位菩薩所證之無餘涅槃實際，仍非大乘佛法中之見道者，何況普未實證聲聞果乃至未斷我見之人？謬充證果已屬逾越，更何況是誤會二乘菩提之後，以未斷我見之凡夫知見所說之二乘菩提解脫偏斜法道，焉可高抬爲「究竟解脫」？而且自稱「捷徑之道」？又妄言解脫之道即是成佛之道，完全否定般若實智、否定三乘菩提所依之如來藏心體，此理大大不通也！平實導師爲令修學二乘菩提欲證解脫果者，普得迴入二乘菩提正見、正道中，是故選錄四阿含諸經中，對於二乘解脫道法義有具足圓滿說明之經典，預定未來十年內將會加以詳細講解，令學佛人得以了知二乘解脫道之修證理路與行門，庶免被人誤導之後，未證言證，干犯道禁，成大妄語，欲升反墮。本書首重斷除我見，以助行者斷除我見而實證初果爲著眼之目標，若能根據此書內容，配合平實導師所著《識蘊眞義》《阿含正義》內涵而作實地觀行，實證初果非爲難事，行者可以藉此三書自行確認聲聞初果爲實際可得現觀成就之事。此書中除依二乘經典所說加以宣示外，亦依斷除我見等之證量，及大乘法中道種智之證量，對於意識心之體性加以細述，令諸二乘學人必定得斷我見、常見，免除三縛結之繫縛。次則宣示斷除我執之理，欲令升進而得薄貪瞋痴，乃至斷五下分結…等。平實導師述，共二冊，每冊三百餘頁。每輯300元。

＊喇嘛教修外道雙身法，墮識陰境界，非佛教＊

＊弘揚如來藏他空見的覺囊派才是真正藏傳佛教＊

總經銷： 飛鴻 國際行銷股份有限公司

231 新北市新店市中正路 501 之 9 號 2 樓

Tel.02－82186688（五線代表號） Fax.02-82186458、82186459

零售：1.**全台連鎖經銷書局：**

三民書局、誠品書局、何嘉仁書店

敦煌書店、紀伊國屋、金石堂書局、建宏書局

2.**台北市：**佛化人生 羅斯福路 3 段 325 號 6 樓之 4 台電大樓對面

3.**新北市：**春大地書店 **蘆洲**中正路 117 號

4.**桃園市縣：**誠品書局 **桃園市**中正路 20 號遠東百貨地下室一樓

金石堂 **桃園市**大同路 24 號 金石堂 **桃園**八德市介壽路 1 段 987 號

諾貝爾圖書城 **桃園市**中正路 56 號地下室 御書堂 **龍潭**中正路 123 號

墊腳石文化書店 **中壢市**中正路 89 號

5.**新竹市縣：**大學書局 **新竹**建功路 10 號 誠品書局 **新竹**東區信義街 68 號

誠品書局 **新竹**東區中央路 229 號 5 樓 誠品書局 **新竹**東區力行二路 3 號

墊腳石文化書店 **新竹**中正路 38 號

6.**台中市：** **瑞成**書局、各大連鎖書店。

詠春書局 **台中市**永春東路 884 號 文春書局 **霧峰**中正路 1087 號

7.**彰化市縣：**心泉佛教流通處 **彰化市**南瑤路 286 號

員林鎮：墊腳石圖書文化廣場 中山路 2 段 49 號（04-8338485）

8.**台南市：**博大書局 **新營**三民路 128 號

藝美書局 **善化**中山路 436 號 宏欣書局 **佳里**光復路 214 號

9.**高雄市：**各大連鎖書店、**瑞成**書局

政大書城 **三民區**明仁路 161 號 政大書城 **苓雅區**光華路 148-83 號

明儀書局 **三民區**明福街 2 號 明儀書局 三多四路 63 號

青年書局 青年一路 141 號

10.**宜蘭縣市：**金隆書局 宜蘭市中山路 3 段 43 號

宋太太梅鋪 羅東鎮中正北路 101 號（039-534909）

11.**台東市：**東普佛教文物流通處 台東市博愛路 282 號

12.**其餘鄉鎮市經銷書局：**請電詢總經銷**飛鴻**公司。

13.**大陸地區請洽：**

香港：樂文書店

旺角店 :香港九龍旺角西洋菜街 62 號 3 樓

電話 : (852) 2390 3723 email: luckwinbooks@gmail.com

銅鑼灣店 :香港銅鑼灣駱克道 506 號 2 樓

電話 : (852) 2881 1150 email: luckwinbs@gmail.com

廈門：廈門外圖臺灣書店有限公司

地址：廈門市思明區湖濱南路 809 號 廈門外圖書城 3 樓 郵編：361004

電話：0592-5061658（臺灣地區請撥打 86-592-5061658）

E-mail：JKB118＠188.COM

14.**美國：世界日報圖書部：**紐約圖書部　電話 7187468889#6262

洛杉磯圖書部　電話 3232616972#202

15.**國內外地區網路購書：**

正智出版社 書香園地　http://books.enlighten.org.tw/

（書籍簡介、直接聯結下列網路書局購書）

三民 網路書局　http://www.Sanmin.com.tw

誠品 網路書局　http://www.eslitebooks.com

博客來 網路書局　http://www.books.com.tw

金石堂 網路書局　http://www.kingstone.com.tw

飛鴻 網路書局　http://fh6688.com.tw

附註：1.請儘量向各經銷書局購買：郵政劃撥需要十天才能寄到（本公司在您劃撥後第四天才能接到劃撥單，次日寄出後第四天您才能收到書籍，此八天中一定會遇到週休二日，是故共需十天才能收到書籍）若想要早日收到書籍者，請劃撥完畢後，將劃撥收據貼在紙上，旁邊寫上您的姓名、住址、郵區、電話、買書詳細內容，直接傳眞到本公司 02-28344822，並來電 02-28316727、28327495 確認是否已收到您的傳眞，即可提前收到書籍。 2.因台灣每月皆有五十餘種宗教類書籍上架，書局書架空間有限，故唯有新書方有機會上架，通常每次只能有一本新書上架；本公司出版新書，大多上架不久便已售出，若書局未再叫貨補充者，書架上即無新書陳列，則請直接向書局櫃台訂購。 3.若書局不便代購時，可於晚上共修時間向正覺同修會各共修處請購（共修時間及地點，詳閱**共修現況表**。每年例行年假期間請勿前往請書，年假期間請見共修現況表）。 4.郵購：郵政劃撥帳號 19068241。 5.正覺同修會會員購書都以八折計價（戶籍台北市者爲一般會員，外縣市爲護持會員）都可獲得優待，欲一次購買全部書籍者，可以考慮入會，節省書費。入會費一千元（第一年初加入時才需要繳），年費二千元。**6.尚未出版之書籍，請勿預先郵寄書款與本公司，謝謝您！** 7.若欲一次購齊本公司書籍，或同時取得正覺同修會贈閱之全部書籍者，請於正覺同修會共修時間，親到各共修處請購及索取；**台北市讀者**請洽：103 台北市承德路三段 267 號 10 樓（捷運淡水線 圓山站旁）請書時間：週一至週五爲 18.00~21.00，第一、三、五週週六爲 10.00~21.00，雙週之週六爲 10.00~18.00 請購處專線電話：25957295-分機 14（於請書時間方有人接聽）。

敬告大陸讀者：

大陸讀者購書、索書捷徑（尚未在大陸出版的書籍，以下二個途徑都可以購得，電子書另包括結緣書籍）：

1.廈門外國圖書公司：廈門市思明區湖濱南路 809 號 廈門外圖書城 3F

郵編：361004　電話：0592-5061658　網址：JKB118＠188.COM

2.電子書：正智出版社有限公司及正覺同修會在台灣印行的各種局版書、結緣書，已有『**正覺電子書**』陸續上線中，提供讀者於手機、平板電腦上購書、下載、閱讀正智出版社、正覺同修會及正覺教育基金會所出版之電子書，詳細訊息敬請參閱『正覺電子書』專頁：http://books.enlighten.org.tw/ebook

關於平實導師的書訊，請上網查閱：

成佛之道　http://www.a202.idv.tw

正智出版社 書香園地　http://books.enlighten.org.tw/

中國網採訪佛教正覺同修會、正覺教育基金會訊息：

http://big5.china.com.cn/gate/big5/fangtan.china.com.cn/2014-06/19/content_32714638.htm

http://pinpai.china.com.cn/

★ 正智出版社有限公司售書之稅後盈餘，全部捐助財團法人正覺寺籌備處、佛教正覺同修會、正覺教育基金會，供作弘法及購建道場之用；懇請諸方大德支持，功德無量。

★ 聲　明 ★

本社於 2015/01/01 開始調整本目錄中部分書籍之售價，以因應各項成本的持續增加。

＊ 喇嘛教修外道雙身法、墮識陰境界，非佛教 ＊

＊ 弘揚如來藏他空見的覺囊派才是真正藏傳佛教 ＊

售後服務—換書啓事（免附回郵） 2012/09/24

《楞嚴經講記》第14輯初版首刷本免費調換新書啓事：本講記第14輯出版前因 平實導師諸事繁忙，未將之重新閱讀而只改正校對時發現的錯別字，故未能發覺十年前所說法義有部分錯誤，於第15輯付印前重閱時才發覺第14輯中有部分錯誤尚未改正。今已重新審閱修改並已重印完成，煩請所有讀者將以前所購第14輯初版首刷本，寄回本社免費換新（初版二刷本無錯誤），本社將於寄回新書時同時附上您寄書回來換新時所付的郵資，並在此向所有讀者致上最誠懇的歉意。

《心經密意》初版書免費調換二版新書啓事：本書係演講錄音整理成書，講時因時間所限，省略部分段落未講。後於再版時補寫增加13頁，維持原價流通之。茲爲顧及初版讀者權益，自2003/9/30開始免費調換新書，原有初版一刷、二刷書籍，皆可寄來本來公司換書。

《宗門法眼》已經增寫改版爲464頁新書，2008年6月中旬出版。讀者原有初版之第一刷、第二刷書本，都可以寄回本社免費調換改版新書。改版後之公案及錯悟事例維持不變，但將內容加以增說，較改版前更具有廣度與深度，將更能助益讀者參究實相。

換書者**免附回郵**，亦無截止期限；舊書請寄：111台北郵政73-151號信箱 或 103台北市承德路三段267號10樓 正智出版社有限公司。舊書若有塗鴨、殘缺、破損者，仍可換取新書；但缺頁之舊書至少應仍有五分之三頁數，方可換書。所有讀者不必顧念本公司是否有盈餘之問題，都請踴躍寄來換書；本公司成立之目的不是營利，只要能眞實利益學人，即已達到成立及運作之目的。若以郵寄方式換書者，免附回郵；並於寄回新書時，由本社附上您寄來書籍時耗用的郵資。造成您不便之處，再次致上萬分的歉意。

正智出版社有限公司 啓

國家圖書館出版品預行編目資料

宗門法眼／平實導師著.　二版　　臺北市
：正智，2008.04
面；　　公分.--（公案拈提：第2輯）

ISBN 978-986-83908-3-6（平裝）

1. 禪宗　2. 佛教說法

226.65　　　　97005128

宗門法眼

—公案拈提第二輯

作　　者：平實導師
校　　對：章乃鈞　傅素嫻
出 版 者：正智出版社有限公司
電話：○二 28327495　28316727（白天）
傳眞：○二 28344822
111 台北郵政 73-151 號信箱
郵政劃撥帳號：一九○六八二四一
正覺講堂：總機○二 25957295（夜間）
總 經 銷：飛鴻國際行銷股份有限公司
231 新北市新店區中正路 501-9 號 2 樓
電話：○二 82186688（五線代表號）
傳眞：○二 82186458　82186459
初　　版：公元一九九八年七月　二千冊
初版二刷：公元二○○二年十二月　二千冊
二版三刷：公元二○一六年十一月　二千冊
售　　價：五○○元（附贈超意境ＣＤ一片）